Gefühle 8

Von der Weisheit bis zur Verantwortung

Inhaltsverzeichnis

Liebe Leserinnen und Leser!

Ostermontag, der 4. April 1983, war der Gründungstag der FLENS-BURGER HEFTE. Nun werden wir am 31. Dezember 2018 unseren Betrieb einstellen. In diesen fast 36 Jahren haben wir 181 FLENSBUR-GER HEFTE plus 53 Bücher anderer Autoren verlegt. Dies ist das letzte FLENSBURGER HEFT.

Zum einen ist es traurig, daß wir aufhören, zum anderen ist mit unseren Büchern jetzt auch etwas zu einem fruchtbaren Abschluß gekommen. Wir sind dankbar für das, was wir erarbeiten und kennenlernen durften, und Ihnen sind wir sehr dankbar dafür, daß Sie uns die Treue gehalten haben.

Dieses Buch ist das achte der Gespräche mit den geistig-seelischen Wesenheiten, die die Gefühle vertreten. Es sind teils sehr bewegliche Dialoge, die die Vielseitigkeit und die weiten Dimensionen der jeweiligen Gefühle zeigen und als Anregungen für ein bewegliches Denken dienen sollen.

Alle Gespräche mit diesen Wesen – wie auch mit den anderen Natur- und Geistwesen (in weiteren FLENSBURGER HEFTEN) – finden aufgrund der Vermittlung von Verena Staël von Holstein statt, die die Fähigkeit besitzt, die Äußerungen übersinnlicher Wesen in menschliche Sprache zu übersetzen. Sie ist kein Medium, sondern mit vollem Bewußtsein bei diesen Gesprächen anwesend.

Jede Äußerung der geistigen Wesen in diesem FLENSBURGER HEFT ist keine per Autorität gesprochene Mitteilung, sondern dient allein einem besseren, farbigeren und vielseitigeren Verständnis unserer Welt. Die hier abgedruckten Gespräche tragen auch dazu bei, unser Gefühlsleben bewußter und differenzierter wahrzunehmen. Vor allem aber sollte man diese Gespräche als eine zusätzliche Möglichkeit nehmen, die Schönheit und Weisheit dieser Schöpfung Erde tiefgehender zu betrachten und zu verstehen.

Flensburg, im August 2018

Wolfgang Weirauch

Die beteiligten Geistwesen

Diese Wesen treten hier zum ersten Mal auf:

Weisheit – Trinitarisch-luziferisches Wesen
Verzauberung – Technisches Willenswesen
Beschwingtheit – Altes astrales Wesen
Schwung – Stark bewegendes Kraftwesen
Demütigung – Neutrales astrales Wesen
Überheblichkeit – Luziferisches als auch ahrimanisches Wesen
Arroganz – Luziferisches als auch ahrimanisches Wesen
Feinsinnigkeit – Geistiges Wesen der Sinnesschulung
Grobschlächtigkeit – Betreuerin der inneren und äußeren Grobheit
Oberflächlichkeit – Astrales Wesen
Oberfläche – Grenzwesen, zweidimensional
Fläche – Wesen der Flachheit, Formwesen
Dummheit – Verwalterin der erlebten und der inhaltlichen Dummheit
Trotz – spontanes Willenswesen
Verantwortung – Trinitarisches Wesen, des Seins
Schuld – sehr hohes Engelwesen, Tatsache
Unschuld – Astrales Wesen
Schuld – Silhouette, Uraltes Ursprungswesen
Hilflosigkeit – Astrales Wesen
Hilfsbereitschaft – Astrales Wesen
Hilfe – großes Fürsorgewesen
Hilfsbereitschaft – Astrales Wesen
Zwang – blockierendes Willenswesen
Widerstand – Willensfähigkeit, Grundeigenschaft
Verzeihen – Sehr altes trinitarisches Wesen
Verzicht – Altes astrales Wesen

Diese Wesen sind aus vorhergehenden Veröffentlichungen bekannt:

Der Große – Mitglied der Hierarchien
Etschewit, der Nasse – Wasserwesen
Müller – Hausgeist der Mühle

Weisheit

Wolfgang Weirauch: Ich möchte gerne mit der Weisheit sprechen. Ist das möglich?

Etschewit, der Nasse: Guten Morgen! Es wird sich herausstellen, ob du mit der Weisheit reden kannst.

W.W.: Ich habe dazu auch einige anthroposophische Fragen.

Etschewit: Das haben wir schon gewußt, aber das ist natürlich möglich. Wappne dich innerlich gegen die luziferische Seite der Weisheit, denn die gibt es auch. Auch, nicht nur!

Weisheit im innersten Kern

Weisheit: Guten Tag.

W.W.: Guten Tag. Kannst du sagen, was die Weisheit des gesamten Kosmos in ihrem innersten Kern ist?

Weisheit: Das kann man kaum in Worte fassen, aber ich werde versuchen, es ein wenig darzustellen. Ich hoffe, daß es auch mir gelingt, weise Worte zu finden; was nicht unbedingt einfach ist.

Ich bin die Weisheit, und ich bin alt. Aus eurer menschlichen Sicht bin ich sogar sehr alt. Die Phase, in der ich den Kosmos am stärksten geprägt habe, war die Zeit, die ihr den alten Mond nennt, also die Zeit vor der jetzigen Erde, als es noch keine Materie gab. Diejenigen Wesen, die während des alten Mondes ihre Ich-Stufe entwickelten, die heutigen Engel, waren diejenigen Wesen, die mit mir zusammen meine heutige Form bzw. Ausgestaltung vorbereitet haben; und diese Form der Weisheit finden wir heute überall in der die Menschen umgebenden Natur. Die Ich-Tat dieser Wesen war es, an der Ausgestaltung der Weisheit zu arbeiten.

Die Ich-Tat der Menschen heute ist es, die Liebe und die Freiheit zu entwickeln. Geführt wurden die Wesen, die ihr heute Engel nennt, durch sehr viel höhere geistige Wesen, u.a. durch die Cherubim. In euren Ich-Taten werdet ihr Menschen vorwiegend durch die Throne geführt.

W.W.: Dann gibt es noch die Kyriotetes, die Geister der Weisheit.

Weisheit: Die Kyriotetes wirkten besonders während der Phase der alten Sonne, also in der Zeit vor dem alten Mond. Es ist sehr schwer mit

Worten auszudrücken: Die Kyriotetes sind ich. Anders ausgedrückt: Ich bin das Gruppenwesen der Kyriotetes. Ausgestaltet wurde mein Wesen aber durch die Angeloi, zuvor geformt durch die Cherubim. Ich gehöre allerdings nicht zur Hierarchie der Kyriotetes.

W.W.: Wie bist du entstanden? Ragst du zurück in den sogenannten Urgrund allen Seins?

Weisheit: Eure Schöpfung kommt aus dem Wort. Das ist euer ganzes kosmisches System. Es gibt die Weisheit aber auch außerhalb dieses Sonnensystems. Trotzdem ist es nicht so, daß ich vor dem Wort entstanden wäre. Es ist nämlich unsinnig, vor dem Wort, dem Logos, von einem Davor zu sprechen. Das ist jetzt mein Problem; es ist in deutschen Worten kaum auszudrücken. Ich bin darüber hinaus auch ein geteiltes Wesen. Zum einen stehe ich der Trinität zur Verfügung, zum anderen den luziferischen Wesen.

Harmonie ist die vollendete Weisheit

W.W.: Es gibt ein Zitat von Steiner: *„Was in der Wahrheit lebt, die sich zur Weisheit läutert, nimmt eigentlich schon während der Sonnenentwicklung seinen ersten Anfang, hat dann in einer gewissen Weise seinen Höhepunkt in der Mondenentwicklung, lebt sich weiter ein in die Erdenentwicklung und wird im wesentlichen schon vollendet sein bei dem, was wir als die Jupiterentwicklung kennen. Da wird das menschliche Wesen mit Bezug auf den Inhalt der Weisheit einen gewissen vollen Abschluß erlangt haben."* (GA 170/1978/05.08.1916/S.74)

Kannst du das erklären?

Weisheit: Das klingt wieder so, als ob das, was die Weisheit betrifft, sich nur auf den Menschen bezieht. Natürlich gibt es einen sehr großen Bereich der Weisheit, der dem Menschen zugänglich ist; und diesen beschreibt Rudolf Steiner in dem Zitat. Steiner stellt den Bezug zur Weisheit aus seiner menschlichen Sicht dar. Eigentlich müßte man es aus einer anderen Sicht darstellen. Es ist ja nicht so, daß ich während bzw. nach dem Jupiter weg bin, sondern ihr Menschen werdet im Umgang mit mir auf dem Jupiter so geschult sein, daß keine weitere Schulung in bezug auf die Weisheit nötig sein wird. Es bedarf dann keiner weiteren Schulung zwischen euch und mir.

Ich komme aus der Harmonie. Aus der Harmonie ist die vollendete Weisheit, außerhalb von Zeit und Raum, herausgeträufelt. Es ist schwer in Worten auszudrücken, kann auch nicht genau dargestellt werden: Aus meiner Substanz wurden die Geister der Weisheit, die Kyriotetes, gebildet, und von den heutigen Engeln wurde auf dem alten Mond die Weisheit ausgestaltet. Klarer kann man das in eurer Sprache kaum ausdrücken.

W.W.: Auch Steiner spricht davon, daß man überall die Weisheit erlebt, auch du sprichst von der Ausgestaltung der Weisheit, du bist die Weisheit, und wir erleben die Weisheit in der Ausgestaltung der Natur. Trotzdem ist meine Frage: Was ist überhaupt Weisheit?

Weisheit: Für die heutigen Engel ist Weisheit das gleiche, zumindest ungefähr, wie dasjenige, was für euch heute die Liebe ist. Bringt dich das weiter?

W.W.: Nein. Ich verstehe die Prozedur, ich verstehe die Ausgestaltung der verschiedenen Wesen; aber ich verstehe nicht, was der innerste Kern der Weisheit ist.

Weisheit: Wer oder was bin ich? Ich sprach schon von der Harmonie. Harmonie ist etwas – soweit ihr Menschen es verstehen könnt –, was alles auf die gleiche Schwingungsebene bringt. Harmonie ist alles das, was eine Struktur des Seins ermöglicht. Harmonie ist etwas, was überhaupt erst etwas Erkennbares ermöglicht. Harmonie macht die Dinge und Wesen gegenseitig erkennbar, weil sie in einem gewissen Sinne Abstände ermöglicht. Nur dadurch wird etwas für Wesen erkennbar. Wesen brauchen, um sich gegenseitig erkennen zu können, etwas, was ihr ein Gegenüber nennt. Das muß kein physischer Abstand sein. Damit das möglich ist, muß eine Harmonie bestehen. Daß in diese harmonische Welt Strukturen hineinkommen, die sich über Jahrmillionen gegenseitig perfekt ergänzen und ausdifferenziert werden, bis hin zu den heutigen Atomen: Das ist Weisheit!

W.W.: Wenn die Weisheit vor allem in der uns heute umgebenden physischen Natur vorhanden ist, gehören dann das Seelische und das Geistige des Menschen nicht zu dieser Weisheit?

Weisheit: Jein. Von einem gewissen Gesichtspunkt aus sind das Seelische und das Geistige nicht weise. Das mag in bezug auf das Geistige erschreckend klingen, wird aber vielleicht leichter als in bezug auf das Seelische verständlich sein. Die ersten Keime des Seelischen wurden auf der alten Sonne als urseelischer Raum angelegt. So unweise euch die Astralität, das Seelische auf Erden erscheinen mag, ist doch ein Keim, eine Heimat der Urweisheit im Urseelischen auf der alten Sonne enthalten. Ich bin – bzw. die Weisheit ist – erst im Physischen vollkommen, herausgestaltet aus dem Ätherischen aus der Zeit des alten Mondes, gestaltet durch die Arbeit der Engel und durch andere Wesen. Demzufolge konnte die Weisheit auf der alten Sonne erst recht nicht vollkommen sein, sondern nur in einem Keim.

Körperelementargeist des Gruppenwesens der Kyriotetes

W.W.: Wenn die gesamte heutige Natur bzw. physische Welt ein Ausdruck der Weisheit ist – bist du dann dieses Sein bzw. diese Natur, oder verwaltest du nur die Weisheit?

Weisheit: Es ist nicht ganz einfach zu verstehen, meine Worte sind auch unzureichend. Aber eigentlich bin ich die Verwalterin der Weisheit; doch ich gehöre auch zu dieser Weisheit. Aber das wesenhafte Wesen, welches sagen könnte: *„Ich bin die Weisheit"*, ist das Gruppenwesen der Kyriotetes. Das bin ich aber auch. Aber ich bin es nicht nur. Ich bin auch eine Verwaltungsinstanz. Das eine bin ich, das andere ist mein Körperelementargeist. Und du sprichst jetzt nicht mit dem Gruppenwesen der Kyriotetes, sondern mit dem Körperelementargeist der Weisheit bzw. dem Körperelementargeist des Gruppenwesens der Kyriotetes. Und dieser Körperelementargeist ist die Verwaltung der Weisheit. Mit dem anderen Wesen könntet ihr beide nicht sprechen. Das könntet ihr nicht ertragen.

Ich berate den Körperelementargeist

W.W.: Könntest du bitte die Aufgaben beschreiben, die du heute hast?

Weisheit: Wieviel Zeit hast du? Ich habe so viele Aufgaben, daß wir diese nicht aufzählen können. Das entspricht etwa den Worten von Johannes im Johannesevangelium, daß Christus noch so viele Taten durchgeführt hat, daß das Universum nicht genügend Platz hätte, um die Bücher aufzunehmen, die diese Taten beinhalteten. So in etwa müßte man über meine Aufgaben sprechen. Ich könnte aber wenige Worte dazu sagen.

Ich habe beispielsweise die Aufgabe, zu bewahren, daß eure physische Welt bis in die kleinsten Bausteine hinein weise aufgebaut ist und bleibt. Für diese Aufgabe arbeite ich selbstverständlich mit immens vielen anderen, vor allem sehr hohen Wesen zusammen, die dann die Tätigkeit als solche ausführen. Dazu gehört z.B. der Erdgeist. Gleiches vollziehe ich für die Sonne, den Mond, den Tierkreis.

Ich habe darüber hinaus auch die Aufgabe, als Beraterin für deinen eigenen Körperelementargeist zur Verfügung zu stehen, der mich als Berater – meist über Zwischenstufen anderer Wesen – nutzen kann, um abzugleichen, ob das, was er mit deinem Körper tut, in den Plan der Weisheit hineinpaßt. Und so mache ich es mit allen Körperelementargeistern aller Menschen. Und ich habe darüber hinaus die Aufgabe, zu prüfen, ob das, was weise ist, mit der Harmonie übereinstimmt, mit ihr in Einklang ist. An dieser Stelle möchte ich nicht weiter ins Detail gehen.

Waltende Weisheit und weises Produkt

W.W.: Steiner spricht folgende Worte aus der Sicht des heutigen Menschen ...

Weisheit: ... nein, aus der Sicht des Menschen vor hundert Jahren. Es ist unweise, in bezug auf seine Worte von heute zu sprechen!

W.W.: Steiner stellt in etwa dar, daß der verkörperte Mensch, wenn er die sinnliche Welt betrachte, den waltenden Weltenwillen beschaue. Dieser Weltenwille ströme durch die Augen und die anderen Sinne. Wenn man sich mit einer tieferen Schicht, mit dem Ätherleib, mit der Welt verbinde, so erlebe man die Welt des Entstehens und Vergehens. Diese Welt sei waltende Weisheit. Das erfahre man z.B., wenn man ein Pflanzenblatt anschaue, denn beim näheren Beschauen könne man dieses Blatt nicht so belassen, wie es im Moment erscheine, sondern man fühle bei dieser Betrachtungsart die Möglichkeit im Blatt, daß das Blatt sich verändern und zur Blüte werden könne. Das nennt Steiner Entstehen. Wenn man dagegen die Baumrinde betrachte, erlebe man das Vergehen. Hinter dem waltenden Weltenwillen sei also die waltende Weisheit.

Bisher haben wir festgestellt, daß die Weisheit vor allem in der sinnlichen Welt ist bzw. daß die sinnliche Welt ein Ausdruck der Weisheit ist. Steiner weist nun hier darauf hin, daß die Weisheit vor allem auch in der ätherischen Welt ist. Kannst du das noch ein wenig näher erklären?

Weisheit: Ich versuche es zu erklären. Das, was ihr Weisheit nennt und als Weisheit erlebt, stammt vorwiegend aus der Zeit des alten Mondes, wird aus dem Ätherischen herausgeformt. Deshalb erlebt ihr die Weisheit im Ätherischen am stärksten. Weil ihr aber einen Ätherleib habt, könnt ihr auch einen physischen Leib besitzen. Der Ätherleib wird von dem ätherischen Wesen Körperelementargeist verwaltet. Er verwaltet zusätzlich über die Jahrtausende den Aufbauplan eures physischen Leibes. Der Aufbauplan eures physischen Leibes kommt direkt aus der Weisheit und wird durch den waltenden Weltenwillen aufgebaut bzw. vom Inkarnationswillen des Menschen selbst.

Das bedeutet, daß die Weisheit im Ätherleib war und daß sie etwas gestaltet hat, was weise ist, was aber selber nicht die Weisheit ist. Es ist ein weiser Ausdruck. Die physische Welt ist also der Ausdruck der Weisheit, aber nicht die Weisheit selbst. Das Produkt in der physischen Welt ist aber trotzdem weise. Im Produkt erkennt man die Weisheit des Gestalters. Das Produkt trägt die Signatur des Gestalters. Das ist so, wie man an einem Kunstwerk erkennen kann, wer der Künstler ist. Das Kunstwerk ist aber nicht der Künstler selbst. Trotzdem erkennt man die Weisheit in der physischen Welt.

Salz und Taufe

W.W.: In einem Vortragszyklus für die Priester der Christengemeinschaft spricht Rudolf Steiner über das Taufritual und die Substanzen, so auch über das Salz. Er stellt dort dar, daß das im Wasser aufgelöste Salz seine Weisheitskräfte an die Umgebung, also an das Wasser, abgebe; und wenn es wieder auskristallisiere, gehe die reale Weisheit in die Umgebung, das Salz aber selbst sei weisheitsleer. Das ist irgendwie unlogisch, denn das würde ja bedeuten, daß das Salz, welches man in das Wasser gibt, zuvor weisheitsvoll war und daß es nach dem Auflösen und erneuten Auskristallisieren wiederum weisheitsleer ist. Das verstehe ich nicht. Kannst du das erklären?

Weisheit: Das bezieht sich nur auf das Taufritual bzw. auf den kultischen Akt und die Vorbereitung dazu. Es geht um eine einmalige Abgabe der Weisheit an die Umgebung. Wenn du in die Küche gehst und Salz in Wasser auflöst und dann einen Faden hineinhängst, so daß sich an dem Faden wiederum Salzkristalle bilden, so ist dieses erneut auskristallisierte Salz nicht weisheitsleer. Wenn man aber Salz in Wasser auflöst und das Taufritual durchführt und dabei auch sehr hohe geistige Wesen anruft, die durch die Substanzen hindurchgehen, dann nehmen diese Wesen die Weisheitskräfte auf und übertragen sie auf das Kind. Das geschieht über das Wasser. Dann kann das Kind von den Engeln aus der betreffenden Religionsgemeinschaft besser erreicht werden. Das Salz, das anschließend aus dem Wasser wieder herauskristallisieren würde, ist einmalig weisheitsleer, weil hohe Engelwesen bei dem Taufakt durchgewirkt haben. Dieses Salz sollte man dann auch nicht mehr über sein Essen streuen.

Nachts zieht die Weisheit ein

W.W.: Im Moment des Einschlafens ziehen Ich und Astralleib aus dem Nerven-Sinnes-System des Menschen heraus. Man hat dann über die waltende Weisheit – die Weisheit im Ätherischen und die Weisheit als Produkt im Physischen – keine Macht mehr, und es ziehen dann in den ätherischen und physischen Bereich hohe geistige Wesen ein, die stellvertretend für Astralleib und Ich des Menschen wirken. Das ist ein

Hinweis darauf, daß im Seelischen und im Geistigen die Weisheit noch nicht sonderlich angekommen ist: während des Wachzustands wirken die seelisch-geistigen Kräfte eher zerstörerisch auf die unteren Wesensglieder, nachts müssen letztere von hohen geistigen Wesen erfrischt werden. Kannst du diese Zusammenhänge noch ein wenig erklären?

Weisheit: Die Wesen, die in den schlafenden Menschen einziehen, sind sehr hohe geistige Wesen. Diese Wesen, die in den unteren Wesensgliedern des Menschen agieren, kommen aus einer anderen Form der Weisheit. Wenn man über die Weisheit in bezug auf den Menschen spricht, dann ist diese Weisheit im Seelischen und im Ichhaften des Menschen noch nicht vorhanden. Aber ihr arbeitet daran. Es gibt einen dem Menschen noch nicht zugänglichen Bereich meiner selbst. Insofern ist es richtig, was du eben dargestellt hast, wenn es um die den Menschen betreffende Weisheit geht. Wenn der Mensch schläft, geht sein persönlicher und vor allem auch egoistischer Anteil heraus, und anstelle dessen ziehen die hohen Engelwesen, die mit den Kräften der Harmonie arbeiten, in die unteren Wesensglieder des Menschen ein.

Luzifer und die Weisheit

W.W.: Rudolf Steiner spricht häufiger darüber, daß Luzifer den Menschen die Weisheit gebracht habe. Auch spricht er darüber, daß die Menschheitsführer im alten Indien während der indischen Kulturepoche, die sogenannten sieben heiligen Rishis, luziferische Wesen waren. Luzifers Tendenz war es, dafür zu sorgen, daß die Menschheit einen Weg einschlagen solle, der von der Erde abzweigt und sich nicht so fest mit der Erde verbindet. Wie hängt Luzifer mit der Weisheit bzw. mit dir zusammen?

Weisheit: Ich möchte dir auf einem Umweg antworten, indem ich erst kurz die Liebe betrachte. Die Liebe, die ihr Menschen auch individuell ausgestaltet, ist ein Zwillingskind der Freiheit. Ihr werdet es nicht schaffen, die Liebe auszugestalten, wenn ihr nicht gleichzeitig genauso die Freiheit ausgestaltet bzw. die Liebe in Freiheit. Man kann nur wirklich lieben, wenn man die Freiheit ergriffen hat. Erzwungene Liebe ist keine Liebe. Zumindest wissen und spüren das immer mehr Menschen, auch wenn es in vielen Gesellschaften noch nicht das oberste Ansinnen ist.

Wenn man nun mit diesem Gedanken auf den alten Mond zurückgeht, wird man dort auch ein Geschwisterpaar finden, nämlich die Schönheit und die Weisheit. Sie sind genauso verknüpft wie die Liebe und die Freiheit auf der Erde. So wie die Liebe immer mit Freiheit zu tun hat, hat die Weisheit immer mit der Schönheit zu tun. Und nun ist der Schritt zu Luzifer sehr nahe.

Kunst und Schönheit und Luzifer hängen sehr eng zusammen. Auf der Erde heute kann man nicht künstlerisch tätig sein, ohne luziferische Kräfte zu bemühen. Das bedeutet aber auch, daß man heute auf der Erde nicht weise sein kann ohne Luzifer. Jeder weise Mensch, auch jeder weise Gelehrte, steht irgendwo auch bei Luzifer; das ist euch vermutlich nicht so klar.

Es gibt die Geschwisterpaare der Grundqualitäten. Das ist zum einen Liebe und Freiheit, zum anderen Schönheit und Weisheit, drittens Macht und Güte. Diese Grundqualitäten sind die trinitarischen Qualitäten. Und die Trinität hat sich entschieden bzw. entscheiden müssen, zwei dieser Grundqualitäten mit Luzifer und Ahriman zu teilen. Die Macht wurde mit Ahriman geteilt, die Weisheit mit Luzifer. Die Liebe wurde nicht geteilt. Sie ist ganz bei Christus.

Luzifer ist ein Zwillingsbruder von Christus. Luzifer hat also die Weisheit zur Verfügung. Da Luzifer und Ahriman sehr einnehmende Wesen sind, wirkt es für euch Menschen manchmal so, als seien beide die alleinigen Herrn ihrer trinitarischen Grundkraft, also der Weisheit und der Macht. Aber das ist eine Verzerrung. Selbstverständlich hat die Trinität genauso Zugriff auf die Weisheit und die Macht, und man sollte es nicht in Zahlen ausdrücken, in dem Sinne, daß Luzifer oder Ahriman je 50 % Zugriff auf diese Bereiche hätten, die Trinität auf die anderen 50 %. Beide – die Trinität wie auch die Widersachermächte – haben zu 100 % Zugriff auf die Weisheit und die Macht. Diesen Bewußtseinsschritt solltet ihr Menschen innerlich nachvollziehen.

Deswegen kann man mich nicht durchschneiden und zur Hälfte zu Luzifer verorten, die andere Hälfte zur Trinität. Ich arbeite als Weisheit mit beiden *ganz* zusammen. Ich bin nicht gespalten. Genauso ist es mit der Macht. Bei der Liebe ist es eigentlich auch so, aber da merkt ihr es nicht, da die Liebe zur Trinität gehört, genauso zu Christus; aber Christus ist Teil der Trinität.

W.W.: Steiner spricht auch darüber, daß die Menschen durch die luziferische Weisheit Sprechen und Denken erhalten haben, Ahriman aber die Sprache in die verschiedenen Erdensprachen differenziert habe. Sprache sei also schon tendenziell verahrimanisiert. Luzifer habe die Tendenz zur Vereinheitlichung, und deswegen sei das Denken noch luziferisch. Kannst du das erklären?

Weisheit: Am besten kann man das mit dem Begriff Rufmord erklären. Die Sprache ist ein zweischneidiges Schwert, und sie ist zu großen Teilen zu einem Machtinstrument geworden. Was ich damit anspreche, dürfte jedem Menschen klar sein. Beim Denken ist euch das nicht klar, denn ihr denkt Gedanken, die allen Menschen zur Verfügung stehen. Man erlebt z.B. innerhalb der Geschichte sehr oft, daß bestimmte Erfindungen fast zeitgleich an ganz unterschiedlichen Orten in den Menschen auftreten. Das hängt damit zusammen, daß bestimmte Gedanken zur Erde herunterträufeln und von den Menschen aufgenommen werden. Immer wieder werden solche Gedankenbereiche, die dann zu Erfindungen führen, genauso zu neuen Gedankenimpulsen, aus einer Gedankenschicht für den Menschen erreichbar. Dann sieht man, wie viele Menschen das gleiche denken. An diesem Beispiel der Erfindungen kann man ablesen, daß eure sogenannten eigenen Erfindungen gar nicht so sehr eure eigenen Erfindungen sind. Wenn man übt, eigene Gedanken zu denken, kann man das durch Gebete und Meditationen machen.

W.W.: Steiner sprach auch darüber, daß Goethe am wenigsten luziferisch dachte, da er jede einzelne Pflanze, jeden einzelnen Stein für sich betrachtete.

Weisheit: Das ist richtig, denn wenn man aus den einzelnen Beobachtungen heraus seine Gedanken abliest, ist man sehr viel weniger bei den allgemeinen Gedanken. Goethe hat die einzelnen Phänomene betrachtet und daraus seine Schlüsse gezogen, und alle Gedanken, die Goethe – genauso wie ähnlich denkende Menschen – individuell gedacht hat, verfallen nicht Ahriman.

Durch Meditieren wird man nicht weise!

W.W.: Ich möchte jetzt gerne über die Weisheit in bezug auf den heutigen Menschen sprechen.

Müller: Hallo Wolfgang: Menschen sind nicht weise. Weißt du, warum Menschen nicht weise sein können?

W.W.: Hallo Müller. – Nein.

Müller: Weil sie nur in sich selbst abgeschlossen sind und nicht mit der sie umgebenden Weisheit direkt verbunden sind.

W.W.: Aber kann man nicht sagen, daß der eine oder andere Mensch tendenziell weise ist?

Müller: Wenn ihr euch bemüht, könnt ihr Wege in diese Richtung finden. Es gibt zwei menschliche Zustände, in denen die Weisheit durchleuchten kann. Der eine ist bei sehr kleinen Kindern, die tatsächlich noch an die Weltenweisheit angeschlossen sind. Der zweite Zustand ist bei recht alten Menschen, die sich wirklich auf den Weg zur

Weisheit gemacht haben. Aber eines möchte ich einmal von vornherein klarstellen: Durch Meditieren wird man nicht weise!

W.W.: Aus menschlicher Sicht wird Weisheit z.B. wie folgt definiert: Weisheit bezeichnet vorrangig ein tiefgehendes Verständnis von Zusammenhängen in Natur, Leben und Gesellschaft sowie die Fähigkeit, bei Problemen und Herausforderungen die jeweils schlüssigste und sinnvollste Handlungsweise zu identifizieren. Wie stehst du dazu?

Müller: Das Verb „identifizieren" finde ich ziemlich unpassend, auch wenn es tendenziell richtig ist. Damit ist ja höchstens gemeint, daß ihr Menschen den weisesten Weg erkennt, aber noch lange nicht, daß ihr diesen weisen Weg geht oder zur Weisheit gekommen seid. Für euch Menschen schließt es nicht ein, daß ihr dasjenige, was ihr als weise erkennt, auch zugleich tut. Diese Diskrepanz verstehen wir nicht. Ich als Hausgeist, der ich seit vielen hundert Jahren mit Menschen hier in der Mühle zusammenlebe, verstehe es kaum, daß ihr Menschen dasjenige, was ihr erkennt, nicht auch gleichzeitig tut. Aber ich erlebe, daß es so ist. Weise könnt ihr nur sein, wenn ihr es schafft, euch selbst sehr stark zurückzunehmen, und wenn ihr mittels Selbsterkenntnis zu einer eigenen Weisheit kommt. Nur die frühkindliche Weisheit ist anders. Tschüß.

W.W.: Tschüß.

Heilend auf die Umgebung wirken

W.W.: Was ist aus deiner Sicht ein tendenziell weiser Mensch?

Weisheit: Die Antwort ist schwierig. Aus meiner Warte gibt es zwei menschliche Typen, die am ehesten weise sind. Zum einen sind dies diejenigen Menschen, die mit Ruhe und ganz aus der Betrachtung heraus verschiedenste Dinge wahrnehmen, erkennen und beschreiben können, rein aus dem Anschauen heraus, ohne eigene Aktivität. Das kann zu einer reinen Kopfweisheit führen. Der andere Typus ist der handelnde Typus. Dieser Mensch wird durch das Leben selbst weise. Ich nenne einen solchen Menschen den Herzensweisen. Er muß nicht einmal intelligent sein, vielleicht kann er auch gar keine klugen Sätze von sich geben; aber ein solcher Mensch handelt weise. Viele von diesen Menschen werden auch aus Erfahrung weise, was natürlich mit Klugheit nichts zu tun hat, denn reine Klugheit behindert oft bei euch Menschen die Weisheit. Viele Menschen werden auch durch Schicksalsschläge weise. Viele der von mir angesprochenen Menschen mit Herzensweisheit sind Menschen, die ihre Weisheit leise gestaltend ausführen, so daß ein anderer Mensch, der zu diesem Menschen kommt, das Gefühl hat, daß er in ein glückliches Haus kommt. Solche Menschen wirken bis zu einem gewissen Grad heilend auf ihre Umgebung. Dazu müssen sie gar nicht viel reden.

W.W.: Nehmen wir an, daß der eine Mensch weise denkt, diese weisen Gedanken aber nicht in Handlungen umsetzt; und denken wir uns zweitens einen weise handelnden Menschen. Auf welche Weise trittst du mit diesen beiden Typen in Beziehung?

Weisheit: Wir haben schon beleuchtet, daß ich in die ganze Welt hineinverwoben bin. Insofern bin ich immer im Hintergrund anwesend und stütze beide Typen der von dir angesprochenen Menschen. Wenn es ein Mensch ist, der nur aus dem Bauch heraus weise handelt, versuche ich meinerseits, diesen Menschen in die Richtung zu stützen, daß er sein Handeln auch versteht. Den anderen, der aus der kopfig erarbeiteten Weisheit kommt, versuche ich so zu impulsieren, daß er dabei auch zunehmend sein Herz aktiviert.

Weisheit als Geschenk Gottes?

W.W.: Im Christentum hört man mitunter, daß Weisheit ein Geschenk Gottes sei. Ist Weisheit nicht eher etwas Selbsterworbenes?

Weisheit: Selbstverständlich. Wer schon durch viele Erdenleben hindurchgegangen ist und sich bis zu einem gewissen Grad geläutert hat bzw. auch viele Schicksalsschläge durchlebt hat, der hat sicherlich dadurch mehr eigene Weisheit erworben. Auf der anderen Seite ist Weisheit selbstverständlich ein Geschenk Gottes, aber nicht an die Menschen, sondern an die Engel. Aber der Mensch hat diese Weisheit nicht von Gott bekommen. Dazu kann man aber etwas sehr Einfaches sagen: Das, was vor allem in den letzten fünfhundert Jahren als Gott bezeichnet wird, ist ein sehr vager Gottbegriff. Dieser Gottesbegriff schließt die Engel mit ein. Insofern muß man bei diesem Begriff „Gott" sämtliche hierarchischen Wesen miteinschließen, also auch die Engel und die an sie geschenkte Weisheit. Und die sogenannten Götter, die die meisten Menschen als solche erleben, sind ohnehin Engel.

W.W.: Auch wenn ich mich in diesem Zusammenhang nicht so gut auskenne, so verstehe ich diese christliche Sicht doch so, als hätte der Mensch eine Art Gottesspritze bekommen, wenn er ein weiser Mensch ist; zumal dann, wenn – wie von den christlichen Kirchen angenommen – der Mensch nur einmal lebt. In dieser Sichtweise ist der Mensch so gut wie gar nicht selbst aktiv auf dem Weg zur Weisheit gegangen.

Weisheit: Das ist natürlich eine komplett irrige Annahme. Insofern kann man nicht von einem Geschenk sprechen, denn man muß als allererstes miteinbeziehen, wie oft der Mensch schon hier auf der Erde inkarniert war. Die einen waren schon ziemlich oft inkarniert, andere nur einige Male; und das bedingt meistens auch, wie weit der Mensch schon auf dem Weg zur Weisheit gegangen ist. Denn wer mehr Erfahrungen durch viele Erdeninkarnationen hindurch erworben hat, dürfte in den meisten Fällen eher weise geworden sein.

W.W.: Was bedeutet eigentlich die weise Frau oder der weise Mann in den Märchen?

Weisheit: Im Regelfall ist damit ein Wesen gemeint, welches die Kräfte der Weisheit – also mich – durchtönen lassen kann. Das sind meist alte Menschen, und typisch ist auch, daß dies Menschen sind, die nicht mit sich selbst beschäftigt sind. Sie sind deutlich in der Lage zu objektivieren. Wer nicht in der Lage ist zu objektivieren, ist nicht in der Lage, die Weisheit durchschimmern zu lassen. Wer nur im Subjektiven lebt, kann Weisheit nicht durchschimmern lassen.

Eifersucht und Ehrfurcht

W.W.: Es gibt Menschen, die relativ weise sind und deswegen von anderen Menschen abgelehnt werden. Was entsteht bei dieser Ablehnung durch andere Menschen?

Weisheit: Diese anderen Menschen sind entweder dumm, neidisch oder eifersüchtig. Wer Weisheit aus Eifersucht ablehnt, läßt Karma entstehen. Die negativen Kräfte, die dieser Weisheit ablehnende und eifersüchtige Mensch produziert, muß er nachtodlich anschauen und im nächsten Leben ausgleichen. Als allererstes schauen diese Menschen im Lebenspanorama das, was sie angerichtet haben. Das Lesen im Lebenspanorama hat auch einen starken Bezug zur Weisheit. Wer in den ersten Tagen nach dem Tod vor seinem Lebenspanorama steht, erlebt etwas Überwältigendes. Das führt häufig dazu, daß man zwar alles sieht, aber vieles nicht tief genug erkennt. Denn dazu gehört eine gewisse Weisheit.

W.W.: Wie stehst du dazu, wenn bei anderen Menschen gegenüber einem weisen Menschen Ehrfurcht und auch Bewunderung entsteht?

Weisheit: Zur Ehrfurcht stehe ich sehr positiv, denn Ehrfurcht verändert den Menschen positiv. Deswegen finde ich es sehr schade, daß die Ehrfurcht ziemlich aus der Mode gekommen ist. Das ist unweise! Bewunderung, solange sie geführt bleibt, ist völlig in Ordnung und auch in einem gewissen Sinne angemessen. Denn die Weisheit in ihren Strukturen in der Natur zu erkennen – dazu ist Weisheit berechtigt.

Bei Menschen bedingt. Es sollte aber nicht in den luziferischen Rausch ausschlagen.

Weisheit ohne Wärme

W.W.: Kann ein ganz kluger Mensch auch weise sein?

Weisheit: Schwer.

W.W.: Demzufolge ist Ahriman also nicht weise?

Weisheit: Ahrimans Existenz ist sehr weise, Ahriman selber ist nicht weise. Das überläßt er Luzifer. Luzifer ist extrem weise. Aber er ist völlig herzlos. Das ist ein Punkt, den ihr Menschen bedenken müßt: Wenn ihr aus der Mitte herausgeht, dann wird die Weisheit schneidend und kalt, hochpräzise, sehr strukturiert, wunderschön, aber sie hat die Wärme verloren. Wer weise ist ohne Liebe, der setzt sich zu Luzifer auf den Schoß. Und dann wird es kalt.

Gelassenheit

W.W.: Manche Menschen charakterisieren Weisheit als Gelassenheit in Verbindung zur Liebe. Wie siehst du das?

Weisheit: Das ist ein Teil von mir in bezug auf die menschliche Weisheit. Gelassenheit spielt dabei eine große Rolle. Das ist das, was ich über das Objektivieren dargestellt habe, denn man kommt nie zu einer Objektivierung, wenn man nicht in der Ruhe ist. Für euch Menschen ist es systemimmanent, daß ihr Gelassenheit benötigt, um zur Weisheit zu kommen. Dazu gehört aber auch eine Gelassenheit mit euch selbst. Wer einen anderen Menschen erkennen kann, ist klug; wer sich selber erkennen kann, ist weise. Diese Gedanken sind vor allem in der östlichen Philosophie stark vertreten.

W.W.: Was liegt vor, wenn ein Mensch alt wird, aber kein bißchen weise?

Weisheit: Das ist eine große Katastrophe. Ein Teil eurer Inkarnationsaufgabe ist es, zum Alter hin gelassen zu werden. Wenn Gelassenheit entwickelt wird, sind die Voraussetzungen dafür, daß man wenigstens ein bißchen Weisheit entwickeln kann, recht gut. Wenn ein Mensch zum Alter hin überhaupt nicht weise geworden ist, dann fehlt ihm bestimmt der Bereich, daß er überhaupt nicht Gelassenheit entwickelt hat. Wenn man alt wird und nicht gelassen ist, dann ist man zwar körperlich alt, aber nicht weise, nicht in der Ruhe. Man nennt diese Menschen auch die ewig Pubertierenden. Zur Pubertät gehört, nicht gelassen zu sein. Dieser Entwicklungsschritt ist sehr wichtig für den Menschen, aber nicht zum Alter hin. Der pubertierende Mensch nimmt alles persönlich. Durch diesen Zustand muß jeder und jede Jugendliche hindurch. Wenn man das aber zum Lebensmotto macht, wird man nicht weise.

W.W.: Es ist doch sicherlich ein Ziel von dir, daß die Menschen zum Lebensende hin wenigstens tendenziell weise werden. Wie ist es für dich, wenn das nicht eintritt?

Weisheit: Ich sehe das relativ gelassen. Aber nicht nur. Ich finde es zwar nicht furchtbar, denn das wäre sehr ungelassen und unweise, aber ich finde es sehr schade. Das ist zwar sehr menschlich ausgedrückt, aber hoffentlich verständlich.

W.W.: Das ist ein weiser Kompromiß.

Weisheit: Kompromisse sind meistens weise.

W.W.: Kann man lernen, weise zu werden?

Weisheit: Wenn man aus den Vorinkarnationen keinerlei Tendenzen zur Weisheit mitbringt und dann in einem Erdenleben die Weisheit erlernen möchte, dann wird man ein sehr hartes Leben haben müssen. Das geht, aber wünsche es dir nicht!

W.W.: Ich dachte eher an verschiedene Erdenleben in Kette: daß man also, wenn man in einigen Erdenleben ein sehr interessierter Mensch ist, auch empathisch für seine Mitwelt, eher wenig egoistisch – daß man dann von Leben zu Leben weiser werden kann.

Weisheit: Das wäre die richtige Entwicklung. Dieser Lerneffekt ist mir der liebste. Aber die Erd- und Menschheitsentwicklung ist meist nicht so.

Ahriman will die Weisheit absägen

W.W.: Zum Abschluß möchte ich noch ein Zitat von Rudolf Steiner bringen:

„Ein Mensch aber, der weise werden will, bestrebt sich, dasjenige, was er an Arbeit in früheren Inkarnationen geleistet und aufgespeichert hat, aus den früheren Inkarnationen herüberzubringen. Je weiser wir werden, desto mehr bringen wir aus früheren Inkarnationen in die gegenwärtige herüber, und wenn wir nicht weise werden wollen, so daß wir das Weisewerden von früheren Inkarnationen brach liegen lassen, dann kommt einer, der es absägt: Ahriman.

Niemand will es lieber als Ahriman, daß wir nicht weiser werden. Die Kraft haben wir. Wir haben viel, viel mehr in den früheren Inkarnationen erworben, als wir glauben, viel mehr erworben in den Zeiten, in denen wir durch die alten Hellseherzustände durchgegangen sind. Ein jeder könnte viel weiser werden, als er wird. Es darf sich niemand damit ausreden, daß er nicht viel herüberbringen konnte. Weise werden heißt, das, was man in früheren Inkarnationen erworben hat, herausbringen, so daß es uns erfüllt in dieser Inkarnation." (GA 159/1980/31.01.1915/S.17f.) Kannst du dazu noch etwas sagen?

Weisheit: Eigentlich haben wir davon das meiste schon besprochen. Aber vielleicht weise ich noch einmal darauf hin, daß Ahriman nicht will, daß ihr weise werdet. Denn in dem, was wir klassisch Weisheit nennen, liegt auch eine gewisse Untätigkeit. Steiner bezieht sich in bezug auf die Weisheit eher auf die klassisch angeschaute **Weisheit:** Man sitzt in Ruhe da und schaut die Welt an. Und Ahriman möchte alles vermeiden, das dazu dienen könnte, daß die Verbindung von Herzenskräften zur Weisheit stattfindet. Wenn der Mensch einen Weisheitsvorrat aus vergangenen Inkarnationen in die jetzige mitbringt, dann wird Ahriman alles daransetzen, um diesen Weisheitsvorrat nicht zugänglich zu machen bzw. abzusägen, wie Steiner sich ausdrückt. Ahriman wird überall versuchen zu verhindern, daß man diesen Weisheitsvorrat mit den eigenen Herzenskräften verbindet.

W.W.: Was ist eine Binsenweisheit?

Weisheit: Das ist etwas, was vor der eigenen Nase steht, was allgemein bekannt ist – so wie früher die Binsen überall vor der Nase der Menschen standen, wenn sie an Gewässer traten – und was jedem Menschen zugänglich sein müßte, was der betreffende Mensch aber nicht erkennt. Eine Binsenweisheit ist das, was eigentlich auch der Dümmste schon erkennen kann; in etwa so, wie ihr auch sagt, man sähe den Wald vor lauter Bäumen nicht.

W.W.: Möchtest du zum Schluß noch etwas sagen?

Weisheit: Versucht, mehr zu berücksichtigen, daß es auch weises Handeln gibt! Werdet weise!

W.W.: Danke.

Weisheit: Bitte.

erzauberung

Wolfgang Weirauch: Guten Tag.

Verzauberung: Guten Tag.

W.W.: Verzauberung hat zwei grundlegende Bedeutungen – z.b. in Märchen und Sagen, wenn man durch eine Hexe oder einen Zauberer verzaubert, verwandelt wird, und zwar gegen den eigenen Willen, und zweitens, wenn man z.b. durch eine wunderschöne Landschaft geht und durch sie wie verzaubert wird. Sind dies die beiden Seiten deines Wesens?

Verzauberung: Ja, das sind meine Vorderseite und meine Rückseite. Man könnte es Bezauberung und Verzauberung nennen. Aber beide Bereiche gehören zu meinem Wesen.

W.W.: Kannst du beide Seiten ein wenig darstellen?

Verzauberung: Gerne. Mir persönlich macht der Teil der Bezauberung am meisten Freude, d.h. wenn ein Mensch durch eine Landschaft, ein Bild oder einen anderen Menschen bezaubert wird. Diesen Bereich möchte ich Bezauberung nennen, auch wenn die Menschen dazu oft Verzauberung sagen; was nicht falsch ist. Die Bezauberung macht mir persönlich sehr viel mehr Freude. Dabei erlebt man sehr viele schöne, oft auch humorvolle und witzige Situationen.

Bei der Verzauberung gegen den Willen des betroffenen Menschen kommen wir zu einem sehr dunklen Kapitel. Aber auch in diesem Bereich gibt es noch eine eher nette Seite, wie sie z.B. in dem Märchen *Kalif Storch* vorkommt, in dem die Protagonisten das Schlüsselwort vergessen, nämlich *Mutabor*, und dies wieder mühsam suchen müssen. Das hat Hauff sehr schön dargestellt. Es ist eine fast noch freundliche, wenn auch märchenhafte Verzauberung. Auch in der modernen Literatur, bei Harry Potter, gibt es die dunklen Seiten der Verzauberung. Und wenn wir in die Magie schauen, finden wir dort den Schwarzmagier Klingsor. Auch in vielen Kulturen, in Afrika oder in Asien, gibt es noch Zauberer im Zusammenhang mit den Naturreligionen.

Eine Verzauberung legt den Finger auf eine Wunde

W.W.: Was bedeutet es in den Märchen, wenn z.B. eine Hexe einen Menschen in ein Tier oder in einen Stein verzaubert?

Verzauberung: Meist ist es so, daß alle Personen in einem Märchen Wesensbestandteile eines Menschen sind. Wenn nun eine Hexe oder ein Zauberer einen Menschen in ein anderes Wesen verzaubert, zeigt dies, daß der Wille des betreffenden Menschen an dieser Stelle noch sehr schwach oder ganz schlafend ist. Im Märchen gibt es meist einen Hauptprotagonisten, meist einen jungen Mann, der durch die Hexen gezeigt bekommt, an welcher Stelle er noch völlig ungeschult ist.

Bei der Verwandlung in ein Tier wird gezeigt, daß es noch Kräfte im Menschen gibt, die noch nicht vermenschlicht sind; bei der Verwandlung in einen Stein wird gezeigt, daß der Wille so tief schläft, daß gar keine Bewegung bzw. freie Willenskraft vorhanden ist. Wenn ein Mensch in eine Pflanze verwandelt wird, fehlt das Bewußtsein für den Ätherleib bzw. für die Lebenskräfte. Allgemein muß man dazu allerdings sagen, daß das für den Menschen ein ohnehin schwieriges Feld ist, weil ihr so gut wie keine Wahrnehmungen, kein Bewußtsein für den Ätherleib habt. Wird aber der Hauptprotagonist eines Märchens in eine Pflanze verwandelt, hängt das damit zusammen, daß er nicht einmal das Gespür hat, lebendig zu sein. Eine Verzauberung legt also den Finger auf eine Wunde bzw. weist darauf hin, daß der betreffende Mensch an einer bestimmten Stelle noch etwas lernen muß.

W.W.: Können wir zusammenfassend sagen, daß Verzauberung eine Bewußtseinstrübung bzw. Bewußtseinseinengung bzw. Bewußtseinslähmung ist bzw. ein Hinweis auf unbearbeitete Bereiche im Menschen, während dagegen die jetzt Bezauberung genannten Situationen eine Art Bewußtseinserhöhung sind?

Verzauberung: So ist es. Bei den großen Zauberern, z.B. beim Schwarzmagier Klingsor, zeigt sich im Kampf gegen den Gralskönig, an welcher Stelle der Gralskönig noch Schwächen hat. Klingsor zeigt auf, daß bestimmte Schulungen mißglückt oder nicht erfolgt sind. Natürlich will Klingsor auch seine eigenen Ziele durchsetzen; gleichzeitig zeigt er aber auch die Schwachstellen des Gralskönigtums auf. Beim Gralskönig in der Gralssage sind diese Schwächen durch gewisse ungezügelte Begierden entstanden. Das ist die Wunde von Amfortas.

Techniker im Hintergrund

W.W.: Bist du dann als das Wesen Verzauberung bei allen Verzauberungs- und Bezauberungsvorgängen dabei, auch bei den schwarzmagischen Akten?

Verzauberung: Technisch gesehen bin ich immer dabei.

W.W.: Kannst du deine Verbindung zu allen diesen Vorgängen einmal erklären?

Verzauberung: Abgrenzen möchte ich mich von der Verfluchung. Es gibt Zauberer und andere Wesen, die etwas verfluchen. Sogar Christus hat etwas verflucht: den Feigenbaum! Von der Verfluchung möchte ich mich absetzen, denn der Fluch ist ein eigenständiges Wesen. Bei den großen Zauberern redet man auch nicht von Verfluchung, sondern von Verzauberung bzw. vom Zauber.

Ich kann die Technik anhand eines Bildes erklären: Stelle dir einen Trickfilm vor. In diesem Film hast du viele tolle Effekte. Die Effekte bezaubern vielleicht den Menschen, verwenden aber im Hintergrund eine aufwendige Technik. Dieser Hintergrund bin ich. Weil ich die Technik einer jeden Verzauberung und Bezauberung bin, ist es gleichgültig, ob dies nun ein weißmagischer oder ein schwarzmagischer Akt ist.

W.W.: Und wenn ein Mensch durch eine schwarzmagische Aktivität stirbt und du als Techniker im Hintergrund diese Aktivität gestalten mußt – was geschieht dann?

Verzauberung: Ich muß dabeisein, und das ist sehr gruselig, auch wenn dieser Ausdruck viel zu harmlos ist. Deswegen sagte ich zu Beginn des Gesprächs, daß die Seite der Bezauberung die mir sehr viel liebere ist. Aber die dunklen Kräfte haben auch die Seite der Bezauberung schon durchdrungen, z.B. im Bereich des Internets. Denn das Internet bezaubert die Menschen in vielerlei Hinsicht, sie sind oftmals hingerissen, oft sogar süchtig – und das ist keine schöne Seite der Bezauberung. Diese Seite der Bezauberung wirkt keinesfalls zum Guten. Das ist ein Mischbereich zwischen Verzauberung und Bezauberung. Der Auslöser ist die Bezauberung; geht man aber tiefer hinein, kommt man zur Verzauberung.

Bezauberung und Verzauberung geistiger Wesen

W.W.: Gibt oder gab es in der geistigen Welt – ohne jeglichen Bezug zu den Menschen – Verzauberung?

Verzauberung: Ja. Es gibt auch unabhängig vom Menschen in der geistigen Welt unzählige Wesen mit einem Ich, wenn auch mit einem anderen als dem Menschen-Ich. Alle Iche kann ich bezaubern, bzw. alle lassen sich durch verschiedenes bezaubern; bedingt lassen sie sich auch verzaubern.

W.W.: Letzteres würde aber bedeuten, daß ein geistiges Wesen durch ein anderes Wesen verzaubert bzw. verwandelt wird, und zwar gegen seinen Willen. Geht das?

Verzauberung: Ja, das geht. Die Erdentwicklung ist nicht der Anfang. Es gab schon immer einen Kosmos. Stelle dir den nächtlichen Sternenhimmel vor, und mit diesem Sternenhimmel werden geistige Wesen immer wieder bezaubert. Denke an die Elohim, die u.a. den Auftrag bekamen, die jetzige Erde mit auszugestalten; und mit diesem Werk haben sie auch andere – und zwar sehr viele – geistige Wesen bezaubert. Darüber hinaus haben Luzifer und Ahriman sehr viele geistige Wesen, die ihnen folgten, nicht nur bezaubert, sondern sogar auch verzaubert. Diese Wesen wurden verzaubert, damit sie Luzifer und Ahriman folgen konnten.

W.W.: Kann man Ahrimans bestechende Logik und Intelligenz auch so verstehen, daß er Menschen und andere Wesen verzaubert?

Verzauberung: Ja. Das bezieht sich zum einen auf den Menschen; genauso hat er aber auch mit seiner bestechenden Logik Heerscharen von Engeln verzaubert. Luzifer hat das dementsprechend mit seiner Schönheit vollzogen. Er ist wirklich schön!

Verzauberung eines Gnoms

W.W.: Steiner benutzt den Begriff Verzauberung auch in bezug auf die Naturwesen, die sich in die physische Welt begeben haben bzw. in physische Erscheinungen verzaubert wurden und in den Pflanzen und Steinen wirken. Zweitens spricht er darüber, daß der Mensch diese verzauberten, in die Materie eingespannten Wesen erlösen könne, indem der Mensch die Natur liebevoll, mit Schönheitssinn und Interesse betrachtet. Kannst du diesen Vorgang ein wenig erläutern?

Verzauberung: Im Prinzip kann man sich die gesamte Materie als einen Verzauberungsvorgang kleinerer und größerer Wesen vorstellen. Immer dann, wenn ein dichteres Medium entsteht, müssen dort kleinere oder auch einige größere Wesen hineinschlüpfen. Man kann auch noch sehr viel höher greifen, denn wir haben schon des öfteren angedeutet, daß überall dort, wo sehr hohe geistige Wesen ihre Willen kreuzen, Materie entsteht. Das ist auch ein sehr hoher Verzauberungsvorgang.

Aber schauen wir auf die Erde, dorthin, wo sich z.B. die Materie bildet und ein Gnom in einen Stein oder in einen Erdbereich schlüpft. Das Wesen, welches dies ermöglicht bzw. technisch regelt, bin ich. Was ich dabei technisch tun muß, ist in menschlichen Worten sehr schwer zu erklären. Am Anfang steht immer die Kreuzung von sehr hohen Willenskräften, aus denen etwas entspringt, letztlich z.B. Materie. Und aus diesen Prozessen führe ich eine Art Gerinnung herbei, wodurch Materie entsteht, zu der sich dann z.B. ein Gnom gesellt bzw. in diese materielle Wesenheit verzaubert wird. Man kann auch sagen, daß der Gnom durch das Entstehen der Materie so bezaubert wird, daß er hineinschlüpft und dadurch auch verzaubert ist. Vorher lebte er nur in der ätherischen Welt. Er war vorher ein eher unspezifisches Ätherwesen; nun ist er das Wesen eines Steins. Aber er ist an den Stein gebunden. Man kann es sich auch so vorstellen, daß zwei hohe geistige Wesen ihre Willensströme kreuzen, und um diese herum wabert die gesamte ätherische Welt, und in dieser ätherischen Welt befinden sich Millionen von Äuglein, die diese Vorgänge beobachten. Eines dieser Augenpaare wird dadurch so verzaubert, daß er Gnom eines werdenden Steins wird. Das ist jetzt sehr einfach ausgedrückt, aber so ist die Entstehung der Materie unter diesem Gesichtspunkt zu erklären.

W.W.: Und wie kann der Mensch diese eher kleineren Wesen erlösen?

Verzauberung: Wenn der Mensch einen Stein mit Interesse beobachtet, kann eine Entzauberung dieses Wesens beginnen. Auch das hat wiederum etwas mit Willenskräften zu tun. Nehmen wir an, daß ein Mensch seinen Willen in eine liebevolle Beobachtung auf einen Bergkristall richtet: In diesem Bergkristall sitzt ein Gnom, dort sitzen auch viele kleinere Wesen. Natürlich zerfällt der Bergkristall nicht durch die Beobachtung des Menschen, aber der Mensch hat mit dem Gnom des Bergkristalls eine Wesensbegegnung. Der Mensch überträgt mit seinem Willen etwas auf den Willen des Gnoms, nämlich daß dieser ein klein wenig mehr objektiv werden kann. Er kann etwas zurücktreten.

W.W.: Was bedeutet *objektiv* in diesem Zusammenhang?

Geistleer ist die Materie nie

Verzauberung: Der Gnom kann sich etwas von der Materie lösen, er kann etwas zurücktreten von der Materie, in die er verzaubert wurde. Wenn er sich ganz lösen kann, wenn er z.B. in den Ätherleib des Menschen schlüpft oder in die ätherische Welt, dann bedeutet das aber, daß ein anderer Gnom hineinschlüpfen muß. Denn der Stein wird nie ohne einen Gnom sein können. Geistleer ist die Materie nie. Doch irgendwann hört es auf, und das ist dann das sogenannte Neue Jerusalem. Aber solange es Materie gibt, muß trotz Erlösung durch einen Menschen immer ein anderes Wesen wieder in die Materie hineinschlüpfen. Oft sind es auch nur sehr kleine Wesen aus der Materie, die hinein- und herausschlüpfen. Aber in allen Wesen liegt der Wunsch, bewußter zu werden, überall und immer. Die Verzauberung ist für diese

Wesen auch ein Fortschritt, denn diesen Zustand haben sie vorher noch nicht erlebt. Die Entzauberung ist wiederum ein Bewußtseinsschub.

W.W.: Nehmen wir einmal einen etwas ketzerischen Gedanken. Viele Leserinnen und Leser kennen unsere Bücher und verbinden sich auch mit den in ihnen vorkommenden Wesen, z.B. mit Eichbine. Eichbine ist der Baumgeist der Eiche drüben auf der anderen Seite der Straße. Wenn nun hier sehr viele Menschen, die unsere Bücher gelesen haben, immer wieder zu dem Baum bzw. zu Eichbine treten würden, so daß diese dadurch erlöst würde – bedeutet das dann, daß sich Eichbine irgendwann von diesem Baum löst und ein anderer Baumgeist hineinschlüpft?

Verzauberung: Ganz genau das bedeutet es. Aber das ist kein einmaliger menschlicher Akt, sondern es muß oft geschehen. Um so ein großes Wesen wie Eichbine aus ihrem Baum zu befreien, braucht es häufiges Tun durch viele Menschen.

Staunen findet immer außerhalb der Zeit statt

W.W.: Stellen wir uns einen Menschen in der heutigen Zeit vor, der mit einer gewissen Empathie und Sensibilität auf Naturzusammenhänge reagiert. Stellen wir uns vor, daß dieser Mensch an einem sonnigen Morgen durch die Landschaft geht, es ist Winter, der Rauhreif auf den Zweigen der Bäume ist gefroren, und alle Formen der weiß überzogenen Bäume glitzern in der Sonne, so daß sich dieser Mensch durch die Schönheit dieser Landschaft verzaubert bzw. bezaubert empfindet. Was geschieht in diesem Moment, und was geschieht zwischen diesem Menschen und dir?

Rauhreif: Ist es nicht schön, was ich an einigen Tagen in der Natur gestalte? Ich wollte mich nur kurz melden; jetzt muß ich schon wieder weg.

Verzauberung: Was in einem solchen Moment vorgeht, sowohl in der Landschaft als auch beim Menschen und auch zwischen den Menschen und mir, ist kein einfacher und schlichter Vorgang. In einem solchen Moment, wenn die Natur von Rauhreif überzogen ist, ist der Mensch nicht von der Landschaft bezaubert, sondern von dem, was mit der Landschaft geschehen ist. Er ist bezaubert, vielleicht sogar verzaubert, weil die Landschaft in der Sonne glitzert; durch den Rauhreif. Dadurch ist die Landschaft ganz anders geworden.

W.W.: Hier stellt sich die Frage, ob die Landschaft nur äußerlich anders geworden ist oder auch innerlich. Was geschieht durch die Bereifung der Landschaft?

Verzauberung: Durch diese Bereifung der Landschaft ist etwas hinzugekommen. Sonst ist dieser Rauhreif nicht da. Vielleicht ist es ja so, daß dieser Rauhreif relativ schnell wieder verschwindet, wenn die Sonne steigt, und man merkt, daß die Sonne doch schon ziemlich viel Kraft im Frühjahr hat und daß es viel wärmer ist, als man noch vor kurzem gedacht hat. Wenn der Mensch aber in dieser Rauhreif-Landschaft steht, kommt er in eine Art Bezauberungszustand. Das kann ein leicht traumhafter Zustand sein, vielleicht auch ein etwas erhöhter Bewußtseinszustand, und der Mensch tritt ein wenig aus der Zeit heraus bzw. in eine andere Zeit hinein. Das hängt auch mit den Kräften des Staunens zusammen, die in diesem Moment hervorgebracht werden. Staunen findet immer außerhalb der Zeit statt. Die Verzauberung oder die Bezauberung verschwindet aber sofort, wenn der Rauhreif schmilzt. Die Landschaft ist aber immer noch dieselbe Landschaft. Der wirkliche Bezauberungsvorgang entsteht also durch das Weiße des Rauhreifs, durch das Sonnenlicht und durch das Glitzern. Die Interaktion mit der Landschaft selbst ist für den Bezauberungs- oder Verzauberungsvorgang nicht sehr groß.

Bezaubernde Landschaften

W.W.: Welche Wesen kommen denn bei diesem Verzauberungsvorgang hinzu?

Verzauberung: Der Rauhreif, der sich soeben kurz meldete, der sich auch als Künstler erlebt. Zur Geltung kommt dieser Rauhreif meist nur an sonnigen Morgen, mitunter aber auch in der Nacht bei Mondschein. Es kommt also als Wesenheit auch ein Licht hinzu. Die Landschaft selbst freut sich über diesen Vorgang. Wenn ein Mensch bei Rauhreif und Sonnenschein in diese Landschaft tritt und sich verzaubert fühlt, dann merkt die Landschaft bzw. die Wesen der Landschaft merken, daß der Mensch nicht sie selbst meint. Aber sie erleben die Freude des Menschen.

W.W.: Aber die Landschaft ist doch dabei. Nehmen wir einen Baum, der mit Rauhreif überzogen ist: Die Sonne scheint, der Rauhreif glitzert in der Sonne – aber die Gestalt liefert doch der Baum mit allen seinen Zweigen.

Verzauberung: Selbstverständlich. Der Baum spielt hier natürlich auch mit. Trotzdem entsteht die Verzauberung des Menschen nicht durch den Baum, sondern durch den Rauhreif und das Sonnenlicht. Der Baum liefert nur die Gestaltung, den Untergrund, die Form. Der Baum ist der Träger, und deswegen bekommt er von der Freude des

Menschen bzw. von seiner Bewunderung oder Verzauberung sehr viel mit. Das tut dem Baum gut. Trotzdem wissen die Wesen der Bäume, daß sie nur die Trägerinnen der Schönheit sind.

W.W.: Wirkst du bei einem solchen Verzauberungsvorgang eines Menschen alleine mit, oder wirken noch viele andere Wesen mit?

Verzauberung: Neben mir wirkt selbstverständlich die Freude mit, und die Freude ist ein ungeheuer großes Wesen. Die positive Verzauberung und die Bezauberung haben sehr viel mit der Freude zu tun, und wir gehen oft gemeinsam vor. Weiterhin wirken bei einem solchen interaktiven Vorgang zwischen Mensch und Landschaft die Luftwesen mit, die diesen Blick des Menschen überhaupt erst ermöglichen.

W.W.: Nun gibt es aber auch Landschaften, die den Menschen bezaubern, aber nicht durch eine gewisse Veränderung, sondern dadurch, daß sie so sind, wie sie sind. Ich denke dabei z.B. an ein Bergmassiv oder an eine beeindruckende Schlucht, an einen Flußverlauf, an eine Blumenwiese. Sie alle sind so, wie sie sind, auch wenn ich einschränken muß, daß sie nur bei bestimmten Lichtverhältnissen entsprechend bezaubernd wirken.

Verzauberung: Auch hier ist es so, daß die Helligkeit oder das Sonnenlicht hinzukommen müssen, denn bei Dunkelheit wirken alle diese von dir genannten Landschaften nicht bezaubernd. Die Lichtsylphen müssen also anwesend sein. Ohne diese gibt es keine Verzauberung. Sie sind Trägerinnen der Bezauberungs- und Verzauberungskräfte, und ich benutze diese kleinen Wesen. Ich brauche sie für meine Technik.

W.W.: Und wieso wird ein Mensch durch einen solchen Bezauberungsanblick in seinem Bewußtsein ein wenig gesteigert oder angehoben?

Verzauberung: Er öffnet sich für diesen Anblick. Es geschieht etwas mit ihm, weil die Landschaft und das Licht so wirken, wie sie in diesem Moment wirken. Der Mensch wird bewußtseinsmäßig ein wenig angehoben, weil er zumindest unbewußt in diesem Moment merkt, daß es Schönheit in der Welt gibt und daß diese Schönheit wirkt. Das ist ein seelisches Erleben, durch das die feineren seelischen Bereiche angesprochen werden. Es werden auch die höheren Teile der Seele aktiviert und dabei vor allem die höheren Sinne des Menschen angesprochen, weswegen der Mensch in seiner Seele ein wenig gesteigert wird, gelupft wird. Die unteren Sinne treten mehr in den Hintergrund.

W.W.: Kommt nicht auch hinzu, daß der Mensch etwas sieht, was er nur selten sieht?

Verzauberung: Ja.

Andacht in bezug auf das Kleine

W.W.: Eigentlich müßte es doch so sein, daß der Mensch immer beim Anblick der Natur, auch bei einer gewissen Andacht für das Kleine, bezaubert sein müßte. Das ist er aber nicht. Wenn er z.B. jeden Tag einen ganz gewöhnlichen Waldweg entlanggeht, fühlt er sich nicht bezaubert.

Verzauberung: Nein, dann fühlt der Mensch sich nicht verzaubert, nicht einmal bezaubert. Aber es sollte dem Menschen Anlaß für eine gewisse Übung sein. Denn es ist die Aufgabe des Menschen über viele Inkarnationen hinweg, auch am Kleinen, am Täglichen aufzuwachen und sich davon bezaubern zu lassen. Das geschieht immer dann, wenn der Mensch die Umgebung wahrnimmt, wenn er Interesse für seine Mitwelt entwickelt. Das betrifft übrigens alle Sinne. Selbst bei einem Essen kann man sich verzaubert fühlen, auch wenn man das nicht so ausdrückt. Die Sylphen sind immer irgendwo dabei. Zum Beispiel tragen die Sylphen bei einem bezaubernden Hörerlebnis die Töne. Die Sylphen haben auch mit dem Geschmack, mit dem Duft zu tun. Sie Sylphen entsprechen auf der Elementarebene dem Seelischen.

Um es technisch auszudrücken: Bei allen diesen Vorgängen wird eure Seele getriggert. Bei den negativen Verzauberungsvorgängen geht es ebenfalls um die Seele. Bei diesen Vorgängen verschiebt sich etwas zwischen dem Ich und der Seele – nicht so, daß das Ich nicht mehr auf die Seelenkräfte Zugriff hat, aber das Verhältnis verändert sich etwas.

Göttliche Kräfte in zauberhaften Farben

W.W.: Welche Art von Bezauberung ist es, wenn man sich in der Wüste befindet und nachts den außerordentlich stark leuchtenden Sternenhimmel anschaut, der einen bezaubert?

Verzauberung: Das ist fast die Urbezauberung. Ich erwähnte schon, daß sich in den Urvergangenheiten bei der Erschaffung des Sternenhimmels auch die hohen geistigen Wesen gegenseitig bezauberten bzw. bezaubert wurden. Das erlebt der Mensch ein wenig nach, wenn er sich nachts in der Wüste staunend dem Sternenhimmel widmet. Das erhebt ihn sehr, er bekommt eine Ahnung von den Schöpferkräften des Kosmos. In einem solchen Moment treten einem die Urkräfte deutlicher entgegen.

W.W.: Welche Art von Bezauberung ist es, wenn man vor einer grünen Wiese steht, auf der zahlreiche Löwenzahnblüten wachsen und in der Sonne leuchten?

Verzauberung: Bei dieser Bezauberung erlebt der Mensch eine Ahnung von Wesen, die er gemeinhin nicht wahrnimmt, nämlich das Wiesenwesen, was immer dazugehört. Bezauberung hat immer mit Ahnung zu tun. Wenn dem Menschen das eigene Ahnen klarer wird, ist er bezaubert.

W.W.: Welche Art von Bezauberungsvariation ist es, wenn man am Meer steht, morgens oder abends, und die Sonne auf- oder untergeht?

Verzauberung: Das ist fast schon eine religiöse Bezauberung, weil man hier die göttlichen Kräfte der Sonne spürt. Diese göttlichen Kräfte zeigen sich in einem solchen Moment in ihren zauberhaften Farben.

W.W.: Was geschieht, wenn man sich durch ein Lied oder ein Musikstück verzaubert oder bezaubert fühlt?

Verzauberung: Bisher waren wir vorwiegend beim Sehsinn, nun ist der Hörsinn angesprochen. Dies ist der höhere Sinn gegenüber dem Sehsinn, weil der Hörsinn Worte wahrnehmen kann. In einem solchen Moment ahnt man dann Urharmonien. Durch Harmonien reicht man immer in die höheren Hierarchien hinauf.

W.W.: Wenn sich ein Mann z.B. von einer schönen Frau bezaubert oder verzaubert fühlt – was geschieht dann?

Verzauberung: Das kann eine Art künstlerische und etwas abgehobene Bezauberung sein, die allein aufgrund der äußerlichen Schönheit der Frau entsteht; dann wirkt die Frau fast wie ein Gemälde. Zweitens – und das geschieht sehr häufig – kann der Mann sich von den Sexualkräften bezaubert fühlen, und das ist schon Betörung. Natürlich kann dies auch von einer Frau in bezug auf einen Mann ähnlich ablaufen. In solchen Momenten mischen sich aber auch andere Wesen mit hinein, z.B. Ahriman, der mit der Lust zu tun hat. Andererseits kommen aber auch die Mütterkräfte, die Geburtskräfte mit hinein. Sexuelle Bezauberung bzw. Betörung ist sehr komplex.

Verwünschung – Verzückung

W.W.: Ist die Verwünschung ein Teil von dir?

Verzauberung: Nein. Die Sprache ist weise, was man gerade bei solchen alten Begriffen erkennen kann. Den Begriff Verwünschung benutzt der Mensch heute nicht mehr. Die Verwünschung kommt z.B. bei Feen im Märchen vor, daß z.B. eine Fee an eine Wiege tritt und ein Kind verwünscht. Die Bedeutung einer Verwünschung ist, daß sich alle Wünsche verdrehen oder daß der einzelne Wunsch einer bösen Fee Oberhand gewinnt und die anderen Wünsche verdrängt.

W.W.: Was ist der Unterschied zwischen Bezauberung und Verzückung?

Verzauberung: Die Verzückung ist die Bezauberung, die sich fast schon eruptiv äußert, die sich sehr stark löst von der Realität. Bei einer Verzückung ist der Mensch seelisch sehr gelupft, so gelockert, daß man die Realität, die Welt nicht mehr wirklich wahrnimmt. Bei einer Verzückung ist man meist sehr berauscht. Man ist dann aus dem Physisch-Ätherischen recht weit herausgetreten. Verzückung ist eine übersteigerte Bezauberung.

W.W.: Wenn ein Mensch durch die Landschaft geht und sich von dieser bezaubert fühlt, so ist dies ein weitgehend passiver Zustand. Gibt es aus deiner Warte noch einen Tip, wie der Mensch in einem solchen Moment reagieren sollte, um diesen Bezauberungsvorgang noch bewußter zu erleben?

Verzauberung: Er sollte schon vorab den Wunsch haben, daß in einem solchen Moment der Bezauberungsvorgang von ihm bewußter aufgenommen wird. Wenn ein Mensch seine Bezauberungsmomente bewußter erleben möchte, sollte er das, was er wahrnimmt, künstlerisch umsetzen. Eine Skizze wäre in einem solchen Moment das einfachste, aber man kann auch ein Lied daraus gestalten, genauso ein Gedicht. Der Mensch sollte in einem solchen Moment einen künstlerischen Ausdruck dieser Bezauberung finden. Damit kommt er in ein Tun, und die Bezauberung wird für den Willen des Menschen begreifbarer.

W.W.: Wie nimmst du einen Menschen wahr, der durch eine bezaubernde Landschaft geht, sie aber nicht wahrnimmt und sich überhaupt nicht bezaubert fühlt?

Verzauberung: Das gibt es sehr oft. Das sehe ich ganz gelassen, denn ich weiß, daß sich der eine Mensch sehr geschult hat, der andere aber nicht. Aber als geistiges Wesen sehe ich auch, daß es bei Menschen eine Tagesform gibt. Denn der eine Mensch schleppt sich vielleicht mit wolkenschweren Gedanken durch eine solche Landschaft und kann sie deswegen nicht wahrnehmen. An anderen Tagen würde er sich aber bezaubert fühlen. Vielleicht hat ein Mensch sich gerade mit seinem Chef oder seiner Frau gestritten, und deswegen kommt die bezaubernde Landschaft gar nicht an seine Seele heran.

W.W.: Wie sollte man reagieren, wenn ein Magier oder ein Zauberer einen gegen den eigenen Willen verzaubern möchte?

Verzauberung: Das am besten geeignete Mittel ist immer das Gebet. Zweitens sollte man den eigenen Schutzengel sehr schnell hinzubitten. Und wenn man das Gefühl hat, daß die Kräfte des Schutzengels nicht ausreichen, so gibt es höhere Wesen, je nachdem, in welcher Strömung der betroffene Mensch steht. Das können z.B. die Erzengel sein. Drittens gibt es Schutzmeditationen bzw. Schutzgebete, die man nutzen kann.

Jede Verschwörungstheorie hat auch etwas Gauklerhaftes

W.W.: Möchtest du zum Schluß noch etwas sagen?

Verzauberung: Wenn ihr in eurem Alltag auf Geschichten, wie z.b. über Harry Potter und ähnliche, stoßt, dann bewertet diese bitte positiv, wenn solche Geschichten an junge Menschen herangetragen werden. Das betrifft auch das Medium Film. Es mögen diese Romane und Filme auch mitunter fragwürdig sein, aber wenn der Mensch sich heute nicht auf diesen Wegen mit dem Thema Verzauberung beschäftigt, hat er meist keine andere Möglichkeit, an das Thema Verzauberung heranzukommen. Es ist aber sehr wichtig für den Menschen, daß er sich mit dem Thema Verzauberung auseinandersetzt. Deswegen solltet ihr solche Bücher oder Filme nicht verdammen.

Es wird in Zukunft noch sehr viel mehr Verzauberung geben, noch mehr Gaukler. Gaukler verzaubern mit Tricks. Und der größte Gaukler heute und in Zukunft ist das Internet, denn das gaukelt den Menschen sehr vieles vor.

Jede Verschwörungstheorie hat auch etwas Gauklerhaftes, denn sie gaukelt den Menschen etwas vor, was nicht der Wahrheit entspricht. Und so etwas, auf vielerlei Wegen, wird in Zukunft sehr zunehmen. Deswegen wäre es sehr vorteilhaft, wenn ihr den Zauber, die Verzauberung und die Bezauberung besser verstehen lernt. Ihr solltet nicht alles ablehnen, sondern ihr solltet die Hintergründe erkennen, ihr solltet mein Wesen erkennen. Das Bezaubern solltet ihr ohnehin üben. Darüber hinaus solltet ihr lernen, Verzauberung von Bezauberung zu unterscheiden, und ihr solltet die möglichen Fallen in der Verzauberung erkennen können. Viel Freude mit dem Zauber dieser Welt!

W.W.: Vielen Dank.

Verzauberung: Bitte.

eschwingtheit

Wolfgang Weirauch: Guten Tag. Aus Menschensicht würde man vermutlich sagen, daß ein beschwingter Mensch voll positiver Energie und Schwingungen ist, sich erfüllt oder wonniglich fühlt und zumindest kurzfristig entsprechend durch das Leben geht und vielleicht sogar andere Menschen mit seiner eigenen Beschwingtheit ansteckt. Ist das einigermaßen treffend charakterisiert?

Beschwingtheit: Guten Tag. Das trifft zu, aber nicht nur in bezug auf Menschen, sondern für alle Wesen, die beschwingt sind. Ich möchte aber gleich zu Beginn betonen, daß Beschwingtheit kein Zustand ist, welcher von großer Dauer ist; insofern bin ich auch nur kurzfristig bei den entsprechenden Wesen. So gesehen bin ich ein eher flüchtiges Wesen. Es gibt selbstverständlich auch kleinere Perioden von Beschwingtheit, auch in der Gesellschaft eines Landes, z.B. eine gewisse Aufbruchsstimmung nach ganz besonderen Ereignissen. Dann zieht so etwas wie Beschwingtheit durch eine Gruppe von Menschen. Aber meist ist Beschwingtheit nur sehr kurzlebig. Wenn aber ein Mensch z.B. frisch verliebt ist, kann er ohne weiteres einige Wochen beschwingt sein.

W.W.: Bitte charakterisiere dein Wesen noch etwas näher.

Beschwingtheit: Wenn ich an Bilder denke, die ihr Menschen kennt, so könnt ihr euch meine Wesenheit wie eine klassische britische Blumenelfe vorstellen, ein wenig libellenartig, mit zarten Konturen. Auch wenn das nur eine bildhafte Vorstellung ist, so kommt diese meiner Wesenheit doch am nächsten. Ich bin ein Wesen, welches die Seele der Menschen und anderer Wesen erheitert, sie in bestimmte Schwingungen versetzt und eine positive Stimmung erzeugt. Vor allem bin ich leicht. Wenn ein Mensch mit Schwermut, mit einer schweren Gemütsstimmung, auch mit einer gewissen Bierseligkeit daherkommt, dann ziehe ich mich sofort zurück.

Der Anlaß meines Entstehens war die Freude über die Schöpfung

W.W.: Wann und wodurch bist du entstanden?

Beschwingtheit: Auch ich bin ein altes Wesen, sogar sehr alt. Der Anlaß meines Entstehens war die Freude über die Schöpfung, weil die Schöpfung so schön geworden ist. Im Alten Testament wird diese Schöpfung u.a. mit folgenden Worten beschrieben, daß das göttliche Wesen, welches an der Schöpfung mitgewirkt hat, sah, daß es gut war. In diesem Moment war dieses Wesen beschwingt. Jahve war also beschwingt. Diese Beschwingtheit gibt es zu Beginn der nordischen Mythologien nicht so deutlich, aber die Edda hat in sich über große Strecken etwas Beschwingtes, u.a. durch den Stabreim.

W.W.: Aber ist der nicht zu gleichmäßig betonend? Unter Beschwingtheit stelle ich mir etwas Lebendigeres und durchaus auch unregelmäßig Bewegtes vor.

Beschwingtheit: Ja, das stimmt, aber es gibt eine Variante von mir, die bis zu einer Art Mechanisierung tendiert, wie z.B. beim Stabreim. Ein anderes Extrem, das aus mir entspringen kann, ist die Albernheit. Das ist aber ein Übergang von mir zu einem anderen Wesen. Auch die Albernheit und die Blödelei können mitunter mechanisch werden.

W.W.: Wenn ein geistiges Wesen beschwingt ist, z.B. im Anblick seiner Schöpfung, wie ist dann die Verbindung zwischen diesem Wesen und dir? Wie trittst du hinzu?

Beschwingtheit: Die Verbindung ist dann wie bei einer sehr leichten Wolke, die einen nach oben zieht. Das entspricht einer aufsteigenden und lichten Wolke. So fühlt sich dann dieses Wesen, und das betrifft auch die Menschen. Ich umringe das Wesen bzw. den Menschen wie eine aurische Hülle, wie eine Art Heißluftballon.

Ahriman ist nicht beschwingt

W.W.: Schauen wir noch einmal auf geistige Wesen. Können geistige Wesen auch negativ beschwingt sein, oder sind sie immer nur positiv beschwingt?

Beschwingtheit: Bei den ahrimanischen Wesen habe ich noch keine Beschwingtheit erlebt. Die luziferischen Kräfte sind dagegen des öfteren beschwingt. Auch Menschen, vor allem Künstler, sind oft beschwingt, sie haben immer einen luziferischen Anteil in ihrer Kunst. Mitunter führt diese Beschwingtheit aber zur Exaltiertheit. Manchmal ist es auch eine Art Abgedrehtheit.

W.W.: Kann Ahriman sich nicht über die Werke, die er vollbracht hat, freuen und dann auch beschwingt sein?

Beschwingtheit: Nein. Freuen kann er sich, weil die Freude eine Grund-Urkraft ist. Aber beschwingt kann er nicht sein, denn diese Leichte fehlt ihm.

Alles Schwere rutscht aus der Seele heraus

W.W.: Schauen wir auf einen Menschen, der verliebt oder aus anderen Gründen beschwingt ist. Wie sieht seine Seele aus?

Beschwingtheit: Sie ist leicht, sie ist von Licht durchzogen. Alles das, was an schweren Situationen die Seele eines Menschen durchzieht, ist in diesem Moment wie fortgeblasen, ist vergessen. Alles Schwere rutscht in einem solchen Moment aus der Seele des Menschen heraus. Deswegen sind viele Menschen gerne beschwingt.

W.W.: Ein Mensch erlebt etwas Schönes und ist deswegen beschwingt. Ist er beschwingt, weil er etwas Schönes erlebt, oder ist er beschwingt, weil du in diesem Moment eine Berührung mit seiner Seele hast?

Beschwingtheit: Zuerst ist die Freude da. Ohne Freude gibt es keine Beschwingtheit. Der Mensch erlebt also etwas Schönes und freut sich. Gleichzeitig ist die Freude bei ihm, weil er sich freut. Und wenn die Freude richtig durchlebt wird, wenn sie ein wenig anhält, dann tritt die Seele des Menschen in die Beschwingtheit, und ich bin bei ihr. Die Freude ist älter als ich, aber nicht viel. Wenn die Freude in der Seele des Menschen leicht wird, komme ich heran bzw. bin ich da. Der Mensch fühlt sich also erst dann beschwingt, wenn ich da bin.

Neue Kräfte werden aktiviert

W.W.: Bekommt man durch die Beschwingtheit auch neue Kräfte, die man vorher bei sich nicht wahrgenommen hat?

Beschwingtheit: Viele. Das hängt vor allem damit zusammen, daß ich über sehr viele andere Bereiche der Seele einen Schleier lege, so daß man alles Schwere in der Seele nicht mehr wahrnimmt. Dann kann man mit einem Male Sachen durchführen, die man sich vorher nicht zugetraut hatte. Das sind nicht unbedingt neue Kräfte, sondern Kräfte, die man in jenem Moment nicht zur Verfügung hatte. Aber alle diese seelischen Kräfte steckten sehr wohl in der Seele des Menschen, traten aber nicht in den Vordergrund. Oder man hat sich nie getraut, solche Kräfte in der Seele hervorzuholen bzw. zu aktivieren.

W.W.: Kannst du dieses Leichterwerden der Seele noch ein wenig näher beschreiben?

Beschwingtheit: Die Seele lupft sich von alleine, weil alles Schwere abfällt bzw. in der eigenen Seele nicht mehr gespürt wird. Ich selbst lupfe die Seele nicht. Die Leichte ist vorhanden, die Seele kommt in Schwingung.

Das Weltenkarma leichter machen

W.W.: Ist man anders beschwingt, wenn die Beschwingtheit durch ein Erlebnis oder einen anderen Menschen ausgelöst wird als wenn man etwas Wertvolles, Hilfreiches, Gutes getan hat und deswegen beschwingt ist?

Beschwingtheit: Die Beschwingtheit ist dieselbe, sie drückt sich gleich aus, und ich bin in gleicher Weise bei den Menschen. Aber man muß genau hinschauen, welche Wege die Beschwingtheit nimmt. Manche Beschwingtheit kann zur Ehrfurcht werden, eine andere Beschwingtheit kann zur Albernheit führen, eine andere Beschwingtheit hört einfach auf, sie verklingt. Man kann auch üben, ohne einen äußeren Anlaß in die Beschwingtheit zu kommen. Wenn man es als Mensch schafft, sich selbst zu beschwingen, hat man eine sehr große und starke Möglichkeit, sich selbst zu heilen, das eigene Schicksal erträglicher zu machen und auch andere Menschen zu beglücken. Und nun füge ich noch ein sehr großes Wort hinzu: Wenn man es schafft, sich in dieser Weise zu beschwingen, macht man die Welt leichter, macht man das Weltenkarma leichter.

W.W.: Kannst du beschreiben, wie man eine solche Übung durchführt?

Beschwingtheit: Ihr Menschen hängt sehr viel an gedanklichen und gefühlsmäßigen Gewichten. Hier solltet ihr es schaffen, diese vorübergehend abzuhängen. Man sollte deswegen nichts verdrängen, man sollte auch durchaus wissen, daß verschiedene Zusammenhänge und Gedankengänge schwerwiegend sind; trotzdem sollte man vorübergehend über solche schwerwiegenden Gedankengänge sagen: Ich nehme diese jetzt einmal leicht.

Eine weitere wichtige Übung für die Beschwingtheit ist es, singen zu lernen und aus dem Gesang heraus in die Schwingung zu kommen. Durch Lieder, durch Musik kann man sehr gut beschwingt werden.

Eine weitere Übung ist es, einen Schmetterling zu beobachten und sich in sein Lebensgefühl hineinzufühlen. Das gilt natürlich nur dann, wenn der Schmetterling von Blüte zu Blüte fliegt bzw. sich von der einen Blüte zur anderen aufschwingt. Wenn man das an einem konkreten Schmetterling einige Male geübt hat, kann man es später auch mit einem imaginierten Schmetterling durchführen.

Auch eine aufsteigende Lerche hat etwas sehr Beschwingtes. Ein schlagender Falke hat eher nichts Beschwingtes. Man kann sich aber auch an einem sonnigen Tag vor eine Blume setzen, am besten, wenn ein leichter Windzug über die Blume streift, und dann kann man die Blüte der Blume anschauen und imaginieren, daß diese Blüte zu einem

Schmetterling wird. Wenn man beobachtet, was dabei geschieht, wird man bemerken, daß man in Schwingungen kommt.

W.W.: Ist diese Beschwingtheit auch eine Kraft, die auf andere Menschen wirkt?

Beschwingtheit: Selbstverständlich, das ist das Heilende der Beschwingtheit.

W.W.: Inwieweit wird der Ätherleib beschwingter, wenn ein Mensch seelisch beschwingt ist?

Beschwingtheit: Der Mensch hat die vier verschiedenen Ätherarten in seinem Ätherleib, je nach Temperament unterschiedlich. Wenn man sehr stark an dem Lebensäther hängt, der mit der Erde verbunden ist, ist man nicht beschwingt. Wenn man übt, sich zu beschwingen, so wie eben beschrieben, dann wird der Lichtäther im Ätherleib vermehrt. Der Lichtäther ist leichter als der Lebens- und Klangäther bzw. leichter als der Erdenäther und der Wasseräther. Wenn der Lichtäther sich auch noch spiralförmig mit dem Wärmeäther mischt, wird dadurch der gesamte Ätherleib stärker durchströmt, und auch die schwereren Ätherarten werden mitgerissen.

W.W.: Wirkt die Beschwingtheit auch auf den physischen Leib, so daß z.B. der Gang eines Menschen leichter wird?

Beschwingtheit: Auch das geschieht. Auch hier gibt es eine Möglichkeit, die Beschwingtheit zu üben, indem man sie über eine körperliche Bewegung übt. Man kann z.B. beim Gehen über die Straßen oder beim Gang durch den Wald oder über eine Wiese versuchen, leicht zu gehen. Einige Minuten auf diese Weise leicht zu gehen, kann man jeden Tag als eine kleine Periode in seinen Spaziergang oder in den Gang zur Arbeit integrieren. Und ihr werdet merken, daß das ganz enorm wirkt. Man kann sich also vornehmen, eine bestimmte Strecke täglich so zu gehen, daß man über diese Strecke wie hinwegschwebt. Äußerlich geht das natürlich nicht, aber man kann den innerlichen Ansatz üben. Man trampelt dann nicht den Weg entlang, sondern man schwebt über eine gewisse Strecke hinweg. Wenn man das öfter macht, wird man feststellen, daß einem das immer leichter fällt.

Als die Welt in Schwung kam

W.W.: Ist der Schwung auch ein Wesen, oder ist der Schwung nur ein Begriff?

Schwung: Selbstverständlich bin ich ein Wesen!

W.W.: Guten Tag. Das hatte ich befürchtet.

Schwung: Einen schwungvollen guten Tag.

W.W.: Was für ein Wesen bist du?

Schwung: Man kann an unendlich vielen Stellen schwingen. Ich bin mit der Beschwingtheit sehr gut bekannt und verbunden. Ich bin das, was ihr Menschen oft tut, wenn ihr euch in Schwung bringt. Allerdings – und das ist etwas anderes als bei der Beschwingtheit – kann ich auch sehr heftig werden bzw. sehr heftig in Schwung geraten.

W.W.: Aber was für ein Wesen bist du?

Schwung: Ich bin eine Kraft. Ich bin ein Kraftwesen. Ich bin ein stark bewegendes Kraftwesen, mit einem ganz deutlichen kurzen Moment. Ich habe ein kraftvolles Moment.

W.W.: Ist die Richtung, in der du schwingst, festgelegt?

Schwung: Nein. Ich kann hin- und herschwingen, hoch und runter, um die Ecke, nur in eine Richtung, von links nach rechts. Ich kann sogar – obwohl ihr Menschen das nicht könnt – in der Zeit hin- und herschwingen. Im Physischen könnt ihr Menschen das nicht, in Gedanken allerdings sehr wohl. Es gibt also auch nichtphysische Schwünge. Der Ätherleib hat sehr viel Schwung. Die Seele kann ungeheuer vielseitig schwingen. Der Sanguiniker schwingt innerhalb von Sekunden von diesem zu jenem. Aber im Physischen gibt es auch das Pendel, welches schwingt, es gibt die Faust, die schwingt. Im Sport und bei Maschinen gibt es sehr viel Schwung. Und es gibt auch den Schwung, mit dem die Lava aus einem ausbrechenden Vulkan hervorkommt. Ich bin also eine Kraft.

W.W.: Es ist nicht ganz leicht, sich dein Wesen vorzustellen. Kannst du dich noch ein wenig deutlicher beschreiben?

Schwung: Stimmt, es ist nicht leicht, sich mich vorzustellen. Aber am besten kann man sich vielleicht einen herabschießenden Falken vorstellen. Er schießt mit einem ungeheuren Schwung zur Erde. Der Falke fliegt in der Höhe, dann schießt er herunter und schlägt die Maus. Das ist ein ungeheurer Schwung. Da bin ich dabei. Diesen herabschießenden schwungvollen Falken kann man sich als Wesensbild für mein Wesen nehmen. So gesehen bin ich auch ein vogelartiges Wesen.

W.W.: Bist du das Wesen, welches jedweden Schwung auf Erden anstößt?

Schwung: So kann man das nicht sagen, denn es gibt sehr viele Willenswesen im Kosmos und auf der Erde, und ich bin nicht der gesamte Wille. Ich bin nicht der Erdenwille. Es gibt also sehr viele Willenswesen, die etwas in Schwung bringen. Besser ist es so auszudrücken, daß ich das Wesen bin, welches jedweden Schwung konfiguriert. Anders ausgedrückt: Wenn es mich nicht gäbe, gäbe es auf der Erde keinen Schwung. Ich bin die formende Kraft des Schwungs.

W.W.: Aber dann mußt du doch mit jedem Schwung irgendwie verbunden sein.

Schwung: Das schon. Aber ich stoße nicht jeden Schwung an.

W.W.: Dann bist du vermutlich entstanden, als die Welt in Schwung kam?

Schwung: Sozusagen, ja. Oder man kann es auch in einem schönen Bild ausdrücken: Ich bin das Wesen, welches die erste Sternschnuppe in Schwung gebracht hat.

W.W.: Danke.

Schwung: Bitte.

W.W.: Ist Beschwingtheit eine ruhevolle Bewegtheit oder eine bewegte Ruhe, oder ist diese Frage unsinnig?

Beschwingtheit: Eigentlich bin ich beides nicht ganz. Die ruhevolle Bewegtheit ist etwas zu ruhig. Bewegtheit ist richtig; trotzdem bin ich nicht unruhig, trotzdem habe ich auch etwas Ruhiges. Besser wäre, wenn man mich als eine harmonische Bewegtheit beschreiben würde; auch wenn das nicht ganz paßt.

W.W.: Also eine schwingende Bewegtheit.

Beschwingtheit: Genau.

W.W.: Möchtest du zum Schluß noch etwas sagen?

Beschwingtheit: Eurer Welt täte eine echte Beschwingtheit in rauhen Mengen unendlich gut! Ihr neigt alle zum Schwerwerden. Es gibt aber auch andere Völker, die leichter als ihr Deutschen zu beschwingen sind. Ihr Deutschen – beschwingt euch!

W.W.: Danke.

Beschwingtheit: Bitte.

Demütigung

Wolfgang Weirauch: Guten Tag.

Demütigung: Guten Tag.

W.W.: Wir haben vor einiger Zeit bereits mit der Schande und mit der Kränkung gesprochen. Seid ihr einander sehr nahe stehende Wesen?

Demütigung: Nicht unbedingt. Ich stehe der Demut näher. Die Demut ist allerdings ein anderes Wesen. Wenn man so will, bin ich das schlechte, während die Demut das gute Wesen ist. Wir beide kommen von der gleichen Grundgeste her. Ich bin sozusagen die erzwungene Demut, und durch diese Einwirkung verändert sich alles. Demut dagegen ist eine freiwillige Geste, während die Demütigung eine Zwangsgeste ist. Durch Zwang wird die Demut ins Gegenteil verwandelt. Die Demut kann bei *einem* Menschen sein, also bei dem demütigen Menschen; bei einer Demütigung sind es meist zwei Menschen, nämlich bei dem, der demütigt, und bei dem, der gedemütigt wird.

W.W.: Bist du in einem solchen Fall bei beiden Menschen?

Demütigung: Ja, bei beiden. Ich bin die Verbindung zwischen beiden Menschen.

Luzifer hat mich erzwungen

W.W.: Gibt es auch Demütigung unter geistigen Wesen, unabhängig vom Menschen?

Demütigung: Ja. Im Bereich der luziferischen und ahrimanischen Hierarchien findet sehr massiv Demütigung anderer Wesen statt, vor allem in den eigenen Reihen. In diesen Welten gilt das Prinzip der Befehlsgewalt bzw. Machtausübung. In der luziferischen Welt ist die Demütigung meist deutlicher als in der ahrimanischen Welt. In der luziferischen Welt wird man allerdings nicht unbedingt so stark gedemütigt, sondern die luziferischen Wesen demütigen sich selbst vor Luzifer. So etwas gibt es auch unter Menschen, z.B. die Selbstgeißelung von Menschen in verschiedenen Religionszusammenhängen. Solche Menschen zeigen keine Demut, sondern eine Selbstdemütigung.

W.W.: Wie bist du entstanden?

Demütigung: Ich bin entstanden, als Luzifer in seine Widersacherrolle kam. Ich entstand durch die Hybris, die Luzifer annehmen mußte. Er hat mich sozusagen erzwungen. Innerhalb der trinitarischen Hierarchien gibt es die Demütigung nicht. Im trinitarischen Bereich herrscht das Prinzip des Vergebens. Man hilft sich gegenseitig, man demütigt sich nicht.

W.W.: Bist du selbst ein luziferisches Wesen, oder bist du ein neutrales Wesen?

Demütigung: Ich erlebe mich als ein neutrales Wesen, auch wenn mich manche Menschen mit bestimmten Temperamentsschwerpunkten als tendenziell luziferisch erleben.

Horizontaler Stock

W.W.: Wie kann man sich deine Gestalt vorstellen?

Demütigung: Es ist schwierig, das in deutsche Worte zu bringen. Man könnte meine Gestalt als sehr hart bezeichnen. Meine Gestalt kann man sich wie einen Stock vorstellen oder wie eine Stange. Das Bild paßt nicht immer, aber man kann sich meine Wesenheit so vorstellen wie eine querliegende Stange, unter der jemand hindurchgehen und dabei seinen Kopf senken muß. Ich habe also einen harten stangenartigen Charakter, unter dem man hindurchmuß.

Echte Demütigungen sind nur erlebte Demütigungen

W.W.: Wenn ein Mensch gedemütigt wird, ist das meist ein Akt oder eine Bemerkung, die die Würde oder auch den Stolz des anderen Menschen angreift, ihn z.B. herabsetzt, lächerlich macht oder beschämt. Was geht dabei vor sich, wenn der demütigende Mensch in die Souveränität eines anderen Menschen eingreift?

Demütigung: Vielleicht sollte man erst einmal schauen, ob eine Demütigung eine Verletzung der Würde oder eine Verletzung des Stolzes ist. Auf jeden Fall ist es eine Verletzung des Stolzes; ob es dagegen eine Verletzung der Würde ist, müßte man noch näher betrachten.

W.W.: Eine Versklavung z.B. ist meist auch eine Verletzung der Würde. Trotzdem ist es nie ganz klar, weil es immer um zwei Menschen geht: um den Demütigenden und um den, der gedemütigt wird. Auch wenn jemand durch Versklavung gedemütigt wird, was ihn nach menschlichem Ermessen in seiner Würde verletzt, kann er sich trotzdem innerlich nicht gedemütigt fühlen und seine Würde aufrechterhalten.

Demütigung: Genau. Rein sachlich: Von einer gewissen Objektivität oder Verabredung aus wird ein versklavter Mensch in seiner Würde beeinträchtigt. Ob er das auch innerlich entsprechend empfindet, steht auf einem anderen Blatt. Es gibt also eine objektive bzw. zu verschiedenen Zeiten festgeschriebene Form der Demütigung; und auf der anderen Seite gibt es eine subjektiv erlebte Demütigung. Ich bin für beide zuständig. Eine wirkliche, echte Demütigung ist allerdings nur die erlebte Demütigung. Es gibt Demütigungen, sogar öffentliche Demütigungen, die formal als Demütigung bezeichnet werden müßten, die aber eine oder beide Seiten nicht so erleben. Dann verschiebt sich der Zusammenhang auf eine ganz andere Ebene, und die Menschen haben damit nicht mehr so sehr viel zu tun.

Wir könnten dazu in das alltägliche Leben schauen, z.B. darauf, daß Frauen sich häufig durch die Äußerungen ihrer männlichen Kollegen gedemütigt fühlen. Trotzdem – und auch das ist häufig – wollten die männlichen Kollegen überhaupt nicht demütigen.

W.W.: Es gibt also drei Faktoren: die objektive Demütigung bzw. die zu einer bestimmten Zeit in einer bestimmten Gesellschaftsform festgelegte objektive Demütigung, und auf der anderen Seite die beiden handelnden Menschen, den demütigenden und den gedemütigten.

Demütigung: So ist es. Und zwischen diesen drei Bereichen verschiebt sich die jeweilige Demütigung in jedem einzelnen Fall. Es kann eine objektive Demütigung vorhanden sein, trotzdem fühlt sich keiner gedemütigt; und umgekehrt kann sich jemand gedemütigt fühlen, obwohl es keine objektive Demütigung gab. Deswegen ist das Verhältnis dieser drei Ebenen bzw. handelnden Personen sehr kompliziert und auch sehr subjektiv. Ich selbst bin mit allen Personen bzw. Faktoren bzw. Ebenen verbunden, und das ist sehr problematisch und schwierig zugleich.

Die klassische Demütigung

W.W.: Das ist auch für meine weiteren Fragen sehr schwierig, weil man mal mehr zu der einen, mal zu der anderen Seite eine Frage stellt. Nehmen wir ein einfaches Beispiel: Jemand demütigt jemand anderen mit einer bewußten Beleidigung und weiß dies auch, es ist objektiv auch eine Demütigung, und der gedemütigte Mensch fühlt sich auch gedemütigt. Kannst du beschreiben, wie die seelische Gestalt bei den beiden Protagonisten und auch auf objektiver Ebene aussieht?

Demütigung: Das ist die klassische Demütigung. Die Intention der Demütigung ist vorhanden, der Empfänger merkt es, und auf offizieller Seite – vielleicht sogar vor Gericht – gilt dies auch als objektive Demütigung. Das ist der einfachste Fall überhaupt.

Zuerst müssen wir aber noch einen Grundfaktor erklären, der sehr ahrimanisch ist, nämlich die Macht. Die Macht ist meist ein ahrimanischer Schauplatz. Luzifer ist zwar auch mächtig, aber auf eine ganz andere Art, denn er ist weise und übt dadurch Macht aus.

Bei dem von dir angesprochenen sehr klassischen Beispiel geht es in keinerlei Weise mehr um Demut, sondern ausschließlich um Demütigung, um das Erleben einer Macht, die auf einen anderen Menschen einschlägt, und es geht darum, daß die gedemütigte Person ausgeliefert ist. Der demütigende Mensch, der Macht ausübt, macht dies mit einem starken ahrimanischen Anteil, und auf der anderen Seite steht die Person, die sich unterwerfen muß. Die gedemütigte Person kann auch in diesem Moment tendenziell ins Luziferische hineinrutschen – das muß nicht so sein –, indem sie eine gewisse Lust dabei empfindet. *Wenn* das geschieht, kommt der luziferische Anteil zum Vorschein. Das kann sich auch bis in die äußere Gestik verwandeln, indem man den Kopf senkt, sich kleiner macht, schweigt, anerkennt, daß der andere Mensch größer ist. Oft wird auch die Aufrichte aufgegeben.

W.W.: Das muß man aber noch sehr stark differenzieren. Der gedemütigte Mensch kann vielleicht im Extremfall diese Demütigung als Lust empfinden, er kann aber auch alles andere als Lust empfinden, sich gedemütigt fühlen und den Kopf senken und die Demütigung mehr oder weniger knurrend hinnehmen; letztlich aber kann er auch gedemütigt werden, die Demütigung nicht im geringsten akzeptieren und innerlich Widerstand sammeln.

Demütigung: Natürlich ist das ein sehr breites Spektrum bei den Menschen, wenn sie gedemütigt werden und nichts dagegen tun können. Das ist ein klassischer Fall im Arbeitsleben. Man steht in einem Abhängigkeitsverhältnis. Dadurch entsteht ungeheuer viel Ingrimm, Groll und auch Haß. Vor allem entsteht an solchen Stellen massiv Frustration.

W.W.: Ich verstehe immer noch nicht so ganz, wie du mit allen diesen Ebenen und den verschiedenen Menschen mit den jeweils unterschiedlichen Einstellungen verbunden bist.

Demütigung: Du merkst schon, daß bei vielen Menschen durch Demütigungen etwas entsteht, was ich nicht mehr bin bzw. nicht mehr vertrete. Die Demütigung ist eigentlich nur der Rahmen bzw. der Anlaß. In diesem Rahmen bzw. unter der Stange passiert etwas anderes. Mit dabei ist vor allem die Macht – aber die Macht bin nicht ich. Es entsteht ungeheuer viel Frustration – auch die bin ich nicht. Lust, Groll, Haß – alle diese Wesenszüge sind nicht die meinen; und hier treten ganz andere Wesen mit den Menschen in Verbindung. So gibt es sehr viel in diesem Rahmen, was ich zwar auslöse, was aber schon sehr bald nichts mehr mit mir zu tun hat. Ich bin der Rahmen, in dem sich andere übersinnliche Wesen bewegen; meist keine guten. Ich gebe ihnen aber in einem gewissen Sinne etwas vor. Sie bekommen ein Fenster, einen Rahmen, in dem sie wirken können. Sie bekommen eine Stange, an der sie sich entlanghangeln müssen.

Vielseitige Gefühle im Rahmen der Demütigung

W.W.: Was geschieht in einem Arbeitsverhältnis, wenn ein Vorgesetzter etwas sachlich Richtiges sagen muß, was einen Arbeitnehmer aber trotzdem demütigt?

Demütigung: Das kann geschehen, wenn der Arbeitnehmer z.B. einen Fehler gemacht hat. Aus Sicht der Arbeitgeber entsteht dann eine offizielle Zurechtweisung, die der andere Mensch als Demütigung empfindet, auch wenn er sie vielleicht einsieht. Das wäre eine Art objektive Demütigung. Ein Arbeitnehmer kann z.B. Alkoholiker sein und während der Arbeitszeit Alkohol trinken. Eine Weile guckt man sich das mit an, dann muß man es ihm sagen und Konsequenzen fordern. Das geht nicht anders, aber das wird vermutlich von dem Arbeitnehmer als Demütigung aufgefaßt. Derjenige, der das aussprechen muß, will aber nicht demütigen, sondern muß es sagen, weil es dem Betrieb schadet. Es entstehen dadurch in dem besagten Rahmen vielleicht Frustrationsgefühle, Ablehnungen, vielleicht sogar Uneinsichtigkeiten, auf jeden Fall viele Antipathien. Höchst wahrscheinlich, aber nicht unbedingt! Derjenige, der es aussprechen muß, hat vielleicht sogar ein schlechtes Gewissen. Es kann sogar bei dem, der etwas aussprechen muß, Schmerz oder Verzweiflung entstehen, es kann aber auch Lust entstehen. Die Lust an der Demütigung kann sowohl bei dem Sender als auch beim Empfänger entstehen. Das kann dann in die Richtung von Sadismus und Masochismus führen. Meist ist es so, daß der Sender und der Empfänger bei einer Demütigung komplett andere Gefühle haben bzw. ganz entgegengesetzte. Ich lasse alle diese Gefühle nur durch, ich bin der Rahmen bzw. die Stange; und deswegen beschreibe ich mich als ein neutrales Wesen.

W.W.: Was geschieht, wenn der sogenannte Sender etwas Demütigendes ausspricht, was obendrein auch noch falsch ist, was er aber nicht beabsichtigt hat, was aber auf den Empfänger absolut demütigend wirkt?

Demütigung: Dann entsteht sehr schnell Schuld. Man ist als Sender vielleicht unbedarft, unkonzentriert, man hat ein massives Aufmerksamkeitsdefizit und erzeugt vermutlich sogar ein Lügenwesen. Dieses Lügenwesen hangelt sich an mir bzw. an der Stange entlang, hangelt sich zum Empfänger hin, und der Empfänger empfindet diese Lüge vielleicht sogar als eine besonders starke Demütigung.

Wenn die Lüge absichtlich ausgesprochen worden ist, ist die Schuld wesentlich größer, als wenn die Lüge durch Unaufmerksamkeit ausgesprochen worden ist. Je nachdem, ob die Lüge bewußt oder unbewußt ausgesprochen worden ist, fällt der Eintrag ins sogenannte Karmabuch heftiger oder nicht so heftig aus. Allerdings ist es so, daß der Eintrag in das Karmabuch immer in meiner Nähe ist, denn so gut wie jede Demütigung zieht einen solchen Eintrag nach sich. Aber alle Demütigungen sind sehr unterschiedlicher Art. Generell gibt es hier keine Rezepte.

Demütigung im öffentlichen Raum

W.W.: Fällt die Demütigung in einer Zweierkonstellation anders aus als eine Demütigung eines Menschen innerhalb einer Gruppe?

Demütigung: Die Zweierbeziehung bzw. die Partnerschaft ist ein typisches Feld für Demütigungen. Wenn es eine länger bestehende Partnerschaft ist, verbindet beide Menschen das jeweilige harmonische Elementarwesen, und dieses wird durch eine Demütigung auch miteinbezogen.

Wenn eine Demütigung im öffentlichen Raum innerhalb einer Gruppe von Menschen ausgesprochen wird, wird es höchstwahrscheinlich nicht ein solches harmonisches Elementarwesen geben. Die Verletzung bzw. Demütigung in einer Gruppe von Menschen kann aber sehr viel heftiger in der Auswirkung sein; vielleicht im Bild gesprochen so, als würde ich als Stange durch den betreffenden Empfänger hindurchschießen.

Falls es doch ein harmonisches Wesen einer solchen Gruppe von Menschen gibt, z.B. in einer Firma oder Schule, ist dieses Wesen natürlich auch betroffen. Wenn die Demütigung notwendig war, z.B. weil eine Arbeitnehmerin fortwährend Alkohol trinkt und auch entsprechend riecht und die Arbeit der anderen belastet, dann steht das Wesen einer solchen Gruppe auf der Seite des Senders. Wenn es aber umgekehrt ist, wenn z.B. ein Mensch einen anderen Menschen innerhalb einer Gruppe mobbt – und Mobbing gehört auch zu meinem Bereich –, dann steht das Gruppenwesen auf seiten des Empfängers.

Das ist aber auch nur meistens so. Es gibt sehr merkwürdige Gruppenwesen; deswegen muß man auch immer wieder die einzelne Gruppe genau anschauen, um hier zu klaren Aussagen zu kommen. In einer

Belegschaft in einem Betrieb gibt es mindestens *ein* harmonisches Elementarwesen – wenn nicht sogar sehr viele; in einer Schule gibt es auch mehrere dieser Wesen, z.B. alle Klassengemeinschaften, die ganze Schulgemeinschaft, das Kollegium. Hier kann die Demütigung sogar so wirken, daß die Demütigung über die Klassengemeinschaft, über die ganze Schulgemeinschaft sogar nach außen strahlt. Das ist nicht einmal selten. Es entsteht Mobbing in der Schule, und mit einem Mal wird Mobbing öffentlich gemacht. Dann ist der sogenannte Ruf der Schule geschädigt. Und dann gibt es noch die Elternschaft, die auch ein Gruppenwesen hat. Das allerdings ist meist das lockerste Gruppenwesen.

W.W.: Kurze Frage, bitte kurze Antwort, damit ich diesen Fall ausschließen kann: Wenn ich dich recht verstanden habe, ist es nicht so, daß du den demütigenden Menschen zur Demütigung impulsierst?

Demütigung: Nein.

W.W.: Und den gedemütigten Menschen tröstest du vermutlich auch nicht?

Demütigung: Nein.

Den Sadismus habt ihr Menschen erschaffen

W.W.: Wenn ein demütigender Mensch sadistische Beimischungen bzw. Absichten hat, welche Komponente kommt dann mit hinzu?

Demütigung: Die Qual. Die Qual ist ein reales Wesen und hat zwei Seiten, die Seite des Nehmens und die Seite des Gebens. Die Qual ist beim Masochismus genauso wie beim Sadismus immer dabei. Selbst die Freude ist manchmal dabei, auch wenn dies ein Gebiet ist, über das die Freude nicht so gerne spricht. Denn der Sadist erlebt eine Freude bei seinem Quälen. Die Freude schätzt dies überhaupt nicht, muß aber in einem solchen Fall mit dabei sein.

W.W.: Gibt es auch ein Wesen des Sadismus?

Demütigung: Ja. Das habt ihr Menschen erschaffen.

W.W.: Ist das ein ahrimanisches Wesen?

Demütigung: Zu großen Teilen, es hat aber auch noch andere Züge. Es gibt auch einige Menschen, die den Sadismus als eine gewisse Art der Kunst anlegen, so skurril das klingen mag; und dann kommen auch luziferische Züge mit hinzu. Beim Masochisten ist es entsprechend. Auch hier kommt die Qual mit hinzu, oft auch die Freude. Das ist eine verzerrte Freude, gehört aber zur Freude. Es können aber auch noch Wut, Zorn und Verzweiflung hinzukommen, auch die Frustration und die Mutlosigkeit. Ich selbst bin oft zwischen sehr schwierigen Wesensbegegnungen gespannt.

Lust an der Demütigung

W.W.: Was für eine Qualität ist es bei dem gedemütigten Menschen, wenn er eine gewisse Lust an der Demütigung durch andere empfindet?

Demütigung: Es gibt so etwas wie das geborene Opferlamm. Oft ist es auch wirklich eine Lust am Gedemütigtwerden. Das ist eine Spezialform des Masochismus. Das kann sogar zu einem Charakterzug des betreffenden Menschen werden, genauso wie der Masochismus ein Charakterzug ist. Das ist die Lust am eigenen Leid. Wenn man diese unnatürliche Demütigung nicht nur still für sich auslebt, sondern damit auch noch in die Öffentlichkeit geht, es also zugibt, dann setzt sich diese Demütigung in einer weiteren Spirale fort.

Rache und Gemeinheit

W.W.: Welche Art von Demütigung ist es, wenn man z.B. aus einem Betrieb hinausgeworfen wird, und zwar unberechtigt, und die Gründe nicht genannt werden und der Entlassene den Rest seines Lebens mit dieser Demütigung leben muß?

Demütigung: Diese Art von Demütigung ist nicht selten, und hier kommt oft ein weiteres Wesen hinzu, und zwar die Rache. Rache muß nicht heißblütig sein, sondern wird in solchen Fällen eher kalt genossen, also nach längerer Zeit. Wenn man die Rache kalt genießt, also sie nicht heißblütig auslebt, sondern eine längere Zeit wartet, dann überlegt ein solcher Mensch vielerlei für seine Rache, und dann kommt noch ein weiteres Wesen hinzu, nämlich die Gemeinheit. Man überlegt sich also etwas ganz Gemeines für die eigene Rache. Die Gemeinheit ist aber meist auf beiden Seiten vorhanden, also auf der Seite des Senders und auf der Seite des Empfängers. Die Gemeinheit ist ein merkwürdig verschwommenes Wesen. Sie ist auch sehr anfällig für Mode- und Zeitströmungen.

Ich verwalte unzählige Demütigungsstöcke

W.W.: Ich frage schon seit einer Weile nach verschiedenen Facetten deiner Wesenheit, bemerke aber, daß du immer etwas ausweichst. Meist sprichst du dann über andere Wesen, die hinzukommen, aber wenig über dich selbst. Wie kommt das?

Demütigung: Das hast du völlig richtig erfaßt. Der Stock, den ich anfangs als Bild meiner Wesenheit beschrieb, bleibt immer mit den Menschen verbunden. Es ist so, als würde der Mensch immer unter seiner Kleidung einen Stock mit sich herumtragen, und bei bestimmten Situationen im zukünftigen Leben bemerkt er diesen Stock wiederum. Und schon fühlt sich der Mensch wieder gedemütigt. Ich verwalte also Milliarden von solchen Stöcken. Manche bleiben zeitlebens, andere verschwinden nach geraumer Zeit recht schnell. Es gibt sogar Stöcke, die sich nach Minuten auflösen. Wenn der sogenannte Sender z.B. etwas völlig Demütigendes sagt und der Empfänger sich entsprechend gedemütigt fühlt, aber beide es sofort aussprechen und der Sender sich sofort entschuldigt, weil er jetzt erst bemerkt, was er an Dummem gesagt hat – dann verschwindet diese Demütigung, dann wird dieser Stock aufgelöst.

Andere Stöcke tragen die Menschen aber bis zum Ende ihres Lebens mit sich herum. Dann gibt es noch Stöcke, die von der Öffentlichkeit, z.B. von der Presse, am Leben erhalten werden, indem regelmäßig darüber geschrieben oder gesprochen wird. Das geht dann nach dem Motto: Was macht eigentlich X mit der Situation von damals, wie hat er bzw. sie diese Situation verkraftet? Dadurch kann es sein, daß dieser Stock noch dicker gemacht wird.

Sogar Staatswesen können sich gegenseitig demütigen, und es kann dadurch zum Krieg kommen.

Verzeihen

W.W.: Nehmen wir noch einmal das Beispiel eines Angestellten, der unberechtigt entlassen wird, dessen Demütigung nicht sofort verschwindet, der sich aber nicht rächen will. Wie kann er seine Demütigung bestmöglich verarbeiten oder auflösen?

Demütigung: Das Verzeihen ist das beste Mittel, um eine Demütigung aufzulösen.

W.W.: Da erhebe ich jetzt aber Widerspruch; zumindest in diesem Fall.

Demütigung: Wenn der Empfänger verzeiht, ist der Stock weg. Das scheint vielleicht ungerecht, ist vielleicht auch für den gedemütigten Menschen schwer zu ertragen oder kaum durchzuführen, ist aber trotzdem so.

W.W.: Wenn die Demütigung unberechtigt war, wenn der demütigende Mensch diese Demütigung nicht einsieht und auch nicht darüber gesprochen wird, warum soll dann der gedemütigte Mensch verzeihen?

Demütigung: Du wolltest wissen, wie man eine Demütigung bestmöglich verarbeitet. Das ist so, wie ich eben dargestellt habe. Auch wenn das vielleicht auf den ersten Blick ungerecht erscheint.

W.W.: Aber ist die Schuld des demütigenden Menschen nicht erst dann weg, wenn er sie auch einsieht?

Demütigung: Hier geht es um die subjektive und die objektive Schuld bzw. Haltung dazu. Man kann es auch anders ansehen. Nehmen wir zwei Menschen. Der eine demütigt den anderen. Wenn der gedemütigte Mensch jetzt mit seinem Demütiger sprechen möchte, dieser seine Demütigung aber nicht einsieht, dann bleibt die Demütigung im Raum stehen. Der Stock bleibt. Wenn der Empfänger aber einen Schritt weitergeht und für sich beschließt, daß es keinen Sinn hat, den Sender von seiner Schuld zu überzeugen, dann kann er sein eigenes Karma bereinigen, indem er dem anderen seine Tat verzeiht. Dann wird der Stock halbiert. Die Hälfte löst sich auf. Der andere muß aber mit seinem ebenfalls vorhandenen halben Stock herumlaufen.

Hier ergeben sich natürlich vielfältige weitere Gesprächsfelder, z.B. über die Frage, ob es sinnvoll ist, einem anderen Menschen zu verzeihen, wenn jener seine Schuld nicht einsieht; denn er könnte ähnliche Taten ja weiter bei anderen Menschen begehen. Trotzdem ist es so, daß derjenige, der verzeiht, seine eigene Seele und seine eigene Karmasituation bereinigt, also auch den Demütigungsstock auflöst.

Ein weiteres anderes Feld ist die objektive Schuld. Man kann sich natürlich auch in bezug auf das Verzeihen in Illusionsräume hineinbegeben, indem man auch eine gewisse Lust daran empfindet, einem anderen zu verzeihen. Dann stellt sich die Frage, ob das wirklich ein Verzeihen ist. Hier gerät man sehr schnell in eine gewisse Hybris oder in Lügenmuster.

Öffentliche Demütigung

W.W.: Was ist eine öffentliche Demütigung, z.B. der Judenstern für die Juden im Dritten Reich oder wenn man in islamisch-arabischen Staaten mit Schuhen beworfen wird?

Demütigung: Hierbei kommt zu der persönlichen Ebene einer Demütigung die öffentliche Ebene hinzu. Dann treten größere Wesen herein. Es wird also nicht mehr nur ein einzelner Mensch berührt, sondern es werden die Seelen ganzer Gruppen berührt. Wenn z.B. ein Mensch wegen einer bestimmten Glaubensrichtung an den Pranger gestellt wurde oder heute entsprechend öffentlich diffamiert wird, dann fühlt sich die ganze Gruppe dieser Gläubigen ebenfalls mehr oder weniger gedemütigt. Diese Art von religiöser Demütigung ist in den letzten Jahren sehr aktuell geworden, unter Muslimen, Juden und Christen in verschiedener gegenseitiger Weise. Dann nimmt mein vielseits beschriebener Stock eine sehr viel größere Gestalt ein und wird zu einer Art Rammbock. Dann werden z.b. die führenden Engel einer solchen Religionsgemeinschaft mit berührt. Es werden auch aus der luziferischen und ahrimanischen Welt kleinere und größere Widersacherwesen aktiviert und mischen sich, eine solche Situation ausbauend, mit hinein.

Das ist natürlich ein sehr weites Feld, man muß jeden einzelnen Fall genau anschauen, auch welche Motivation einer Demütigung einer Religionsgemeinschaft vorliegt bzw. wie empfindlich die Angehörigen einer Religionsgemeinschaft reagieren, vielleicht auch übertrieben reagieren.

Aber bei der öffentlichen Demütigung gibt es immer die zwei Ebenen. Es erreicht den einen Menschen, der konkret gedemütigt wird, und darüber hinaus erreicht es z.b. die Angehörigen der betreffenden Religionsgemeinschaft, zu der der Gedemütigte gehört. Hier kann sich auch vieles verselbständigen. Wenn die Juden während der Nazizeit durch verschiedene Grausamkeiten der deutschen Nazis gedemütigt wurden, so war das natürlich eine absolut grausame und auch objektive Demütigung. Andererseits kann es aber auch sein, daß irgendein Mensch einer gewissen Religionsauffassung einen Angehörigen einer anderen Religionsgemeinschaft demütigt, z.B. durch Satire, und die Angehörigen der satirisch dargestellten Religionsgemeinschaft müssen sich nicht gedemütigt fühlen.

Trotzdem ist es so, daß es ausreicht, wenn sich einer oder einige dieser Religionsgemeinschaft gedemütigt fühlen, denn dann wird das Religionswesen dieser Religionsgemeinschaft angesprochen. Wie man das objektiv beurteilen will, steht auf einem anderen Blatt. Das Problem ist aber, daß ein einziger Angehöriger der satirisch betrachteten Religionsgemeinschaft sich gedemütigt fühlt, damit das Wesen dieser Religionsgemeinschaft angesprochen wird und ich mich auch dort hinbewegen muß. Dieser Mensch kann sich irren, aber das ändert nichts. Denn real ist die gefühlte Demütigung.

W.W.: Kann man denn nicht festlegen, was eine objektive und eine nicht-objektive Demütigung ist?

Demütigung: Das ist schwierig. Hier spielt auch der Kulturkreis, in dem die Menschen leben, eine entscheidende Rolle, was man als objektiv und als subjektiv bzw. nicht-objektiv festlegen möchte. Oberstes Prinzip ist immer, daß sich ein Mensch gedemütigt fühlt.

W.W.: Kann man nicht von der Würde des Menschen ausgehen und aufgrund dieser Würde festlegen, was Demütigung ist und was nicht?

Demütigung: Wenn man von der Würde des Menschen ausgeht und z.B. die Mohammed-Karikaturen nimmt, in denen Mohammed mit Granaten im Turban dargestellt worden ist, dann ist diese Darstellung objektiv demütigend. Man kann es trotzdem als Satire bezeichnen, man kann es auch aushalten bzw. verlangen, daß andere dies aushalten. Hier muß man dann hinzunehmen, wie man Satire eingruppiert. Hier gibt es irgendwo immer eine Grenze. Ist es Kunst oder ist es eben keine Kunst? Und hier gibt es Zeit meines Lebens – und dieses Leben währt schon sehr lange – sehr unterschiedliche Auffassungen unter den Menschen und den anderen Wesen. Auch verschiebt sich die Ansicht dazu sehr schnell. Also sollte man mit dem Objektiven sehr vorsichtig sein. Deswegen reagiere ich hier vielfach so zögerlich.

Die öffentliche Demütigung muß man auch noch in bezug auf den jeweiligen Kulturkreis untersuchen. Was z.B. hier in Deutschland für alle deutschen Belange nicht als Demütigung verstanden wird, wird in anderen Ländern und in anderen Religionssystemen sehr wohl als Demütigung verstanden. Wenn man sich innerhalb eines Wertesystems bewegt, ist die jeweilige Öffentlichkeit etwas ganz anderes, als wenn man ein anderes Wertesystem anspricht. Mittlerweile lebt ihr aber in der Globalisierung, und sehr viele Menschen sind darauf sehr stolz; aber dadurch ergeben sich massive Probleme, denn die Wertesysteme sind nicht globalisiert. Durch die Globalisierung verlassen nämlich unzählige Demütigungen die jeweiligen Kulturkreise und Wertesysteme und überschreiten die Grenzen der anderen. Das ist ein riesiges Problem; und das habe ich dauernd zu verwalten. Da ist oftmals etwas nicht als Demütigung gemeint, kommt aber als Demütigung bei anderen an.

Mobbing im Internet

W.W.: In den letzten Jahren nimmt die Beschimpfung, das Mobbing und das Hetzen gegen bestimmte Personen oder Personengruppen, im Internet zunehmend zu. Welche Art von Demütigung ist es, wenn man jemanden anonym im Internet beschimpft und gegen ihn hetzt?

Demütigung: Wenn jemand im Internet einen anderen Menschen oder eine Gruppe von Menschen öffentlich demütigt und wenn das anonym geschieht, dann kommt etwas hinzu, was weitgehend neu ist, zumindest in dieser weitverbreiteten Form: Feigheit. Feigheit als Wesen in meiner Nähe ist für mich noch ziemlich ungewohnt. Selbstverständlich gab es auch früher anonyme Zettel, mit denen man einen bestimmten Menschen diffamiert hat, vielleicht sogar in einer etwas größeren Öffentlichkeit im politischen Raum. Trotzdem war das gegenüber der Diffamierung im Internet heute sehr kleinräumig und mengenmäßig gering.

Das Ich, welches versteckt, anonym demütigt, ist selbst für mich in dieser Form etwas Neues. Man bekommt weltweite Aufmerksamkeit durch die inszenierte Demütigung, obwohl man selbst nicht öffentlich auftritt. Das ist etwas höchst Ahrimanisches. Dieses Aus-dem-Verborgenen-Handeln ist eine Ahrimanisierung meiner selbst.

W.W.: Wenn man verschiedene Blogs im Internet durchforstet, z.B. bei den Parteien, dann findet man eine ungeheure Zahl von Haß-Mails widerlichster Art. Was für ein Phänomen ist das, welches hier bei einer großen Zahl von Menschen durchbricht?

Demütigung: Dahinter steckt eine sehr merkwürdige Art von Lust, ständig Haß-Mails im Internet zu generieren. Was ich als nicht-physisches Wesen daran erlebe, ist zum einen eine enorm angehäufte und bisher nicht ausgelebte Frustration von sehr vielen Menschen auf verschiedensten Gebieten, die sich meist aus ganz unterschiedlichen Quellen nährt. Man könnte dies einen großen Lebensfrust nennen. Auf der anderen Seite bemerke ich die absolute Ich-Schwäche, sich nicht zu diesen Taten bzw. Argumenten zu stellen. Das ist Frust, gepaart mit Ich-Schwäche.

Natürlich gibt es darüber hinaus auch viele Menschen, die entlang ihrer Beschimpfungen durchaus auch ihren Namen nennen. Aber die öffentliche Beleidigung, gepaart mit Ich-Schwäche, ist eine ganz scheußliche Mischung. Diese Menschen nutzen meinen Rahmen; und das tut mir sehr weh. Dasselbe geschieht auch, wenn man Menschen anderer Religionszugehörigkeit oder Hautfarbe oder aus einem anderen Volk anonym öffentlich demütigt bzw. verletzt oder gar umbringt. Wo ich das Ich dabei?

Ich finde das deswegen schlimm, weil ich eine gewisse Beziehung zu Luzifer habe. Luzifer ist aber ein Wesen, welches sich absolut bis aufs Letzte zu seinen Taten bekannt hat und bekennt. An diese neue Verunglimpfung in großem Stil habe ich mich selbst noch nicht gewöhnt. Ich muß dann wertneutral arbeiten, aber ich leide unter meiner Arbeit; was nicht der Fall ist, wenn ich das Ich dahinter erkennen kann. Natürlich gab es auch früher anonyme Demütigungen, aber nicht in dieser Menge. Auch Internet-Trolle gab es früher nicht. Jeder ichschwache Mensch kann heute seinen Frust, seinen Haß, seine Oberflächlichkeit im Internet ausspucken, ohne dafür geradezustehen. Das ist eine neue Qualität. Darin sitzt keinerlei Schönheit. Dann ist die Demütigung sehr ahrimanisch. Dann sehe ich die Macht Ahrimans, und in einem solchen Moment wäre ich lieber ein gänzlich luziferisches Wesen.

Demütigung von Minderheiten

W.W.: Was geschieht, wenn in einem Staat über längere Zeit eine kleinere Volksgruppe bzw. Minderheit gedemütigt wird?

Demütigung: Dann kommt noch ein weiteres Element hinzu, nämlich ein gewisser Automatismus, eine gewisse Gewohnheit, die sich immer dann einstellt, wenn eine solche Demütigung lange anhält. Wenn das auf diese lange Zeit in einem Staat so gehandhabt wird, geht die ursprüngliche Intention, demütigen zu wollen, mehr oder weniger verloren, zumindest wird sie geringer. Aber die Gewohnheit der demütigenden Behandlung bleibt erhalten. Wenn ich mich mit der Gewohnheit einlassen muß, entsteht ein merkwürdiges Wesen, und das ist keine echte Demütigung mehr.

W.W.: Nehmen wir die Apartheid in den USA. Die Erniedrigung der schwarzen Menschen erfolgte über einige hundert Jahre und ist immer noch nicht ganz vorbei. Trotzdem wurde das nicht zu einer Gewohnheit, sondern jeder und jede Schwarze erlebte die jeweilige Demütigung, z.B. nicht neben Weißen in einem Bus sitzen zu dürfen, in jedem Fall konkret als eine aktuelle Demütigung. Das alltägliche Leben war in vielen Bereichen absolut getrennt, und dies wurde als Demütigung empfunden. Das ist keineswegs eine Gewohnheit.

Demütigung: Eine solche langanhaltende Demütigung ist für die sogenannten Sender zu einer Gewohnheit geworden, in diesem Fall für die Weißen. Sie haben ihre Demütigungen vielfach aus Gewohnheiten durchgeführt und aufrechterhalten. Die Empfänger bzw. gedemütigten Schwarzen aber haben es immer wieder als persönliche aktuelle Demütigung empfunden. Vielfach wollte der Sender gar nicht mehr demütigen, sondern hat es nur noch gemacht, weil man es immer so gemacht hat. Ähnliches erlebt man oft in der Unterdrückung der Frau fast weltweit. Das ist aber keine Entschuldigung. Die Frau erlebt es immer als eine Demütigung. Das eine Ende meines Stockes ist also schon relativ schwammig geworden, während das andere Ende sehr hart ist. Fast ist es so, als würden viele Stöcke aus einem Ende entspringen.

Durch jeden Krieg entsteht Haß

W.W.: Was geschieht, wenn man Demütigungen in einem Kriegsgebiet öffentlich durchführt, z.B. die Zurschaustellung der Bilder einiger amerikanischer Soldaten und Soldatinnen mit inhaftierten Irakern im Gefängnis von Abu Ghraib?

Demütigung: Durch jeden Krieg entsteht Haß. Haß und Krieg sind immer miteinander verknüpft. Es ändert nichts an der persönlichen Schuld – trotzdem schlüpfen diese Haßwesen in Kriegssituationen sehr oft in Menschen hinein, die dadurch zu Taten geführt werden, die ihnen eigentlich nicht wesensgemäß sind. Natürlich hätte jeder Mensch an dieser Stelle aufmerksamer sein und eine solche Tat verhindern müssen, und alle machen sich an dieser Stelle auch schuldig; trotzdem waren sie bei diesen Taten nicht alleine, denn sie wurden durch Wesen besetzt, die durch die unendlich grausamen kriegerischen Taten vieler Menschen entstanden sind. Diese Wesen sind daran interessiert, das gesamte Szenario zu verschärfen. Diese Wesen wollen eskalieren. Solche Menschen schauen dann wahrscheinlich nach vielen Jahren zurück und sagen, daß sie das, was sie damals getan haben, eigentlich nicht selbst waren. Und das stimmt sogar, denn sie waren zumindest nicht allein dabei. Trotzdem waren sie es. Sie sagen das, weil sie in diesem Moment eigentlich sie selbst hätten sein müssen. Aber sie waren nicht sie selbst, sondern sie waren besetzt.

W.W.: Wie steht es mit Massenvergewaltigungen in Kriegsgebieten, z.B. im arabischen Raum, wo man neben der Frau auch noch den Mann demütigt, dessen Frau vergewaltigt wird? Das ist ein beliebtes Mittel im Krieg, um andere Menschen bewußt zu demütigen.

Demütigung: Das ist ein kriegerisches Geschäft und Machtmittel. Und es kommt noch eine weitere Qualität hinzu; denn das Wesen, welches das physische Leid und die Demütigung erfährt, ist nicht einmal vorrangig gemeint. Insofern ist das zusätzlich noch eine Demütigungsübertragung. Die Frauen werden nicht einmal als wirkliche Wesen angesehen. Das ist eine stellvertretende Demütigung. So geht ihr in euren Gesetzen auch mit Tieren um, die keine eigenständigen, gesetzlich anerkannten Wesen sind. Ähnlich ist es vielfach in asiatischen und afrikanischen Ländern, daß die Frau nicht die gleichen Rechte hat wie der Mann.

Die Vergewaltigung im Krieg ist als Demütigung sehr komplex. Die Vergewaltiger machen das vielleicht nicht einmal nur aus Lust, sondern auch aus Gehorsam; so unverständlich das jetzt vielleicht für dich klingt. Das liegt daran, daß sie noch in wesenhaften Verbindungen sind, in denen das Gruppenwesen sehr viel mächtiger ist als die Individualität. Ein Gruppenwesen dieser Art nährt sich aus solchen archaischen Gruppenvorstellungen. Das ist, so gesehen, sogar eine objektive Demütigung, weil die Subjekte gar nicht zählen. Aber es entsteht auf der subjektiven Ebene ungeheuer viel Leid.

Hier wird die Demütigung sehr kompliziert, denn der Empfänger der Demütigung ist eigentlich der Mann der vergewaltigten Frau, und mein Stock muß auch zu diesem Menschen gehen; aber die Frau, die das eigentliche Leid empfängt, zählt kaum und erhält eigentlich nur eine Abzweigung meines Stockes. Das sind ganz schreckliche Zusammenhänge, die aus sowohl kriegerischen wie auch aus rückschrittlichen Gruppenzusammenhängen entstehen.

In Wirklichkeit ist die Frau diejenige, die das Leid erträgt und am meisten gedemütigt wird. Der Mann wird nur indirekt gedemütigt bzw. deswegen, weil er in diesen altertümlichen Gruppenzusammenhängen steht. Er müßte eigentlich Mitleid mit seiner Frau haben, empfängt aber die Demütigung aufgrund seines altertümlichen Wertemodells. Er hat kein physisches Leid, vielleicht nicht einmal ein seelisches Mitleid mit seiner Frau. Sein Wertesystem wird gedemütigt.

Deswegen sagte ich, daß der Stock, der für solche Art von Demütigungen gebildet wird, sehr kompliziert in der Gestalt ist. Der Vergewaltiger ist zwar der Täter; aber derjenige, der sich dieses Prinzip ausgedacht hat, ist der schwerwiegendere Täter. Es gibt also sowohl einen Stock von demjenigen, der sich diese Massenvergewaltigungen ausgedacht hat, zu dem jeweiligen Mann, dessen Frau vergewaltigt wird; und natürlich gibt es einen weiteren Stock von dem Vergewaltiger zur vergewaltigten Frau. Darüber hinaus gibt es auch noch eine hochkomplexe Verbindung dieser beiden Stöcke. Aber im Grunde sind es zwei Ebenen. Und durch die Globalisierung ist es mittlerweile so, daß die Opfer dieser Taten oft schon sehr viel aufgeklärter sind und wissen, daß es andere Wertvorstellungen gibt als die, in denen sie noch leben müssen.

Internet-Trolle

W.W.: Wegen der weltweiten Demütigungen auf fast allen Feldern könnte ich mir vorstellen, daß du dich sehr unwohl fühlst.

Demütigung: So ist es; am unwohlsten aber fühle ich mich bei den Internet-Trollen. Das hängt damit zusammen, daß es die virtuelle Welt ist. Wenn es sich um Menschen handelt, hat man Substanz. Wenn es um Substanz geht, kann man auch wieder etwas auflösen. Bei den Internet-Trollen und ihren ausgesendeten Lügen im Internet bleibt immer ein Schatten bestehen. Je substantieller mein Stock ist, desto leichter ist die Angelegenheit wieder zu bereinigen.

Wenn die Schuld die Unschuld berührt

W.W.: Wie steht es mit der sogenannten schwarzen Pädagogik, also mit der Demütigung von Kindern in Heimen und Schulen – von der verbalen Demütigung über das Schlagen bis hin zum Mißbrauch?

Demütigung: Das ist Machtmißbrauch, eine sehr unangenehme Form dessen, was ich zu verwalten habe. Denn hier kommt schon wieder ein weiteres Wesen hinzu, welches sich um meine komplexe Stange gruppiert – nämlich die Unschuld. Je jünger die Kinder sind, desto größer ist ihr Unschuldsanteil; trotzdem bleibt der Unschuldsanteil immer vorhanden, solange es sich um Kinder handelt. Wenn die Schuld und die Macht die Unschuld berühren, dann wird diese Schuld sofort maximal. Bei dieser Form von schwarzer Pädagogik entsteht extremste Schuld.

Billiglohnarbeit

W.W.: Wie steht es mit der Demütigung bei Erwachsenen, die als Sklaven arbeiten müssen – seien dies nun Sexsklaven, Arbeitssklaven oder andere Formen von Abhängigkeitsverhältnissen zwischen Erwachsenen?

Demütigung: In diesen Verhältnissen entsteht in großem Ausmaß ein Anhäufen von schuldhaften Demütigungen. Mein Stock ist dann sehr dick. Allgemein kann man sagen: Je dicker der Stock ist, desto mehr Schuldanteil ist vorhanden. Die schuldhaften Abhängigkeiten bei einem Sklavenverhältnis sind oft nicht so weit verzweigt wie die vorhin besprochenen politischen Demütigungen, weil es oftmals ein Abhängigkeitsverhältnis zwischen zwei oder nicht sehr zahlreichen Menschen ist. Es kann so sein, keineswegs immer, daß ich in solchen Abhängigkeitsverhältnissen auch von den schicksalsführenden Mächten eingesetzt werde, um Karma auszugleichen. Oft sind diese Abhängigkeitsverhältnisse nicht in diesem Leben entstanden, sondern Auswirkungen von anderen Abhängigkeitsverhältnissen eines letzten Lebens. Allerdings sollte man hier sehr vorsichtig mit der Beurteilung sein und keinesfalls pauschal urteilen. Das Karma zwischen dem sogenannten Sklaven und seinem sogenannten Herren ist also häufig ein altes Karma; keineswegs immer, denn vieles entsteht auch in diesem Leben und schafft ohnehin neues Karma. Gerade bei den Arbeitssklaven heute ist es oftmals kein altes Karma, da wegen der Globalisierung eine weltweite Menschenbewegung entstanden ist, die es zuvor in dieser Form nicht gab. Vor allem wegen der Überbevölkerung ist diese Situation heutzutage sehr schwer zu beurteilen, und hier solltet ihr Menschen euch mit jedem Urteil zurückhalten. Das sind sehr schwierige Geflechte.

Aber wir wollen nicht über Karma reden; die Demütigung und die Schuld, die auf diese Weise entstehen, sind auf jeden Fall sehr schwerwiegend. Alles das, was man mit dem Begriff Niedriglohnsektor weltweit beschreibt, ist zu großen Teilen der Überbevölkerung und der Unterschiedlichkeit der verschiedenen Länder geschuldet und hat mit Karma wenig zu tun. Alle die Menschen, die in der sogenannten Dritten Welt für euch die Luxusgüter unter sklavenähnlichen Verhältnissen herstellen, stehen zu euch in keinem persönlichen Karma; allerdings wird dadurch heute neues Karma geschaffen.

W.W.: Auch jetzt muß ich noch einmal erwähnen, daß ich schon wieder den Eindruck habe, daß du oft die sogenannten objektiven Hintergründe und auch die anderen Wesenheiten darstellst, selbst aber wieder ein wenig im Hintergrund entschlüpfst. Wie empfindet denn eine Sexsklavin oder eine Lohnsklavin oder ein Lohnsklave dich selbst als Wesen Demütigung?

Demütigung: Nehmen wir als Beispiel die Näherin in Bangladesh, die als Billiglohnarbeiterin Kleidung für die westliche Welt näht. Wir sollten stark mit einbeziehen, daß viele von ihnen nicht unbedingt das Gefühl der Demütigung empfinden. Vielleicht sind sie froh, überhaupt einen Job zu haben. Es kann also sein, daß diese Näherin mich überhaupt nicht erlebt. Selbstverständlich ist es nicht so, daß diese Menschen dort keinerlei Demütigung empfinden würden; und je bewußter sie werden, je mehr Informationen sie bekommen, desto stärker wird selbstverständlich die persönliche Demütigung in diesen unmenschlichen Verhältnissen und Produktionsstätten. Trotzdem ist der Blickwinkel, mit dem du jetzt auf diese Zusammenhänge schaust, dort vor Ort ein anderer. Denn es gibt durchaus die Botschaften einiger dieser Menschen, daß sie euch im Westen auffordern, die billig genähten Jeans und ähnliches zu kaufen, weil sie sonst verhungern würden, weil sie dann ihre Arbeit verlieren. Das sind brutale Zusammenhänge.

Trotzdem empfinden sie schon eine gewisse Demütigung. Sie fühlen sich aber nicht so gedemütigt wie andere Menschen, die man in solche Verhältnisse stecken würde, denn ihr Gruppenkarma hilft ihnen auch in ihrer konkreten Situation ein wenig. Das Gruppenwesen nimmt ihnen persönlichen Schmerz ab.

Das ändert – ich betone es immer wieder – nichts an der Schuld derjenigen, die diese Zustände initiieren und dulden und als Konsumenten unterstützen.

Wenn dagegen, um ein einfaches und krasses Beispiel zu nennen, eine Frau nach der Arbeit nach Hause kommt und ihr Mann ihr gleich eine Ohrfeige gibt, weil er betrunken ist, so erlebt diese Frau die Demütigung unmittelbar, sie erlebt also meinen Stock unmittelbar. Das ist noch etwas anderes, als in einem großen Gruppenzusammenhang mit anderen Menschen bei einer Billiglohnarbeit unter erniedrigenden Bedingungen zu schuften. In dem einen Fall entsteht eine sehr persönliche Demütigung, im anderen Fall eine sehr unpersönliche Demütigung. Leid empfinden die Menschen allerdings in beiden Zusammenhängen.

W.W.: Um bei dem Beispiel der Näherinnen zu bleiben: Wie könnten dann die Näherinnen ihre persönliche Demütigung abmildern; soweit dies überhaupt möglich ist?

Demütigung: Indem sie sich bewußtmachen, daß die Demütigung nicht ihnen ganz persönlich gilt, sondern daß sie weltweit in einer Gruppendemütigung bzw. in Gruppenzusammenhängen stehen. Das ändert zwar nichts an ihrer Situation, schafft aber die Beruhigung, daß sie nicht persönlich gemeint sind. Das schafft keine objektive Lösung, aber eine subjektive Beruhigung. Wenn man sich das klarmacht, kann das eine große Hilfe sein. Es kann darüber hinaus auch die Kraft in ihnen entstehen, die Verhältnisse vielleicht Stück für Stück zu verbessern. Wenn man die Gesamtsituation ausschließlich als persönliches Leid und als persönliche Demütigung empfindet, kann man meine Stockhiebe nicht so gut aushalten.

Selbstzerknirschung

W.W.: Es gibt im religiösen Kontext ja auch so etwas wie Selbstdemütigung, Selbstzerknirschung, weil man meint, ein Sünder zu sein. Was ist das?

Demütigung: In einem solchen Fall ist kein zweites sichtbares Wesen anwesend. Wenn man sich in so einem Fall einredet, daß man ein schwerer Sünder sei, vielleicht auch ein sogenanntes Nichts, dann kommt auch sehr viel Hybris mit hinzu. Man kann sich z.B. selbst geißeln und glauben, daß diejenigen, die einen nach dem Tod richten werden, einem ein höheres Ansehen beimessen. Natürlich ist das heutzutage Unsinn. So etwas machen aber meist nur Menschen, die zumindest die Existenz einer geistigen Welt und einer nachtodlichen Welt anerkennen. Absolute Materialisten machen so etwas nicht.

Leichenschändung

W.W.: In der griechischen Mythologie gibt es eine sehr klassische Demütigung. Während des Trojanischen Krieges besiegt Achill den trojanischen Helden Hektor und schleift seinen Leichnam mehrfach um die Mauern Trojas. Er demütigt also den toten Hektor und gleichzeitig das trojanische Volk. Was für eine Art von Demütigung ist das?

Demütigung: Das ist die von dir angesprochene sehr klassische Demütigung, sowohl individuell als auch in einem Gruppenzusammenhang. Man kann sich auch fragen, ob man den Toten demütigt oder ob dieser davon unberührt ist. Reicht mein Stock auch in die nachtodliche Welt hinüber?

W.W.: Davon gehe ich aus.

Demütigung: Selbstverständlich reicht der Stock auch in die übersinnliche Welt hinüber, denn dieser Mensch ist ja gemeint. Aber keineswegs ausschließlich. Es gibt also die sogenannte Gegnerschaft der beiden sogenannten Helden Achill und Hektor, solange sie miteinander kämpfen. Das ist ein sehr persönliches Verhältnis; aber solange sie kämpfen, geht es nicht um Demütigung. Der Demütigungsaspekt kommt erst in dem Moment hinein, in dem der Besiegte geschändet wird. Hierbei entsteht eine Demütigung, die eher nicht dem Toten gewidmet ist – denn er hat gut gekämpft –, vielmehr aber dem trojanischen Volk.

W.W.: Ich kenne die Geschichte eines deutschen Soldaten, der in Afghanistan einen Taliban-Anschlag überlebte, bei dem einige deutsche Soldaten zu Tode kamen, aber auch der Attentäter. Und der Soldat schilderte, wie er und andere anschließend den Leichnam des Attentäters schändeten und wild auf ihm herumtrampelten. Was ist das?

Demütigung: In solchen Momenten – besonders bei kulturübergreifenden Situationen – bricht etwas im sogenannten Zeitgehäuse auf, und der Mensch, der auf dem Leichnam herumtrampelt, fällt in eine andere Kultursituation und Zeitsituation zurück. Hier bricht also aus dem persönlichen Verhältnis zwischen dem deutschen Soldaten und dem Taliban ein alter Kulturzusammenhang auf, in ganz alten Strukturen. Die Leichenschändung entsprach eigentlich dem deutschen Soldaten aufgrund seiner kulturellen Situation nicht; trotzdem hat er es gemacht.

Natürlich ist auch ein Racheelement dabei, welches man noch verstehen kann. Aber das archaische Muster, auf einem Leichnam herumzutrampeln, hat eigentlich mit Rache nichts mehr zu tun und ist etwas ganz Altes. Geistig betrachtet rutscht dieser Ich-Mensch aus seiner Ichhaftigkeit heraus und in ein Gruppenwesen hinein, in eine Zeit hinein, als es den Menschen noch bewußt war, daß diese alten Gruppenwesen noch an der Zerstörung eines einzelnen Leichnams litten. In bezug auf diese Zusammenhänge haben sich in der heutigen Zeit ganz andere Strukturen ergeben. Vielleicht hat dieser Taliban noch in einem solchen Gruppenzusammenhang gelebt, so daß etwas von diesem Taliban-Gruppenwesen auf den deutschen Soldaten überging. Und so hat der deutsche Soldat Taten begangen, die er eigentlich nicht begriff. Ich bin ein sehr komplexes und sehr vielfältiges und oft nicht zu verstehendes Wesen.

W.W.: Möchtest du zum Schluß noch etwas sagen?

Demütigung: Seid vorsichtig mit Demütigungen! Meistens wißt ihr nicht, was alles dabei geschieht!

W.W.: Vielen Dank.

Demütigung: Bitte.

Überheblichkeit und Arroganz

Überheblichkeit: Guten Morgen. Meinst du, daß du es wert bist, mit mir zu reden?

Wolfgang Weirauch: Guten Morgen. Ja.

Überheblichkeit: Ich bin immerhin ein geistiges Wesen, du bist bloß ein Mensch.

W.W.: Was heißt hier bloß!? Ich bin auch ein geistiges Wesen, und ich habe sogar noch einen physischen Leib, du aber nicht.

Überheblichkeit: Ich habe ein ziemlich anderes Ich als du.

W.W.: Dafür hast du keine Erdenerfahrung.

Überheblichkeit: So kann man es nun auch wieder nicht ausdrükken, auch wenn ich keine solche Erfahrung auf der Erde habe wie du und alle anderen Menschen, die inkarniert sind. Trotzdem habe ich sehr viel Berührung mit allen Menschen, die inkarniert sind. Erfahrung mit Erdenbewohnern habe ich reichlich!

W.W.: Bist du eigentlich absolut von dir überzeugt?

Überheblichkeit: Nein.

W.W.: Warum nicht?

Überheblichkeit: Weil es – in aller Bescheidenheit – Wesen gibt, an die ich nicht heranreiche. Aber das sind sehr, sehr, sehr wenige. Und Menschen gehören nicht dazu.

W.W.: Aber wenn du diese – nach deiner Auffassung wenigen – Wesen ausschließt, dann bist du sehr von dir überzeugt?

Überheblichkeit: Sehr!

W.W.: Sind einige geistige Wesen, die auf deiner Stufe stehen, vollkommener als du?

Überheblichkeit: Nein. Das geht ja gar nicht.

W.W.: Warum nicht?

Überheblichkeit: Weil ich auf meiner Stufe das vollkommenste Wesen bin.

W.W.: Sagst du das jetzt nur in diesem Gespräch, um überheblich zu wirken, oder ist es wirklich so?

Überheblichkeit: Es sagen auch andere Wesen über mich gleiches.

Beziehung zu Ahriman

W.W.: Bist du ein luziferisches Wesen?

Überheblichkeit: Ich bin sowohl luziferischer als auch ahrimanischer Natur. Meine Schwester, die Arroganz, ist noch deutlich luziferischer. Ich habe einen sehr starken ahrimanischen Anteil, und wir ahrimanischen oder teilweise ahrimanischen Wesen haben einen Drang zur Perfektion. Die Perfektion ist in bezug auf mich ein wichtiger Gesichtspunkt. Und Perfektion ist eher ahrimanisch.

W.W.: Welche Beziehung hast du zu Ahriman?

Überheblichkeit: Eine offene. Denn ich bin nicht böse. Aber er benötigt mich, er benutzt mich auch selbst; Luzifer ebenso. Luzifer verbindet sich lieber mit der Arroganz, Ahriman mit mir. Das ist auch der Hauptunterschied zwischen der Arroganz und mir. Ich habe vor allem damit zu tun, daß etwas wirklich perfekt ist. Arroganz kann auch vorhanden sein, ohne daß etwas Konkretes vorliegt. Auf euch Menschen bezogen kann es z.B. so sein, daß ein völlig verarmter Mensch, der aber aus einem uralten adligen Haus stammt, trotzdem noch sehr arrogant ist. Ein Mensch, der etwas Perfektes geschaffen hat, kann zwar auch arrogant sein, er ist aber eher überheblich, denn er hat etwas vorzuweisen.

Du mußt etwas heben!

W.W.: Überheblichkeit geht also nur mit einer gewissen Substanz im Geschaffenen?

Überheblichkeit: Ja, denn du mußt ja etwas heben. Im Wortsinne hebst du dann die Sachen vielleicht etwas zu hoch. Aber der Arrogante braucht nichts zu heben.

Durch Luzifer entstanden

W.W.: Wie bist du entstanden?

Überheblichkeit: Entstanden bin ich durch Luzifer. Dazu sage ich jetzt ganz ahrimanisch: Das ist ja wohl logisch! Ich entstand in dem Moment, als Luzifer meinte, etwas höher heben zu können als der Schöpfergott. In dem Moment war ich notwendig. Überheblichkeit wurde ich damals allerdings nicht genannt, denn damals gab es nicht die deutsche Sprache. Aber meine Wesenheit entstand. Luzifer ist älter als Ahriman, auch wenn das für euch Menschen sehr schwer zu bemessen ist.

W.W.: Du meinst sicherlich, daß Ahriman später in seine Rolle als Ahriman eintrat als Luzifer in seine Rolle als Luzifer?

Überheblichkeit: Das auch, ja. Trotzdem, auch unabhängig davon ist Luzifer als Idee älter. Auch ist es nicht ganz richtig, daß Ahriman später in seine Aufgabe kam; das ist für euch Menschen schwer darzustellen und zu begreifen.

W.W.: Wirkst du in deiner überheblichen Art auch unter geistigen Wesen überheblich?

Überheblichkeit: Ja, ganz deutlich. Luzifer und Ahriman wollen dies so, sie sind selbst auch überheblich. Unabhängig von Luzifer und Ahriman bin ich auch für die Wesen der lichten Hierarchien relativ gefährlich, denn meine Wesenheit, meine Fähigkeit, die Überheblichkeit, ist mit das erste, was diese Wesen tangiert, wenn sie überhaupt etwas Einseitiges oder etwas Unerwünschtes vollbringen. Die lichten Wesen werden eher von einer gewissen Überheblichkeit gelockt, sofern sie überhaupt etwas Einseitiges vollbringen. Es gab immer mal wieder eine gewisse Verbindung zwischen mir und den Zeitgeistern, die sich nicht einig waren; und wenn einige von ihnen mit einem anderen Zeitgeist nicht einverstanden waren in bezug auf seine Aufgaben, entstand auf beiden Seiten etwas Ähnliches wie Überheblichkeit. Denn immer dann, wenn jemand meint, etwas besser zu wissen, entsteht Überheblichkeit. Die Geister der lichten Hierarchien sind nicht ganz frei von Überheblichkeit. Das liegt aber in der Natur der Sache und hängt auch damit zusammen, daß sowohl Luzifer als auch Ahriman ursprünglich aus dem Gefüge der lichten Geister stammen.

Schillerndes Licht

W.W.: Hast du in dir den Drang, andere geistige Wesen auf einen aus deiner Sicht besseren Weg zu bringen? Findest du die deinigen Wege bzw. bestimmte Wege in der geistigen Welt besser oder perfekter als andere?

Überheblichkeit: Ich bin nicht geneigt, andere Wesen von einem richtigen Weg zu überzeugen.

W.W.: Du sagtest doch eingangs, daß du vollkommen seist. Warum agierst du nicht für den aus deiner Sicht besten Weg?

Überheblichkeit: Ihr Menschen würdet sagen, daß ich keinen Missionarsdrang habe. Es reicht schon, daß mir geistige Wesen begegnen und mit einem Male davon ausgehen, daß sie sich über andere Wesen erheben müßten. Dazu muß ich nicht einmal eine direkte Berührung mit ihnen haben. Ich bin eher wie ein schillerndes und sehr merkwürdiges Licht, dessen Anwesenheit ausreicht, daß andere Wesen mich in sie hineinlassen.

Aktiv wird immer das andere Wesen

W.W.: Schauen wir auf den Menschen. Ein überheblicher oder auch arroganter Mensch wirkt auf andere so, daß er sich für etwas Besseres hält. Oft würde er sich aber kaum so bezeichnen. Wie trittst du mit solchen Menschen in eine Verbindung?

Überheblichkeit: Die arroganten Menschen drücken eher als die überheblichen aus, daß sie diese Eigenschaft haben. Ich selbst habe keinen Missionarsdrang, ich gehe nicht auf die Menschen zu, sondern die Menschen holen mich. Ich bin eine sehr auffällige geistige Tatsache bzw. Wesenheit. Denn ich stehe hoch, ich leuchte, ich schillere, ich leuchte faszinierend. Eigentlich bin ich für jedes Wesen – und ich meine wirklich jedes Wesen – zu sehen. Dann gibt es Wesen, genauso wie Menschen, die es nicht interessiert, daß sie mich sehen. Auf der anderen Seite gibt es die Wesen, die von mir fasziniert sind; darüber hinaus gibt es alle diejenigen dazwischen. Ich selbst werde also nicht aktiv, sondern aktiv wird immer das andere Wesen.

W.W.: Wenn ein Mensch sich für etwas Besseres hält – wie beurteilst du das? *Ist* er auch etwas Besseres, oder weißt du, daß er nichts Besseres ist?

Überheblichkeit: Wenn ein solcher Mensch sich eng mit mir verbindet, hat er im Regelfall auch etwas vorzuweisen; zumindest in Teilen seiner Wesenheit. Das bedeutet aber keineswegs, daß er moralisch hochstehend ist bzw. besser in seiner Moral. Aber irgend etwas hat er meist geleistet, was beachtenswert ist. Das kann auch auf sehr engen, sehr speziellen Gebieten sein. Aber irgend etwas ist da. Bei einem arroganten Menschen kann dies auch so sein, meistens aber nicht.

W.W.: Kommt es auch vor, daß der überhebliche Mensch – eher wahrscheinlich noch der arrogante Mensch – nur so auftritt, weil er eigentlich innerlich verunsichert ist?

Überheblichkeit: Ja, das ist ganz oft der Fall. Wenn Menschen aus irgendwelchen Gründen verunsichert sind, dann flüchten sie sich oft zu mir. Die arroganten Menschen haben die Arroganz als Teil ihres Wesens.

Von Kopf bis Fuß mit Arroganz durchdrungen

Arroganz: Ich finde es übrigens sehr überheblich und arrogant, daß ihr über mich redet, ohne mich einzuladen.

W.W.: Guten Tag. Ich ging nicht davon aus, daß ihr zwei verschiedene Wesen seid.

Arroganz: Wie kannst du nur so dümmlich sein! Wie kannst du nur davon ausgehen, daß ich dasselbe Wesen sei wie die Überheblichkeit? Ich bin kein Parvenü, also kein Emporkömmling.

W.W.: Das tut mir leid.

Arroganz: Entschuldigung akzeptiert.

W.W.: Ich ging davon aus, daß Überheblichkeit und Arroganz Synonyme seien.

Arroganz: Das zeigt nur, wie unfähig ihr Menschen seid, verschiedene Sachbezüge, Gefühle und Eigenschaften sprachlich zu differenzieren.

W.W.: Wie findest du denn aus deiner Sicht das bisherige Gespräch?

Arroganz: Richtig. Ich muß leider zugeben, daß es bisher richtig war, was ausgeführt wurde. Aber eine entscheidende Rolle dabei spielte natürlich, daß ich im Hintergrund anwesend war.

W.W.: Wie ist deine Beziehung zu Luzifer?

Arroganz: Sehr gut. Wir haben viele gemeinsame Wesenszüge. Es gibt aber auch sehr viele Wesen, die sehr gut sind, ohne arrogant zu sein.

W.W.: Wie durchdringst du einen arroganten Menschen?

Arroganz: Von Kopf bis Fuß.

W.W.: Gehst du von dir aus auf die Menschen zu?

Arroganz: Ich gehe eher auf die Menschen zu als meine Schwester Überheblichkeit. Die Arroganz ist bei den Menschen viel nachhaltiger als die Überheblichkeit. Meist ist die Arroganz sogar angeboren bzw. wird durch die Erziehung übernommen. Eigentlich ist angeboren nicht der richtige Ausdruck; deswegen besser: Arroganz wird sehr früh anerzogen. Das hat sich zwar in der letzten Zeit in der westlichen Gesellschaft etwas verschoben. Trotzdem wird den Kindern in bestimmten Familien immer noch mitgegeben, daß sie etwas Besseres seien; aus welchen Gründen auch immer. In adligen Kreisen findet man dies sehr häufig, auch bei bestimmten Einkommens- und Berufsgruppen oder auch bei Menschen, die an bestimmten Orten wohnen. Oft kommt es auch vor, daß man hierfür äußerliche Merkmale nimmt, wie z.B. die Haut- oder Augenfarbe. Die Begegnung von Menschen mit mir findet häufig in einem Alter statt, in dem die Fähigkeit zum Differenzieren noch äußerst ungenügend ist.

W.W.: Fühlen sich viele arrogante Menschen minderwertig?

Arroganz: Nein, die wirklich arroganten Menschen fühlen sich meist nicht minderwertig. Das ist eher die Ausnahme.

Überheblichkeit: Bei mir ist es eher umgekehrt. Ziemlich viele fühlen sich minderwertig und werden aus einem Minderwertigkeitsgefühl heraus überheblich, wenn sie dies oder jenes auf irgendeinem Gebiet geleistet haben.

W.W.: Ein arroganter Mensch ist also tatsächlich in einer Seelenhaltung, daß er wirklich glaubt, etwas Besseres zu sein?

Arroganz: So ist es. Wie ich schon ausgeführt habe: weil es bei der klar ausgeprägten Arroganz im Regelfall schon seit der Kindheit veranlagt wurde.

Überheblichkeit: Bei mir ist es etwas, was meist vom individuellen Menschen erarbeitet und nicht in der Kindheit angelegt worden ist. Wenn sich ein Mensch beruflich etwas erarbeitet, kann es sein, daß er sehr überheblich wird und dann seine Kinder so erzieht, daß sie von ihrem Wesenszug her eher an meine Schwester Arroganz fallen.

Verschiedene Überheblichkeitstypen

W.W.: Wenn sich ein Mensch etwas erarbeitet hat und dabei bescheiden bleibt, ein anderer sich gleiches erarbeitet hat und daraus folgend überheblich wird – worin unterscheiden sich diese beiden Menschen?

Überheblichkeit: Hier müssen wir leider sehr differenziert hinschauen:

Modell A: Es handelt sich um einen ausgesprochen gut erzogenen Menschen mit einer Erziehung, die auch später zu einer gefestigten und auch moralisch hochwertigen und bescheidenen Persönlichkeit geführt hat und auch in eine entsprechende Selbsterziehung übergegangen ist. Diesen Menschen könnte man einen sehr geradlinigen und vorbildhaften Menschen nennen, der sich nichts auf die erarbeiteten Fähigkeiten einbildet. Ein Mensch mit einer derartigen Selbsterziehung ist gegen mich ziemlich gefeit. Er sieht das, was er erreicht hat, häufig nur als einen Zwischenschritt, nicht als Endergebnis.

Modell B: Hier haben wir einen von der Erziehung her gleichartigen Typ, dessen gute Erziehung aber nicht von ihm selbst in eine entsprechende Selbsterziehung hineingeflossen ist. Er wirkt zwar nicht überheblich, ist jedoch innerlich überheblich, zeigt es aber nicht, weil es ihm seine Erziehung verbietet. Er ist ziemlich stark mit mir verbunden. Solche Menschen gibt es häufig, die mit mir verbunden sind, die es aber nach außen hin nicht zeigen.

Modell C: Ein solcher Mensch ist weder gut noch schlecht erzogen, hat aber viel im Leben geleistet und ist einfach überheblich.

Aber er ist gerade noch in einem politisch korrekten Maß überheblich. Er ist vielleicht ein guter Geschäftsmann und zeigt es auch; und trotzdem kann man gut mit ihm arbeiten und umgehen. Oft möchten solche Menschen gerne wegen ihrer Fähigkeiten oder Leistungen gelobt werden, und dann kann man auch gut mit ihnen umgehen.

Modell D: Dann gibt es den Selfmademan, der sich schon bei den ersten beruflichen Erfolgen an seinem Erfolg berauscht und das aber auch immer weiter spüren möchte. Aus Sicht von euch Menschen ist diese Art von Überheblichkeit oft unerträglich und auch stark realitätsfern und überzogen.

W.W.: Muß Überheblichkeit bei einem Menschen immer in Interaktion mit einem anderen Menschen eintreten bzw. vorhanden sein?

Überheblichkeit: Nein. Oft sind Menschen auch ganz für sich überheblich, sie fühlen sich innerlich überheblich. Das ist sogar häufiger als die offenliegende Überheblichkeit. Das ist häufig der *Typ B,* der gut erzogen ist und seine Überheblichkeit nicht so offen zeigt. Solche Menschen gehen selten in die Selbstreflexion. Öffentlich zeigen sie dies selten, höchstens in kleinen vertrauten Gruppen.

Das kann ich aber besser!

W.W.: Mich interessiert der Übergang bzw. das Verhältnis zwischen Objektivität und Überheblichkeit. Nehmen wir einen Menschen, der auf einem bestimmten Fachgebiet eine objektiv gute Fähigkeit besitzt. Wenn ein Mensch weiß, wie gut er auf einem bestimmten Gebiet ist, und sich trotzdem nicht überheblich fühlt, ist er nicht überheblich. Ein anderer Mensch mit gleichen Fähigkeiten fühlt sich aber deswegen vielleicht tendenziell überheblich, wenn auch nur ein wenig. Wie entsteht eine mögliche und tendenzielle Überheblichkeit aufgrund einer objektiv hervorragenden Fähigkeit?

Überheblichkeit: Oft ist das eher eine kleine oder spontane Überheblichkeit. Das Kochen ist ein gutes Beispiel. Man selbst kann gut kochen und ist bei jemandem eingeladen, der auch gut kochen kann. Vielleicht hatte dieser Mensch aber einen schlechten Tag, so daß das Essen für die Einladung nicht so gut gelungen ist. Dann entsteht innerlich meist ein Moment: Das kann ich aber besser! Das geht auch schnell wieder vorüber; trotzdem ist es eine Begegnung mit mir. So etwas entsteht zwar im Umgang mit anderen Menschen, aber man muß es nicht unbedingt aussprechen. Etwas in dieser Art passiert den meisten

Menschen. Es gibt nur sehr wenige Menschen, die nie eine Begegnung mit mir hatten. Eigentlich fällt mir da nur Jesus als Mensch ein.

In Mustern und Schachteln leben

W.W.: Kann ich dich, Arroganz, noch einmal ins Gespräch holen?
Arroganz: Gerne!
W.W.: Nehmen wir an, zwei Menschen sitzen zusammen, und der eine wertet den anderen arrogant ab. Was passiert zwischen diesen beiden Menschen? Ist das nicht schon eine sehr anfängliche Vorform von schwarzer Magie?
Arroganz: Das kommt darauf an. Wenn ein Mensch einen anderen arrogant abwertet, ist das ein zusätzlicher Schritt, denn nicht jeder arrogante Mensch wertet einen anderen ab. Wenn wir aber das von dir gegebene Beispiel nehmen, so produziert der abwertende arrogante Mensch eine Lüge.
W.W.: Ist die Arroganz, z.B. die von Geburt anerzogene Arroganz, nicht ohnehin schon eine Lüge bzw. eine gelebte Lüge?
Arroganz: Nicht unbedingt; das wird jetzt etwas schwierig. Eine gelebte Lüge kann es sein. Der Mensch selbst lügt aber nicht, und deswegen produziert er auch keine Lügenwesen. Er lebt in einer Glocke, in einer Lebenslüge, produziert aber selbst nicht ununterbrochen Lügen. Die große Lüge, die anfänglich entstanden ist, ist in der Erziehung zu dieser arroganten Haltung entstanden. Die Lüge besteht darin, daß der eine Mensch etwas Besseres sei, weil er z.B. adlig geboren ist.

Wenn man aber jemanden abwertet und dies auch weiß, entsteht eine Lüge. So etwas machen aber nicht nur arrogante Menschen; das kann jedem passieren. Man ist nicht automatisch arrogant, wenn man einen anderen abwertet. Gleich aus welchem Grund ein Mensch einen anderen abwertet: Wenn es unberechtigt ist, kommt immer eine Lüge heraus. Ob diese Art von Lügen besonders bei arroganten Menschen vorkommt, möchte ich einmal dahingestellt sein lassen. Eigentlich bin ich nicht dieser Auffassung. Bei meiner Schwester, der Überheblichkeit, kommt diese Art von Lügen, diese Eigenschaft wesentlich häufiger vor. Überhebliche Menschen äußern solche Eigenschaften häufiger im Umgang mit anderen Menschen, während die arroganten Menschen einfach arrogant *sind*.
W.W.: Sind adlige Umgangsformen nicht in sich Lügen?
Arroganz: Nein. Diese Menschen leben in einer Art Schachtel, sie sind in gewissen Mustern gefangen. Und diese Muster sind für diese Menschen etwas Reales. Dadurch entsteht aus ihrer Sicht keine

aktive Abwertung anderer Menschen. Sie bringen den Menschen, die ihnen huldigen sollen, keine aktive Abwertung entgegen. Die anderen Menschen sollen nur einem Muster entsprechen, welches sie für richtig empfinden.

W.W.: Ähnliche Zusammenhänge kennen wir ja auch aus islamisch-arabischen Familien bzw. Gesellschaftsstrukturen, in denen der Mann sich auf vielerlei Weise das höhere Recht gegenüber der Frau herausnimmt und vermutlich nicht einmal ein Unrechtsbewußtsein hat.

Arroganz: So ist es. Diese Männer haben wirklich kein Unrechtsbewußtsein. Sie sind arrogant, das stimmt. Ich bin dauernd bei ihnen, bin mit ihnen verwoben seit ihrer Grunderziehung. Trotzdem haben diese Männer kein aktives Unrechtsbewußtsein. Innerhalb dieses Gesellschaftsmodells entsteht für die in diesen Gesellschaften lebenden Menschen kein Unrecht, obwohl es von anderen, moderneren Sichtweisen her sehr wohl Unrecht ist. Das muß man aber erst einmal einfordern. Sobald der Mann aber um seine erhöhte Position weiß und sie trotzdem weiterlebt, lebt er ganz besonders die Arroganz aus.

Künstliches Sein aufbauen

W.W.: Gibt es nicht auch Menschen, die überheblich oder arrogant wirken oder Überheblichkeit und Arroganz sogar ausleben, weil sie Bindungsangst haben oder weil sie andere Menschen nicht an sich heranlassen wollen?

Arroganz und Überheblichkeit: Hier kommen wir zu einem Bereich, in dem nicht wir beide, sondern ein Fake von uns beiden in diesen Menschen lebt. Es ist sozusagen nur ein Spiegelbild von uns. Diese Menschen tun so, als wären sie überheblich oder arrogant, sind es aber überhaupt nicht. Sie bauen ein künstliches Sein von uns auf, um einen Schutzschild zu haben.

W.W.: Ist dieses Fake von euch auch ein Wesen?

Arroganz und Überheblichkeit: Ja, aber das bricht immer sehr schnell wieder in sich zusammen. Es ist eine Art Schattenwesen. Wenn es nur sehr kurzfristig ist, dann ist es eher ein Fake der Überheblichkeit; wenn es eher langanhaltend ist, ist es ein Fake der Arroganz.

Aus der Arroganz befreien

W.W.: Arrogante Menschen wirken unangenehm, man mag nicht in ihrer Gegenwart sein und meidet sie. Ist es nicht so, daß sich der Arrogante dadurch selbst ins Knie schießt? Merkt sie oder er das nicht?

Arroganz: Arrogante Menschen kennen das nicht anders. Natürlich haben arrogante Menschen auch Gefühle; trotzdem haben sie meist einen sehr engen inneren Ring, in dem sie nur bestimmte Gefühle zulassen können. Es kommt auch vor, daß arrogante Menschen hin und wieder Bemühungen an den Tag legen, sich aus ihrer Arroganz zu befreien, aber das ist nicht unbedingt häufig. Das sind dann Menschen, die versuchen, ihre Erziehung – also mich – aus sich herauszubringen.

W.W.: Was würde bei einem solchen Menschen denn helfen, wenn er sich aus seiner Arroganz befreien möchte?

Arroganz: Selbsterkenntnis. Welterkenntnis. Muster aufzubrechen. Wichtig aber ist zuallererst, daß man die Arroganz bei sich feststellt. Die meisten Menschen können nicht einmal diesen ersten Schritt gehen. Wer in den genannten Schachteln lebt, ist sich meist gar nicht bewußt, daß er bzw. sie arrogant ist.

Aber unabhängig davon gibt es sehr viele Menschen, die durch die Erziehung die Arroganz aufgenommen haben; diese Menschen finden sich alles andere als abstoßend und leben gerne damit.

Wenn aus Überheblichkeit Arroganz wird

W.W.: Trotzdem ist mir die Differenzierung zwischen euch beiden noch nicht so ganz klar. Wir sprachen schon über die Erziehung und über die einzelnen Leistungen, die eher zur Arroganz bzw. zur Überheblichkeit führen. Nehmen wir jetzt aber einen Menschen, z.B. einen Musiker, der ein schwieriges Musikstück glanzvoll öffentlich aufgeführt hat und dem deswegen gehuldigt wird. Wenn er sich in diesen Huldigungen sonnt, sowohl aufgrund seiner Leistungen als auch durch das Lob der anderen Menschen, wo ist da der Unterschied zwischen Überheblichkeit und Arroganz?

Überheblichkeit: Hier sprichst du etwas an, was wir noch nicht so ganz genau differenziert haben. Dieser Mensch ist überheblich, weil er ein guter Musiker ist und weil er eine gute Aufführung gegeben hat. Wenn ihm das noch von vielen anderen Menschen bestätigt wird, wenn seine Überheblichkeit von anderen Menschen gefüttert wird, dann trete ich allmählich in den Hintergrund, und meine Schwester Arroganz beginnt einzuziehen. So wird aus der Überheblichkeit ein Wesenszug, und dann ist es Arroganz. Gerade bei Künstlern oder Spitzenköchen gibt es Phasen, wo beides vorherrschend ist. Nehmen wir an, es war eine Sängerin oder ein Sänger, und sie waren arrogant. Bei einigen Sängern ist es so, daß im Alter die Stimme wegbleibt. Dann ist die Stimme weg, die Arroganz aber kann bleiben. Das geschieht aber nur dann, wenn die Arroganz bei diesen Menschen zu einem Wesenszug geworden ist.

W.W.: Von der Überheblichkeit wurde gesagt, daß sie eigentlich immer da ist, aber nur wie schillernd im Raum steht, ohne missionarisch auf den Menschen zuzugehen. Wie steht es mit dir, Arroganz? Wirkst du genauso, oder hast du doch eher die Tendenz, den Menschen arroganter zu machen?

Arroganz: Wenn du das Wort *eher* betonst, dann kann ich das unterstreichen. Ich habe also *eher* die Tendenz zu missionieren; es ist aber nicht meine vordringliche Aufgabe. Etwas anders als meine Schwester Überheblichkeit bin ich allerdings schon, denn ich bin nicht für jeden Menschen immer zu sehen. Die Überheblichkeit steht wie ein Leuchtturm im Raum. Mich dagegen muß der Mensch in sich hineinnehmen, um mich bei anderen Menschen oder allein zu Hause zeigen zu können.

W.W.: Von der Überheblichkeit haben wir gesagt, daß sie sehr oft auch mit der Objektivität übereinstimmt. Bei der Arroganz sehe ich es so, daß Arroganz oft – nicht immer – ohne jeden Boden vorhanden sein kann. Ist es bei arroganten Menschen häufig der Fall, daß sie auch ob ihrer Arroganz in die Weltfremdheit geraten?

Arroganz: Das ist richtig. Ein solcher Mensch kapselt sich häufig auch ein.

W.W.: Findest du das richtig? Förderst du das?

Arroganz: Nein. Ich habe eine sehr starke luziferische Tendenz. Ich bin luziferischer als meine Schwester Überheblichkeit. Trotzdem fördere ich diese Eigenschaften eher weniger.

W.W.: Wie ordnet ihr Eingebildetsein und Blasiertheit ein?

Arroganz: Das sind kleinere Krümel von uns, vor allem von mir. Die Blasiertheit ist ein absolutes Abfallprodukt meiner Wesenheit. Blasiertheit zeugt von Unbildung.

W.W.: Wie steht es mit dem Hochmut?

Überheblichkeit: Vorsicht mit dem Hochmut. Der Hochmut ist ein altes Wesen. Im Hochmut ist auch ein Willensbereich angesiedelt.

W.W.: Wie steht es mit dem Dünkel?

Überheblichkeit: Das geht in die gleiche Richtung wie die Blasiertheit.

W.W.: Wie steht es mit dem Stolz?

Überheblichkeit: Der Stolz kommt von einem anderen Boot, beim Stolz ist immer eine Ich-Tat dabei. Stolz kann natürlich auch zur Überheblichkeit führen bzw. umgekehrt, aber nur dann, wenn es keine gefestigte Persönlichkeit ist. Ich geselle mich hinzu, wenn ein Mensch mit seinem Stolz nicht ganz sauber umgeht. Heutzutage seid ihr nicht mehr sehr stolze Menschen. Zumindest betrifft das die westliche Welt. In anderen Ecken der Erde wird der Stolz noch sehr viel mehr gelebt. Stolz ist übrigens etwas, was man ganz alleine leben kann. Ihr Deutschen könnt das ohnehin nicht verstehen nach der Nazizeit.

W.W.: Möchtet ihr noch einen Schlußsatz sagen?

Überheblichkeit und Arroganz: Wir sind beide an sich keine schlimmen Wesen. Es kommt immer darauf an, was ihr Menschen aus uns macht.

W.W.: Danke.

Überheblichkeit und Arroganz: Bitte.

Feinsinnigkeit

Wolfgang Weirauch: Guten Tag. Wie würdest du dich als Wesen selbst beschreiben?

Feinsinnigkeit: Guten Tag. Ich bin ein komplexes, aber kein kompliziertes Wesen. Die Oberflächlichkeit ist nicht, die Grobschlächtigkeit dagegen ist mein Gegenteil.

W.W.: Gehören Sensibilität, künstlerisches Verständnis, Empathie, Feingefühl, Intuition, Intelligenz, vielleicht auch anfängliche Hellsicht zur Feinsinnigkeit?

Feinsinnigkeit: Wenn du vom Menschen sprichst, gehört vor allem auch die anfängliche Hellsicht dazu; die Intelligenz nicht unbedingt, auch wenn es selbstverständlich hilfreich ist, nicht dumm zu sein. Der zu scharfe Intellekt ist für die Feinsinnigkeit nicht geeignet. Die anderen von dir erwähnten Eigenschaften gehören sicherlich alle mit hinzu; aber am ehesten kommt man meinem Wesen nahe, wenn man auf den deutschen Begriff schaut – also die feinen Sinne. Alles, was der Mensch an seinen Sinnen feiner, empfindlicher machen kann, was er sensibilisieren kann oder mit ihnen feiner wahrnehmen kann, führt jeweils zur Feinsinnigkeit. Alle Sinne gehören zu meinem Bereich.

Es muß immer etwas begrenzt sein

W.W.: Sind geistige Wesen per se feinsinnig?

Feinsinnigkeit: In bezug auf geistige Wesen ist es vordergründig nicht angebracht, von feinen Sinnen zu sprechen, denn geistige Wesen haben keinen physischen Leib, wenn auch höhere Sinne. Alle diejenigen Wesen, die in irgendeiner Weise mit der Erde zu tun haben – also auch die Naturwesen –, haben selbstverständlich feine Sinne. Die meisten von ihnen können feinsinnig werden bzw. sind es. Aber auch die sichtbaren Wesen eurer Erde – also Steine, Pflanzen und Tiere – sind feinsinnig in ihrem jeweiligen Segment. Feinsinnigkeit ist nicht auf Menschen beschränkt.

Natürlich haben die geistigen Wesen auch höhere Sinne: Ein Engel z.B. hat einen Ich-Sinn. Die Engel haben allerdings keinen physischen Leib; trotzdem haben sie auch einen Leib, auch wenn dieser überstofflicher Natur ist. Man könnte also sagen, daß alle diejenigen Wesen, die eine Konfiguration haben, die man mit Leib bezeichnen kann, auch in bezug auf diese Leiber Sinne haben, also auch feinsinnig sein können bzw. sogar meistens sind. Es muß immer etwas dasein, was begrenzt ist. Und das trifft auf alle geistigen Wesen ebenfalls zu, auch wenn es nicht mit den physischen Sinnen vergleichbar ist.

W.W.: Kannst du beschreiben, wann, wie und warum du entstanden bist?

Feinsinnigkeit: Ich entstand in dem Moment, in dem die Leibhaftigkeit und damit verbunden die Notwendigkeit von Sinnen geschaffen wurde. Ich gehöre nicht unbedingt zu den ältesten Wesen. Ich bin geschaffen worden, als die Vorläufer der Erde allmählich entstanden; ich bin aber auch für Wesen auf anderen Planeten, z.B. für die Mars-Eigentlichen, zuständig. Besonders die sogenannten Eigentlichen Wesen haben sehr viel mit mir zu tun. Sie alle haben Sinne, und deswegen können sie feinsinnig werden.

Viele ausgestreckte Arme

W.W.: Bitte beschreibe deine Gestalt ein wenig näher!

Feinsinnigkeit: Wenn die Spinnen bei euch nicht so negativ wären, wäre das beste Bild meiner Wesenheit eine Spinnengestalt. Das darf man aber in keiner Weise negativ belegen. Man könnte sich mich auch als eine Krakengestalt vorstellen. Ich habe sozusagen viele ausgestreckte Arme und Tastbereiche. Du kannst dir auch eine Pusteblume als lebendiges Wesen vorstellen; so kommst du meiner Gestalt eigentlich am nächsten.

Mehr oder weniger Sinneshaare

W.W.: Schauen wir auf den Menschen. Vordringlichste Fähigkeit eines feinsinnigen Menschen scheint mir zu sein, die nicht so offensichtlichen und kleinen Dinge am Rande zu bemerken, Zwischentöne wahrzunehmen, vielleicht sogar übersinnliche Schichten. Kannst du dazu etwas sagen?

Feinsinnigkeit: Vor allem kommt es auf die Zwischentöne an. Das ist eine sehr gute Beschreibung dafür, wie ich mich verstehe. Die Wahrnehmungsfähigkeit für Zwischentöne zu schärfen macht den Menschen feinsinnig. Das bezieht sich auf alle Gebiete, also auf die Zwischentöne in der Musik, in bezug auf Farben, in bezug auf Soziales usw.

W.W.: Was ist denn der Unterschied zwischen einem feinsinnigen Menschen, der viele Zwischentöne wahrnehmen kann, und einem Menschen grobschlächtiger Natur?

Feinsinnigkeit: Vielleicht ist es für euch Menschen gut, wenn ihr euch nicht nur eine Pusteblume vorstellt, sondern ein lebendiges Wesen, nämlich den Kopf einer Katze. Eine Katze ist sehr stark durch ihre Schnurrhaare definiert. Sie hat diese Schnurrhaare nicht nur an der Schnauze, sondern auch kürzere an den Augenbrauen und den Ohren. Eine Katze ist sehr sinnesaktiv, alle ihre Sinne sind sehr scharf. Eine Katze ist also sehr feinsinnig. Nun könnte man sich vorstellen, daß immer mehr von diesen Haaren verschwinden, durch Abrasieren oder Ausfallen, dann hätte man ein Wesen, welches nicht mehr feinsinnig ist.

W.W.: Du willst also mit diesem Bild sagen, daß ein grobschlächtiger Mensch keines dieser Sinneshaare hat?

Feinsinnigkeit: Ja. Und so mußt du dir im übertragenen Sinne einen grobschlächtigen oder oberflächlichen Menschen vorstellen, was sich im Konkreten dann in jeder oder in fast jeder Phase und in jedem Bereich seines Lebens äußert.

W.W.: Die Empfindungsseele ist ja der Bereich des Menschen, der u.a. auf äußere Wahrnehmungen reagiert, bzw. sie ist der Bereich, mit dem der Mensch zuallererst einen inneren Seelenraum bildet. So vermute ich, daß ein feinsinniger Mensch auch ganz besonders diesen Empfindungsseelenbereich ausgebildet hat; selbstverständlich auch die höheren Seelenschichten. Ist das so richtig?

Feinsinnigkeit: Auf jeden Fall ist die Seele eines solchen Menschen sehr differenziert. Auch eine Seelenschulung in jeder Richtung führt zu einer weiteren Differenzierung. Man kann das auch im Äußeren ganz banal ausprobieren, wenn man in bezug auf verschiedene Geschmacksrichtungen versucht, seinen Geschmack zu differenzieren. Wenn man das immer wiederholt und in bezug auf verschiedenste Geschmacksrichtungen ausprobiert, wird man bemerken, daß man hier feinsinniger wird.

W.W.: Kannst du etwas dazu sagen, warum ein Mensch in einer Inkarnation feinsinnig, in anderen oberflächlich oder grobschlächtig ist?

Feinsinnigkeit: Das kann karmische Gründe haben, das kann rein erzieherische Gründe haben. Beim Karma kann es ein aufgezwungenes bzw. notwendiges Karma sein, genauso aber auch ein selbstgesuchtes. Das hängt auch mit dem sogenannten Seelenalter zusammen, das eigentlich ein Ich-Alter ist. An dieser Stelle solltet ihr sehr viel feinsinniger sein, denn es geht nicht um das Alter der Seele, sondern um das Alter des Ichs bzw. darum, wie oft ein Ich schon inkarniert war.

Wenn man schon verschiedene Inkarnationen durchlebt hat, ist es keineswegs ungewöhnlich, wenn man sich aus bestimmten Gründen auch einmal dazu entschließt, in einer Inkarnation besonders grobschlächtig zu sein. Das hängt immer damit zusammen, daß dieser Mensch daran etwas Bestimmtes lernen möchte. Wenn man dagegen eine sogenannte junge Seele ist, also ein junges Ich, das noch nicht so oft inkarniert war, dann hat man meistens eine nicht so fein differenzierte Seele bzw. Feinsinnigkeit ausgebildet. Ausnahmen gibt es selbstverständlich immer; auch gibt es eine geschenkte Feinsinnigkeit.

Bei ganz kleinen Kindern kann man ganz besondere Feinsinnigkeit beobachten, aber das ist eine nicht bewußte Feinsinnigkeit.

Dann gibt es die Möglichkeit, daß man sich in eine Menschengruppe inkarniert, die eher feinsinnig ist, oder in eine andere, die Körper zur Verfügung stellt, die eher grobschlächtig sind. Das sind die Grundvoraussetzungen.

Hinzu kommt natürlich die gesamte Erziehung, die Umwelteinflüsse, die Kontakte, die ein Mensch ausbildet; inwieweit er zur Empathie erzogen wird und inwieweit er sich für Feinsinnigkeit im späteren Leben selber schult. Das alles ist äußerst differenziert und kann eigentlich nur im Einzelfall angeschaut werden.

W.W.: Hat ein erwachsener feinsinniger Mensch vielfach auch ein künstlerisches Verständnis und einen Sinn für Ästhetik?

Feinsinnigkeit: Im Regelfall ja, und zwar dann, wenn man die Feinsinnigkeit als eine allgemeine Feinsinnigkeit beschreiben möchte, als eine universale Feinsinnigkeit. Es gibt aber Menschen, die ihre Feinsinnigkeit lediglich in einem einzigen Bereich ausgebildet haben, und hier extrem – z.B. Weinschmecker oder Menschen, die auf spezielle Gerüche im Bereich der Parfümindustrie spezialisiert sind. Dafür blenden sie dann andere Geschmacks- und Geruchsrichtungen ganz aus.

Zwischen den Zeilen lesen

W.W.: Feinsinnigkeit gibt es ja auf diversen Gebieten, in sehr vielen Richtungen. Erspürt ein feinsinniger Mensch z.B. eher die Tiefe anderer Menschen, die nicht so schreiend an der Oberfläche scheppert?

Feinsinnigkeit: Selbstverständlich. Feinsinnigkeit kann sehr speziell sein, genauso aber auch universal. Eure Sprache versteht den feinsinnigen Menschen eher als den universalen feinsinnigen Menschen, und das ist z.b. der, den du mit einem Menschen angedeutet hast, der die Tiefe der Absichten und Gefühle anderer Menschen eher versteht. Das ist der Mensch, der zwischen den sogenannten Zeilen lesen bzw. etwas erspüren kann. Ein solcher universaler feinsinniger Mensch hat sich z.b. durch Bildung und Selbsterziehung, durch persönliche, eher gutsituierte Umstände, aber auch durch viele Erfahrungen in diese Richtung bewegt. Das sind z.b. auch Menschen, die durch die Erziehung sehr früh an Kunst und Kultur herangebracht worden sind, die sich auch vernünftig und sehr differenziert ernähren, die sich tolerant in sozialen und geistigen Richtungen bewegt haben. Ein solcher Mensch wird in der Regel eher zu einem sogenannten feinsinnigen Menschen.

W.W.: Warum mögen solche feinsinnigen Menschen eher nicht das Laute, Kreischende und Derbe?

Feinsinnigkeit: Weil ihre Sinne sehr schnell überreizt sind. Wenn man seine Sinne in alle möglichen Richtungen schult, sind diese sehr empfindlich. Und wenn die Reize dann zu stark werden, sind und fühlen sich diese Menschen überreizt. Mitunter kann dies sogar zu gewissen Schädigungen führen.

Im Wald

W.W.: Ich möchte in einige Bereiche hineingehen, in denen ein eher feinsinniger Mensch Wahrnehmungen hat, und zwar mehr als ein dumpfer oder grobschlächtiger Mensch. Wie verhält sich dies z.b. im Wald?

Feinsinnigkeit: Ein feinsinniger Mensch im Wald hat einen fast extremen Rundumeindruck, so daß er vielleicht sogar aufpassen muß, daß die Eindrücke nicht zu viele werden. Das ist besonders dann der Fall, wenn man einen feinsinnigen Menschen aus einem gänzlich anderen Kulturkreis nimmt und in einen ihm fremden Wald setzt, also z.b. einen Inuit hier in den Wald oder einen Mitteleuropäer in den brasilianischen Urwald. Dann entstehen sogar Probleme. Dann sind diese Menschen überreizt.

Nehmen wir aber einen feinsinnigen Mitteleuropäer und setzen diesen in einen normalen Wald Mitteleuropas. Dieser Mensch nimmt sehr viele Eindrücke wahr, im Unterschied zu einem grobsinnigen Menschen. Er riecht z.b. das Moos, er riecht die vermodernden Blätter im Herbst, er nimmt die verschiedensten Bodengerüche wahr oder solche von Pilzen. Ein solcher Mensch sieht die sehr differenzierten Farben des Waldes, vor allem die Grün- und auch Brauntöne, aber auch einige andere Farben. Vor allem in einem Frühlingswald nimmt er die ungeheuer zahlreichen und verschiedenen Laute wahr. Er hat also eine sehr differenzierte akustische Wahrnehmung von den Tieren, vor allem von den Vögeln; besonders am Waldrand. Zusätzlich nimmt er aber auch noch die Geräusche des Windes wahr, mit der Folge des Raschelns der Blätter. Ein grobschlächtiger Mensch nimmt vielleicht nur wahr, daß es im Wald eher düster ist und grün. Punkt!

Auf See

W.W.: Was würde ein für die See und das Wasser feinsinniger Mensch dort wahrnehmen?

Feinsinnigkeit: Das ist ein sehr starkes olfaktorisches Erlebnis, was ihr Menschen euch oft gar nicht so richtig klarmacht. Ein solcher Mensch nimmt sehr differenziert den Geruch des Meeres wahr, während ein grobsinniger Mensch vermutlich gar nicht merkt, daß das Meer unterschiedlich riecht. Feinsinnige Menschen auf See riechen das Wasser, welches vom Wind bewegt wird, sie riechen den Seetang, sie riechen sogar ein herankommendes Schiff.

Und sehr wichtig ist auf der anderen Seite das Erlebnis des Horizontes. Man nimmt den Geschmack des Salzes vom Meer wahr, die Stimmen bzw. Schreie von Seevögeln, das Geräusch des Windes und der Wellen.

Die Farben im Meer spielen keine so große Rolle, obwohl man sich hier auch schulen kann. Das ist im Wald anders, denn ihr seid für die Grüntöne wesentlich sensibler und differenzierter blickend als für Blau-Grau-Töne am Meer. Man kann sich natürlich für diese differenzierten Töne schulen, aber in bezug auf die Grüntöne, z.B. im Wald, hat man es hier viel leichter, weil einem Menschen das mitgegeben wird.

Die Erhabenheit des Kosmos

W.W.: Was nimmt ein feinsinniger Mensch mehr wahr als ein grobsinniger, wenn er nachts den Sternenhimmel betrachtet?

Feinsinnigkeit: Vor allem die unterschiedlichen Farben der Gestirne, die ein eher grobsinniger Mensch auf den ersten Blick gar nicht bemerkt; genauso die unterschiedlichen Abstufungen der Dunkelheit. Die Fixsterne sind eher nicht so differenziert in ihrer Farbgebung, die Planeten, z.B. der Mars, dagegen sehr. In bezug auf den nächtlichen Sternenhimmel sind eure Sinne eher nicht so stark gefordert – bis auf den Sehsinn; aber zu riechen und zu hören und zu schmecken ist hier nichts. Das bedeutet, daß es in bezug auf den nächtlichen Sternenhimmel auch noch über die höheren Sinne geht, die man schulen kann. Ein feinsinniger Mensch, der auch anfänglich seine höheren Sinne geschult hat, nimmt beim nächtlichen Sternenhimmel z.b. die Erhabenheit des Kosmos wahr.

Die Mimik eines Tieres

W.W.: Kannst du etwas dazu sagen, was ein feinsinniger Mensch mehr wahrnimmt, wenn er einem Tier gegenübersteht?

Feinsinnigkeit: Wenn beim Tier eine Mimik vorhanden ist, nimmt der feinsinnige Mensch diese differenziert wahr. Diese Mimik ist natürlich nicht bei jedem Tier vorhanden, aber bei den Haustieren und größeren Tieren in der Natur auf jeden Fall; bei den Regenwürmern eher nicht. Je feinsinniger ein Mensch ist, desto eher kann er auch über seine Seele mit der Seele des Tieres kommunizieren bzw. etwas wahrnehmen. Er kann wahrnehmen, ob das Tier satt oder hungrig, zufrieden oder ängstlich oder wütend ist. Jeder Mensch erkennt einen knurrenden Hund; dazu braucht er keine Feinsinnigkeit. Aber wenn der Hund nicht knurrt und vielleicht traurig ist, bedarf es einer schon mehr ausgebildeten Feinsinnigkeit. Man kann wahrnehmen, ob der Hund auf der Suche ist, ob er gut oder schlecht durch den Menschen geführt worden ist. Das alles kann man an der Mimik des Hundes ablesen.

Der Ich-Sinn

W.W.: Wie schult man den Ich-Sinn?

Feinsinnigkeit: Der Mensch hat täglich viele Ich-Begegnungen, denn bei jeder Begegnung mit einem anderen Menschen begegnet er einem Ich. Ein vereinsamter Mensch hat allerdings hier ein großes Problem, da er keine oder nur sehr wenige Ich-Begegnungen hat. Den Ich-Sinn zu schulen ist eigentlich ganz einfach, und zwar durch Interesse an seinem Gegenüber. Man muß dafür natürlich das Ich des anderen Menschen wahrnehmen oder packen, nicht seine äußeren Hüllen. Den Ich-Sinn schult man, indem man lernt, durch die äußeren Hüllen hindurchzuschauen. Vielleicht ist es im ersten Moment nicht so einfach, wie ich es eben plakativ gesagt habe; aber es ist insofern einfach, als einem so viele Menschen zur Verfügung stehen, um zu üben. Das kann man in der U-Bahn durchführen, in einer Klasse, im privaten Gespräch, in jeder Behörde, überall!

W.W.: Aber wie erfaßt man denn nun das Ich des anderen Menschen?

Feinsinnigkeit: Das ist nicht einfach. Man bekommt einen feineren Sinn für den anderen Menschen, für sein Ich, indem man nicht gleich beginnt, astral, sympathisch oder antipathisch auf ihn zu reagieren. Insofern sollte man seelische Spontanreaktionen der Sympathie und Antipathie kontrollieren und diese möglichst zurückstellen; soweit es irgend geht. Das sollte man möglichst auch dann schaffen, wenn dieser Mensch äußerlich abstoßend ist, vielleicht sogar riecht oder schweißige Hände oder andere äußere Eigenschaften hat, die einem seelisch unangenehm sind. An dieser Stelle sollte man versuchen, zu ergründen, was seelisch dahintersteht, wie sein Ich geartet sein könnte. Hier gelingt es eher bei denjenigen Menschen, die einem auf den ersten Blick, aber auch auf den zweiten, nicht sympathisch sind. Wenn man dagegen sehr sympathisch zu einem Menschen steht, wird man vermutlich eher in seinen Wogen weggespült bzw. taucht in diesen unter.

W.W.: Was ist Grobschlächtigkeit aus deiner Sicht?

Feinsinnigkeit: Wenn ich mich umdrehe, dann wird es grobschlächtig.

W.W.: Gibt es einen Unterschied zwischen Feinsinnigkeit und Feingefühl?

Feinsinnigkeit: Jein. Das Feingefühl ist ein Spezialgebiet der Feinsinnigkeit. Das Feingefühl ist eine Einschränkung der Feinsinnigkeit auf das Gefühlsleben. Feinsinnigkeit dagegen ist sehr universal. Aber mit den Gefühlen kann man auch wahrnehmen, und wenn man diesen Bereich schult, wird man feinfühlig. Man kann sehr feinfühlig sein, ohne daß andere Sinne sehr feinsinnig ausgebildet sind.

W.W.: Wie steht es mit dem Zartgefühl?

Feinsinnigkeit: Das ist eine seelische Eigenschaft des Menschen oder auch anderer Wesen. Zartgefühl ist häufig das Ergebnis einer Sinnesschulung. Wer sich vielseitig mit seinen Sinnen schult und dadurch auf verschiedenen Ebenen feinsinniger wird, der entwickelt auch Zartgefühl in bestimmte Richtungen und wird empfindlich gegen Lautes, Derbes, Grobschlächtiges.

W.W.: Ist die Feinsinnigkeit heutzutage mehr ausgebildet als vor einigen Jahrhunderten?

Feinsinnigkeit: Das ist sehr schwer zu beantworten, da es in verschiedenen Ländern bzw. unter verschiedenen Völkern absolut unterschiedlich ist. Es gibt Völker und Gegenden, in denen die Feinsinnigkeit sehr stark ausgebildet worden ist, z.B. im asiatischen Raum, früher genauso wie heute. Dort gibt es jahrhundertealte Traditionen der Feinsinnigkeit. Diese Art von Feinsinnigkeit hat sich der europäische Raum erst nach und nach erworben; selbstverständlich nicht bei jedem Menschen.

Wenn du dich auf Mitteleuropa beschränkst, so gibt es zwei Richtungen: Zum einen nimmt die Feinsinnigkeit gegenüber früheren Jahrhunderten zu, zum anderen verrohen sehr große Gruppen von Menschen immer mehr. Auch gibt es heutzutage eine überzüchtete Feinsinnigkeit, die nichts Natürliches mehr an sich hat. Das findet man oft in bestimmten Kreisen des Genießertums.

Trotzdem muß man auch sagen, daß es auch in den letzten Jahrhunderten und Jahrtausenden immer beide Gruppen von Menschen gab, also verrohte Menschen wie auch feinsinnige Menschen. Das waren aber eher nur Randschichten; heute geht es um die breite Masse, die entweder in diese oder in jene Richtung tendiert.

Globale Wahrnehmung

W.W.: Es gibt ja seit einigen Jahrzehnten immer mehr Menschen, die mit einem globalen Blick immer mehr Verletzungen der Erde, der Menschheit, der Tier- und Pflanzenwelt wahrnehmen – sei dies nun eine aussterbende Tierart, Menschen in Not oder die Plastikvermüllung der Meere – und die sich dafür einsetzen, das gesamte Immunsystem der Erde zu stärken. Ist diese Art von Wahrnehmung für die globale Erde auch die Erweiterung einer bestimmten Feinsinnigkeit?

Feinsinnigkeit: Selbstverständlich. Ganz eindeutig! Das ist zum einen die Ausbildung der Bewußtseinsseele von immer mehr Menschen; zum anderen ist es auch der feinsinniger gewordene Gedankensinn, vor allem aber eine Feinsinnigkeit in bezug auf das Ätherische, z.B. für bestimmte Bereiche des Ätherleibs der Erde.

Das Wesentliche ist für die Augen unsichtbar

W.W.: Antoine de Saint-Exupéry schreibt: *„Man sieht nur mit dem Herzen gut. Das Wesentliche ist für die Augen unsichtbar.“* Das schreibt er in *Der kleine Prinz.* Kannst du dazu abschließend etwas sagen?

Feinsinnigkeit: Hier geht es um den Liebessinn. Hier geht es um die Fähigkeit, Liebe wahrzunehmen. Der Liebessinn ist auch mit der Freiheit verknüpft, also mit dem Gefühl, ob man frei oder unfrei ist. Wenn das Herz des Menschen nicht erwacht, wird der Mensch auf Dauer verlernen, überhaupt Wesen wahrzunehmen. Der Leib, die Augen, der Sehsinn umfassen Grenzen im Leiblichen; aber das Wesentliche dahinter muß mit dem Herzen wahrgenommen werden. Dieses Wesentliche kann man mit den Augen nicht erfassen.

W.W.: Möchtest du zum Schluß noch etwas sagen?

Feinsinnigkeit: Seid feinsinnig, aber überfeinert euch nicht!

W.W.: Danke.

Feinsinnigkeit: Bitte.

Grobschlächtigkeit

Wolfgang Weirauch: Guten Tag. Kannst du dein Wesen zu Beginn dieses Gespräches ein wenig vorstellen?

Grobschlächtigkeit: Ich bin ein ganz einfaches Wesen. Ich bin die Abwesenheit der Feinsinnigkeit.

W.W.: Bist du selbst grobschlächtig, oder vertrittst du nur die Grobschlächtigkeit?

Grobschlächtigkeit: Am ehesten kann man sagen, daß ich die Grobschlächtigkeit allerorten vertrete; andererseits bin ich ein nicht sehr feinsinniges Wesen. Denn ich mag das Grobe, habe also eine Empathie zu meiner Aufgabe, die ich überall verwalte, und neige keineswegs zu einer übersteigerten Feinheit bzw. Feinsinnigkeit.

Wesen mit groben Seiten

W.W.: Gibt es grobschlächtige geistige Wesen?

Grobschlächtigkeit: Sehr viele. Alle Riesenwesen sind sehr grobschlächtig. Aber nicht nur in den Bereichen dieser Wesen gibt es grobschlächtige Wesen, sondern es gibt auch höhere geistige Wesen, die man als grobschlächtig bezeichnen könnte. Diejenigen Wesen, die z.B. die Planeten verwalten, haben eine ziemliche Grobheit. Das können grobe Engel sein, die für diese Planeten zuständig sind. Es gibt ja nicht nur Engel für die Menschen, sondern auch Engel für den Mars oder Engel für den Saturn, der gerade in einem gewissen Umbruch ist. Dabei ist viel Grobheit, allerdings eine völlig andere, als ihr Menschen sie versteht. Auch die Erd-Eigentlichen können sehr grob sein, genauso die Eigentlichen anderer Planeten.

W.W.: Was ist das Grobe an den Riesen?

Grobschlächtigkeit: Ihre Größe hat eine grobe Seite. Wenn man zu groß ist, kann man bestimmte Bereiche im Kleinen nicht mehr wahrnehmen, wodurch das Verhalten bzw. Wirken sehr grob werden kann. Auch unter den Trollen gibt es viele Wesen, die ganz einfach grob sind. Ein Bergriese oder der Kälteriese hat eine ziemliche Grobheit. Es gibt auch eine grobe und eine feine Kälte. Der Rauhreif gehört zur feinen Kälte, und die den Rauhreif vertretenden Wesen sind die eher nicht groben Kältewesen, während ein Wesen, welches einen stürmischen Kälteeinbruch vertritt, zu den gröberen gehört.

Körperliche und seelische Grobschlächtigkeit

W.W.: Wie würdest du einen grobschlächtigen Menschen beschreiben? **Grobschlächtigkeit:** Hier muß man differenzieren, denn bei den Menschen gibt es zwei Formen der Grobheit. Zum einen kann es eine körperliche Grobschlächtigkeit sein, also ein Mensch mit einem großen und eher groben Körper. In diesem Körper muß aber kein seelisch-geistig grobschlächtiger Mensch stecken. Ein sehr feinsinniger Mensch kann einen grobschlächtigen Körper haben, auch in seinen Bewegungen eher grobschlächtig sein. Es gibt Menschen, die sehr große Mühe haben, ihre Bewegungen feinmotorisch zu führen. Zweitens gibt es z.b. sehr feingliedrige Körper, in denen ein sehr grober Klotz steckt. Und darüber hinaus gibt es jegliche Mischformen bei den Menschen; also z.b. auch grobe seelisch-geistige Wesen, die in groben Körpern stecken, und umgekehrt.

W.W.: Und dann gibt es auch noch eine gewisse Art von Grobschlächtigkeit in der Art zu reden und in den Umgangsformen.

Grobschlächtigkeit: Ja, das gehört zu der nichtkörperlichen Grobschlächtigkeit und hat seelische Grundlagen. Auch hier gibt es zwei Bereiche: zum einen die eher rohe, also unbearbeitete Grobheit und andererseits die Grobheit, die ein Mensch in dieses Leben aus verschiedensten Gründen mitbringt.

Seelische Findlinge

W.W.: Wie würdest du einen Menschen beschreiben, der nicht gelernt hat, sich höflich auszudrücken, der grobschlächtig in Worten agiert, der plumpe Ausdrücke benutzt?

Grobschlächtigkeit: Oft sind solche Menschen – resultierend aus diesem Leben – einfach nur schlecht erzogen. Das ist oft so; trotzdem beginnt irgendwann im Lebensalter die Verantwortung des jeweiligen Menschen. Wenn ein solcher Mensch in einen anderen Umkreis von Menschen gerät, die nichts Grobschlächtiges an sich haben, kann man oft bemerken, wie rapide seine Grobschlächtigkeit abnimmt.

W.W.: Wie sieht denn die Seele eines schlecht erzogenen, noch sehr grobschlächtigen Menschen aus?

Grobschlächtigkeit: Die Seele sieht aus wie eine Art Findling. Sie ist dunkeltönig und vor allem sehr unbeweglich.

W.W.: Bist du immer im Umkreis eines solchen Menschen?
Grobschlächtigkeit: Eigentlich immer, ja. Und nicht nur dann, wenn er plumpe Worte spricht. Ganz besonders bin ich bei den körperlich plumpen bzw. grobschlächtigen Menschen anwesend, während ich zwar auch bei den seelisch grobschlächtigen Menschen anwesend bin, aber wenn diese Menschen alleine für sich sind und nicht mit anderen Menschen in Kontakt treten, trete auch ich sehr in den Hintergrund. Sofern aber ein anderer Mensch hinzutritt, trete ich auch hinzu.

Die Schönheit im Groben

W.W.: Willst du, daß ein Mensch grobschlächtig ist, oder bist du auch bestrebt, dazu beizutragen, daß ein solcher Mensch feinsinniger wird?
Grobschlächtigkeit: Ich finde, daß das Grobe eine Schönheit besitzt.
W.W.: Inwiefern?
Grobschlächtigkeit: Weil die Grobheit grundlegende Tatsachen klar ins Bewußtsein bringt. Natürlich gibt es auch häßliche Grobheiten, aber es gibt auch die schöne Grobheit. Und diese schöne Grobheit schätze ich sehr. Diese schöne Grobheit möchte ich keineswegs verfeinern. Häßliche Grobheit habe ich natürlich auch unter meiner Ägide, und ich mag sie nicht sehr, muß aber alles das, was damit zusammenhängt, verwalten.
W.W.: Was liegt vor, wenn ein Mensch in seiner Wortwahl grobschlächtig ist und damit fortwährend andere Menschen vor den Kopf stößt?
Grobschlächtigkeit: Sehr wahrscheinlich hat ein solcher Mensch sich das karmisch vorgenommen. Die karmischen Ursachen können tausendfach verschieden sein. Vielleicht war dieser Mensch in einem Vorleben sehr vereinsamt, eine Art Eremit, vielleicht war er auch in Gefangenschaft, vielleicht lebte er an einem Ort, wo er nichts als arbeiten mußte, um überhaupt zu überleben. Ein solcher Mensch hatte vermutlich wenige soziale Kontakte, auch keine auch nur ansatzweise Erziehung; und ein solcher Mensch kann sich dann vornehmen, im nächsten Leben grobschlächtig zu sein.

Natürlich kann es auch ganz umgekehrt sein, daß ein solcher Mensch in einem letzten Leben übersteigert feinsinnig war, z.B. an irgendeinem Fürstenhof in einer völlig überzogenen Art auftrat und lebte, wo jede Geste eine ganz bestimmte Bedeutung hatte, wo jede Fächerhaltung eine ganz besondere Aussage traf, wo es wichtig war, ob man den Kopf nach dieser oder nach jener Richtung drehte, dieses oder jenes Wort sprach oder nicht. Wer so etwas in einer derart extremen und überzogenen Weise erlebte, wird vermutlich von den schicksalsführenden Mächten im nächsten Leben in ein gegenteiliges Leben gestellt.

Grobschlächtigkeit kann Karma anhäufen

W.W.: Wie siehst du denn den Unterschied zwischen einem Menschen, der auf eine eher unschuldige Art grob ist, vielleicht in der Pubertät, und einem Menschen, der auf sehr beleidigende Art bewußt andere grob verletzt?

Grobschlächtigkeit: Wenn die Grobheit, wenn das grobe Verletzen mit Absicht geschieht, entsteht Schuld, entsteht eine deutliche karmische Schuld, denn ein solcher Mensch handelt aus Freiheit heraus. Wenn sich ein Mensch allerdings für eine grobe Inkarnation entschließt und in diesem Leben als grobschlächtiger, sozial verarmter Mensch wirkt, dann hat er dies zwar auch aus Freiheit vorgeburtlich gewählt, aber es entsteht während des Lebens sehr viel weniger Schuld als bei demjenigen, der mit Absicht andere Menschen grob verletzt. Ein sozial verarmter Mensch verletzt nicht schuldhaft. Ein solcher Mensch verletzt zwar auch andere Menschen, und dadurch entwickelt er sehr viel Karma, denn er wird mit allen den Menschen, die er unabsichtlich grob verletzt hat, im nächsten Leben wieder zusammenkommen. Grobschlächtigkeit kann also Karma anhäufen.

W.W.: Aber viele der Grobschlächtigkeiten oder Grobheiten eines Menschen werden doch oft schon in diesem einen Leben und vielleicht teilweise auch sozial ausgeglichen.

Grobschlächtigkeit: Sicherlich; das geschieht z.B. sehr häufig bei Menschen in und nach der Pubertät. Denn in diesem Zeitraum, besonders bei den Jungen, kommen viele Grobheiten vor, ohne daß die jungen Menschen das wirklich wollen und ohne daß sie sich völlig im Griff haben. Das schleift sich selbstverständlich im weiteren sozialen Kontakt unter den Heranwachsenden ab. Der pubertierende Mensch ist seelisch sehr in Wallung und unternimmt deswegen oft grobe seelische Aktionen bzw. Handlungen. Wenn ein Mensch aber lernunfähig ist, dann steht dahinter meistens ein Karma.

Ich bevorzuge gerade Linien

W.W.: Ein grobschlächtiger Mensch überschreitet oft die Grenzen anderer mit seiner Grobschlächtigkeit. Hat er Probleme mit Grenzen?

Grobschlächtigkeit: Wenn diese Grobschlächtigkeit eher aus dem Unbewußten kommt, fehlt ihm an dieser Stelle die Wahrnehmung für die Grenzen anderer.

W.W.: Bist du auch so?

Grobschlächtigkeit: Ich respektiere Grenzen nicht so stark wie die Feinsinnigkeit. Die Feinsinnigkeit kann mit sehr verschlungenen Grenzzusammenhängen umgehen; ich bevorzuge eher gerade Linien.

W.W.: Was ist der Unterschied zwischen einem grobschlächtig Handelnden und auch mit Worten grobschlächtig agierenden Menschen und einem Menschen, der nur am Rechner sitzt und grobschlächtige Kommentare im Internet abläßt?

Grobschlächtigkeit: Derjenige, der seine Grobschlächtigkeit, seine Grobheiten, vielleicht auch seine Haßgedanken nur im Internet formuliert, hat es schwerer, denn er handelt nur in einer virtuellen Welt. Selbstverständlich haben alle diese Äußerungen dieser Person eine Wirkung. Dieser Mensch hat es karmisch schwerer, denn die virtuellen Grobschlächtigkeiten müssen in reale Grobschlächtigkeiten umgewandelt, überführt werden, damit sie karmisch ausgeglichen werden können. Denn derjenige, der im Leben grobschlächtig handelt oder mit Worten agiert, bekommt meistens sofort die Gegenreaktion; derjenige, der seine Grobheiten im Internet hinterläßt, bekommt meistens nicht einmal dort eine Antwort; zumindest nicht direkt in der realen Welt.

Grobschlächtige Präsidenten

W.W.: Was geschieht, wenn der Regierungschef eines Landes oftmals grobschlächtig agiert?

Grobschlächtigkeit: Wenn ein solcher Staatschef grobschlächtig redet, dann erzeugt er Karma auf einer höheren Ebene. Ein solcher Mensch beeinflußt sein eigenes Karma, genauso aber massiv das Karma des Volkes bzw. des Staates, dem dieser Mensch – gewählt oder nicht gewählt – vorsteht. Ein solcherart grob agierender Staatchef bekommt also ein zusätzliches Karma mit einem harmonischen Elementarwesen bzw. mit einem noch höheren Wesen, das mit dem Staat zusammenhängt.

Selbstverständlich steht jeder Mensch, der zu einem Staat gehört, immer mit diesen Wesen im Zusammenhang; wenn man aber mit diesen Wesen grob umgeht, wie der von dir beschriebene Präsident, erzeugt ein solcher Mensch ein schwierigeres Karma. Er muß dann im nächsten Leben bei der nächsten karmischen Begegnung mit diesem

Wesen sehr viel differenzierter handeln. Aber das sind sehr schwierige Zusammenhänge. Noch komplizierter wird es, wenn ein solch grober Staatschef ein kompliziertes Karma angehäuft hat und bei seiner nächsten Inkarnation sich die zum Staat gehörenden Wesen von der Erde zurückgezogen haben, weil es diesen Staat nicht mehr gibt. Denn dann begegnet dieser ehemalige Staatschef im nächsten Leben nicht mehr diesen Wesen. Dann wird es sehr kompliziert.

W.W.: Was passiert dann?

Grobschlächtigkeit: Dann muß dieser Mensch sein Karma abbauen, ohne ein persönliches Gegenüber zu haben. Das geht, aber das ist kompliziert.

W.W.: Was geschieht, wenn ein Präsident eines Staates grobschlächtig agiert, vor allem in Worten, und wenn einem großen Teil des Volkes dies gefällt? Was geschieht, wenn daraus folgend immer mehr Menschen diese Grobschlächtigkeiten imitieren?

Grobschlächtigkeit: Es entsteht immer mehr und ein immer komplizierteres Einzelkarma und Gruppenkarma. Das jeweilige Geflecht wird immer komplizierter. Immer dann, wenn ein Mensch einen anderen nachahmt, z.B. unter Schülern, geht karmisch etwas vor, weil die nachahmenden Menschen einen bestimmten anderen Menschen nachahmen – ob das nun ein Mitschüler ist, ein Lehrer oder irgendein Idol. Wenn also viele Angehörige eines Volkes ihren groben Staatschef nachahmen, entwickeln diese Menschen ein persönliches Karma zu diesem Staatschef, obwohl der um die Zusammenhänge gar nicht weiß, weil er die einzelnen Menschen seines Staates nicht kennt. Und das muß später bearbeitet werden. Das sind sehr komplizierte Zusammenhänge.

Auch Christus war manchmal grob

Und nun kommt der Clou: Diese karmischen Zusammenhänge, die nur aufgrund von Grobheiten entstanden sind, müssen auch im karmischen Ausgleich in irgendeiner groben Weise ausgestaltet werden, denn Grobheiten kann man nicht durch Feinsinnigkeit ausgleichen. Wie das alles karmisch eingerichtet wird – das ist fast unglaublich! Aber die entsprechenden geistigen Wesen schaffen das; vor allem Christus, der Herr des Karmas geworden ist, schafft das. Auch Christus war manchmal grob. Das sollte man nicht übersehen.

W.W.: Kann man daraus folgern, daß jeder Mensch, eigentlich sogar jedes andere geistige Wesen, auch manchmal grob sein muß?

Grobschlächtigkeit: Vor allem die Grobheit gehört zu eurem Kosmos. In allen euren Wesen ist die Grobheit ein integraler Bestandteil. Die Grobschlächtigkeit nicht unbedingt; obwohl diese genauso zu euch gehört, aber nicht immer. Man kann aber das Grobe und Grobschlächtige auch zu etwas Schönem verwandeln; denkt z.b. an die Figuren auf der Osterinsel. Die haben auch etwas Grobes bzw. Grobschlächtiges, sind aber Kunstwerke. Genauso aber kann die Grobschlächtigkeit in Zukunft zu etwas Häßlichem werden.

W.W.: Wir sollten aber Grobheit von Grobschlächtigkeit unterscheiden, denn Christus war hin und wieder grob, bestimmt aber nicht grobschlächtig.

Grobschlächtigkeit: Damit hast du recht. Im Sozialen wird die Grobschlächtigkeit meistens zur Grobheit.

Rohheit, Schroffheit, Ungehobeltheit, Ungeschliffenheit, Barschheit

W.W.: Was ist der Unterschied zwischen Grobschlächtigkeit und Rohheit?

Grobschlächtigkeit: Die Rohheit ist immer etwas Ungeschultes, etwas Unbearbeitetes. Die Grobschlächtigkeit wirkt ähnlich, aber hinter einer grobschlächtigen Seele steckt meist ein Wesen, welches nicht roh ist. Ein rohes Wesen ist immer ein rohes Wesen, wenn man die Begriffe korrekt verwendet.

W.W.: Was ist der Unterschied zwischen der Grobschlächtigkeit im Wort und der Schroffheit?

Grobschlächtigkeit: Schroffheit kann sehr diffizil sein. Schroffheit kann sehr grobschlächtig sein, inhaltlich kann Schroffheit aber auch sehr fein sein. Das Schroffe berührt den anderen meistens sehr stark, vielleicht auch verletzend. Was schroff ist, ist keineswegs zwingend auch grob, kann es aber sein. Die Schroffheit ist kein großes, aber ein sehr differenziertes Wesen.

W.W.: Was ist der Unterschied zwischen Grobschlächtigkeit und Ungehobeltheit?

Grobschlächtigkeit: Das klingt schon in dem Begriff mit an, denn die Ungehobeltheit ist bei einem unerzogenen Menschen vorhanden. Da liegt eine fehlende Bearbeitung der Seele des Menschen vor.

W.W.: Ist Ungehobeltheit dasselbe wie Ungeschliffenheit?

Grobschlächtigkeit: Ungeschliffenheit ist die feinere Ungehobeltheit.

W.W.: Was ist der Unterschied zwischen Grobschlächtigkeit und Barschheit?

Grobschlächtigkeit: Barschheit liegt meistens bei Menschen vor, die genervt sind. Ein barscher Mensch ist meistens nur spontan gereizt und dann barsch. Das geschieht dann, wenn man ihn auf dem falschen Fuß erwischt.

W.W.: Möchtest du zum Schluß noch etwas sagen?

Grobschlächtigkeit: Versucht zu begreifen, daß auch das Grobe schön sein kann.

W.W.: Vielen Dank.

Grobschlächtigkeit: Bitte.

Oberflächlichkeit, Oberfläche und Fläche

Wolfgang Weirauch: Guten Tag. Es gibt oberflächliche Menschen ohne Tiefgang, es gibt das oberflächliche Gespräch, ohne daß man oberflächlich sein muß, und es gibt die Oberflächigkeit bzw. die Oberflächen. Vertrittst du alle diese Bereiche?

Oberflächlichkeit: Guten Tag. Die Oberfläche bin ich nicht. Trotzdem habe ich eine Menge mit der Oberfläche zu tun. Die Oberfläche ist eine andere Wesenheit. Die anderen Bereiche vertrete ich.

W.W.: Dann werde ich nachher auch mit der Oberfläche sprechen.

Oberfläche: Guten Tag. Das ist kein Problem; ich bin ohnehin schon anwesend.

W.W.: Guten Tag. Ist die Oberflächigkeit ein Teil der Oberfläche?

Oberfläche: Ja.

W.W.: Jetzt wieder zu dir, Oberflächlichkeit. Bist du als Wesen selber oberflächlich?

Oberflächlichkeit: Vermutlich würdet ihr Menschen mich tendenziell als oberflächlich betrachten, trotzdem *vertrete* ich hauptsächlich nur die Oberflächlichkeit. Und hier entsteht gleich das Problem, daß dieser Begriff bzw. auch genauso der Inhalt nicht positiv belegt ist.

Ich zeige nur meine Oberfläche

W.W.: Am besten beschreibst du zu Beginn dieses Gespräches ein wenig dein Wesen.

Oberflächlichkeit: Das ist ganz einfach. Allerdings sagen das wohl die meisten Wesen zu Beginn dieser Gespräche. In der deutschen Sprache wird Oberflächlichkeit als das bezeichnet, was keinen Tiefgang hat, also ein Mensch bzw. auch ein Gespräch, welcher bzw. welches kein tieferes Gefühl auslöst. Im Gespräch ist es z.B. der Inhalt, der nur einem schönen Schein zugewandt ist und in dem Unwichtiges besprochen wird. Vorwiegend bin ich ein Wesen, welches große Teile von sich versteckt. Ich bin eigentlich ein sehr tiefgehendes Wesen, zeige aber nur meine Oberfläche. Deswegen bin ich die Oberflächlichkeit.

W.W.: Was ist in deinem tieferen Wesen enthalten?

Oberflächlichkeit: Leid.

W.W.: Worüber?

Oberflächlichkeit: Leid über die Schlechtigkeit der Welt. Ich will und muß dieses Leid in mir ertragen. Aber es gibt auch Teile in mir, in denen kein Leid vorherrscht. Eine schöne Oberfläche kann auch schön sein. Und eine gewisse Oberflächlichkeit in bestimmten Situationen des menschlichen Lebens, aber auch in der übrigen geistigen Welt, kann das Leben ungeheuer vereinfachen und auch schön machen. Das sollte man nicht übersehen!

W.W.: Korreliert die leidvolle Tiefe deines Wesens mit dem Gesamtzustand der Menschen in dem Maße, daß dein Leid weniger würde bzw. wird, indem die Menschen aus sich heraus immer weniger oberflächlich werden?

Oberflächlichkeit: Wahrscheinlich ist das so. Ob mein Leid unter meiner Oberfläche ganz verschwinden würde, wenn alle Menschen nicht mehr oberflächlich wären, glaube ich nicht unbedingt, aber es würde in diese Richtung gehen. Aber ich hoffe, daß dies geschieht, und bin mir auch ziemlich sicher, daß das Leid sehr stark gemildert wird, je mehr die Menschen ihre Oberflächlichkeit verlieren.

W.W.: Gibt es oberflächliche geistige Wesen außer den Menschen?

Oberflächlichkeit: Einige luziferische Geister sind ziemlich oberflächlich, auch manche ahrimanische. Es gibt auch verschiedene ätherische Wesen, die oberflächlich sind; z.B. Irrlichter. Auch das Elmsfeuer ist etwas Oberflächliches, weil es nur eine Lichterscheinung ist. Oberflächlichkeit kann aber auch eine Unfähigkeit sein.

Hinter dem Schein der Oberflächlichkeit schlummert oft Leid

W.W.: Schauen wir auf den Menschen. Wie würdest du aus deiner Sicht einen oberflächlichen Menschen beschreiben?

Oberflächlichkeit: Man könnte vereinfacht sagen, daß dies ein Mensch ist, der keinerlei Tiefgang hat. Aber das stimmt nur in den seltensten Fällen, denn jeder Mensch ist ein kompliziertes seelisches und geistiges Wesen, und irgendwelche Bereiche in seiner Seele sind immer mit Tiefgang verbunden. Es gibt sehr viel mehr Menschen, als ihr glaubt, die allein aus verschiedensten Schutzbedürfnissen heraus oberflächlich scheinen bzw. sich oberflächlich verhalten. Hinter dem Schein ihrer Oberflächlichkeit schlummert oft Leid. Aber ein wirklich oberflächlicher Mensch geht über die meisten Dinge des Lebens nur so hinweg, er interessiert sich für wenig, man bekommt von ihm den Eindruck, daß dieser Mensch nichts ernst nimmt. Vielleicht geht er auch über vieles mit Witzen hinweg und hat nicht die Fähigkeit, den jeweiligen Ernst einer Lage zu erkennen.

Einsicht und Tiefgang gehen verloren

W.W.: Ein tendenziell oberflächlicher Mensch hat vermutlich wenig Interesse für die Welt, für die Menschen, für die Politik, für die Natur. Ist ein solcher Mensch tendenziell auch eher egoistisch?

Oberflächlichkeit: Nicht unbedingt. Das kann so sein, aber ein solcher Mensch kann auch einfach nur dumm sein. Wer zu dumm dafür ist, die Verhältnisse um sich herum tiefer zu ergründen, bleibt an der Oberfläche.

W.W.: Was geht denn einem solchen Menschen verloren, wenn er nur an der Oberfläche kratzt und seine Mitwelt nur oberflächlich wahrnimmt?

Oberflächlichkeit: Ihm geht Verständnis für und Einsicht in die Zusammenhänge verloren. Einem solchen Menschen geht selbstverständlich jeglicher Tiefgang verloren, ihm fehlen sehr viele Fakten und Einzelheiten, er kann kompliziertere Zusammenhänge nicht erfassen.

W.W.: Mit schwerwiegenden Folgen für das nächste Leben?

Oberflächlichkeit: Das ist sehr schwer zu beantworten. Denn da muß man sehr genau hinschauen, was bei der jeweiligen Individualität vorliegt. Die Oberflächlichkeit, oder auch die Dummheit, kann auch ein Schutz sein. Wenn es ein während des Lebens selbsterworbener Schutz ist, dann bekommen diese Menschen ja sehr viel mehr mit, als sie nach außen vorgeben.

Wenn aber ein solcher Mensch andere Menschen mit der eigenen Oberflächlichkeit verletzt, hat es selbstverständlich schwerere Folgen für ein nächstes Leben. Wenn z.B. in einer Paarbeziehung der eine Mensch dem anderen Menschen Oberflächlichkeit vorwirft, ist das meistens eine ziemlich starke Verletzung. Diese ist immer für das nächste Leben relevant. Wenn aber in einer Partnerschaft Oberflächlichkeit vorgeworfen wird, kann es auch sein, daß nur dem einen der beiden ein gewisser Bereich des Lebens wichtig ist, zu dem der andere Mensch keinen Zugang hat und dafür den Vorwurf der Oberflächlichkeit erhält. Das aber ist sehr einseitig betrachtet. Es kann ja sein, daß man sich für bestimmte Bereiche des Lebens überhaupt nicht interessiert; aber das ist nicht Oberflächlichkeit. Eine ständige, übertriebene Forderung nach mehr Tiefgang kann übrigens genauso schädlich für das Karma des Fordernden sein.

Man sollte aber auch berücksichtigen, daß gerade in der jetzigen Zeit gar nicht mehr so viele Menschen leben, die bewußt oberflächlich sind.

Es gab einmal eine Zeit, in der eine gewisse Bildungsbürgerschicht die Meinung vertrat, daß es schicklich sei, oberflächlich durchs Leben zu gehen. Und das waren meistens Menschen, die es nicht nötig hatten, für den eigenen Unterhalt zu sorgen. Sie wurden mitunter so oberflächlich erzogen, daß sie es richtig fanden, so oberflächlich durchs Leben zu gehen. Eine solche Erziehung gab es vielleicht bei euch in Mitteleuropa noch ungefähr bis zum Ersten Weltkrieg.

Heute gibt es natürlich auch Menschen, die zur Oberflächlichkeit neigen, die sich nur für schöne Kleidung oder für Fußball interessieren, nicht aber für die wichtigeren Zusammenhänge des Lebens. Diese Oberflächlichkeit ist heutzutage sehr weit verbreitet. Häufig sind aber diese Menschen auch von den Eltern oder durch die Schule zu dieser Art des Lebens erzogen worden, weil die Eltern sich nicht für Politik interessierten, weil die Eltern keinen Bezug zur Spiritualität hatten und vieles mehr. Wenn einem jungen Menschen dauernd von den Eltern erzählt wird, daß alle spirituellen und politischen und sozial tieferen Zusammenhänge nur uninteressant und dummes Gerede seien, dann nimmt ein heranwachsender Mensch diese Haltung an. Natürlich kann er sich auch offensiv dagegenstellen. Meist sind das also krasse Erziehungsprobleme.

Natürlich kannst du behaupten, daß die Verantwortung dafür, sich gegen diese Einflüsse zu wehren, auch bei dem jeweiligen Menschen liegt. Auch das stimmt natürlich. Wer sich in dieser Weise nicht gegen die eigene oberflächliche Erziehung wehrt, muß selbstverständlich karmische Folgen ertragen. Aber auch jede materialistische Wissenschaft, die das Geistige nicht erkennt, bleibt ebenfalls an der Oberfläche. Das ändert nichts daran, daß die erworbenen Fähigkeiten, Gedanken und Forschungen ungeheuer schlau sind.

Flach sein zu können ist eine Qualität

W.W.: Wie steht es mit einem Menschen, der eigentlich sehr tiefsinnig ist, aber im Gespräch mit anderen Menschen sein Wesen nicht preisgeben möchte und in dieser Gruppe von Menschen nur oberflächliche Dinge redet?

Oberflächlichkeit: Vermutlich werden die Menschen dadurch in keiner Weise verletzt, weil sie gar nicht wissen, daß dieser Mensch sehr tiefsinnig ist. Insofern geschieht bei diesem von dir geschilderten Fall nicht sehr viel. Wenn ein anderer Mensch durch bewußte Oberflächlichkeit verletzt wird, entsteht ein Schuldanteil bei demjenigen, der verletzt. Ein solcher Mensch entzieht sich allerdings Zeit, die er in dieser Situation mit tiefergehenden und geistigeren Gesprächen hätte füllen können. Das ist aber aus meiner Sicht sehr schwer zu bewerten, weil der Fall zu allgemein ist. Aber solche Situationen gibt es häufig.

W.W.: Dann nehmen wir eine Party oder eine sonstige Gesellschaft oder Feier, auf der sich verschiedenste Menschen treffen, die eigentlich tiefgehendere Gespräche führen könnten, aber auf der gesamten Veranstaltung nur belanglose und oberflächliche Gespräche führen – was für eine Geistigkeit entsteht dadurch?

Oberflächlichkeit: Auf jeden Fall bin ich bei einer solchen Veranstaltung um die Menschen herum anwesend. Bei jedem Smalltalk bin ich immer da. Denn Smalltalk ist dafür da, um an der Oberfläche zu bleiben. Dadurch entsteht eine flache Geistigkeit. Flachheit ist wiederum ein Zustand. Tiefe dagegen klingt immer so ungeheuer gehaltvoll, aber man sollte nicht vergessen, daß man in der Tiefe auch versinken kann. Flach sein zu können ist eine Qualität. Ohne Flachheit wäre vieles auf der Erde und unter den Menschen sehr schwierig. Wenn man das in bezug auf die physischen Zusammenhänge betrachtet, wäre ohne Flachheit vieles sehr moorig, man würde einsinken. Das gilt auch für ganz einfache Gegenstände, wie z.B. die Tasse, aus der du gerade trinkst. Wenn es keine Flachheit gäbe, wäre ihr Rand sehr grobklotzig bzw. dick und somit unbequem. Ohne Flachheit hätten die Menschen in ihren jeweiligen Zusammenhängen verschiedenste sehr große Probleme. Geistig gesehen ist das noch anders zu betrachten.

W.W.: Wir nähern uns schon der Oberfläche.

Oberflächlichkeit: So ist es. Möchtest du zusätzlich zum Wesen der Oberfläche auch noch mit der Fläche sprechen?

Die Fläche

Fläche: Guten Tag. Ich bin die Fläche. Ich habe eine Oberfläche, aber ich bin die Fläche. Eine Fläche ist z.B. für alles das, was sich spiegeln soll, enorm wichtig.

W.W.: Und wo ist der Unterschied zur Oberfläche?

Fläche: Ich bin die Fläche, nicht die Oberfläche. Die Oberfläche sitzt neben mir und lächelt. Man kann z.B. Grenzflächen haben, die keine physische Substanz haben, und die haben keine Oberfläche.

W.W.: Woran denkst du dabei?

Fläche: Zum Beispiel an Jahreszahlen bzw. an die Grenzen zwischen Jahren oder die Grenzen zwischen Monaten und Tagen. Im Physischen sind Oberfläche und Fläche ziemlich identisch, wenn auch nicht immer. Ich bin aber auch der sogenannte von euch Anthroposophen oft erwähnte

Plan; der geistige Plan, der astrale Plan usw. Das sind seelische und geistige Flächen, wenn auch sehr tiefgehender Natur, aber keine Oberflächen. Ob der Begriff Plan hier allerdings so goldrichtig ist, müßte man noch besprechen. Und in der Geometrie gibt es sehr viele Flächen.

Eine Fläche definiert sich nicht durch ihre Dicke; die Oberfläche schon. Oberflächen haben verschiedene Dicken. Die Oberfläche sitzt eigentlich immer auf etwas anderem drauf. Das bekannteste Beispiel ist vielleicht der Spiegel. Bei manchen sitzt dasjenige, was spiegelt, auf dem Glas; und in diesem Fall sind Fläche und Oberfläche identisch. Das Glas unter der Metallschicht des Spiegels ist auch eine Fläche, aber nicht mehr die Oberfläche. In diesem Fall ist die Oberfläche sogar dünner als die Fläche.

Bei vielen Spiegeln sitzt die spiegelnde Sicht auch unter dem Glass. Dann sind Fläche und Oberfläche nicht identisch.

Spaßbremse

W.W.: Ich komme nochmal auf Fläche und Oberfläche zurück, möchte aber noch kurz mit der Oberflächlichkeit sprechen; sonst geht es hier im Gespräch zu sehr durcheinander.

Oberflächlichkeit: Diese Art von Gesprächen regen den Geist an, weil man Flexibilität übt.

W.W.: Denken wir noch einmal an den flachen Smalltalk auf einer Gesellschaft. Was müßte man machen, um in eine solche oberflächlich sprechende Gruppe mehr Tiefgang hineinzubringen?

Oberflächlichkeit: Das sind häufig die Miesepeter oder Spaßbremse genannten Menschen. Wenn jemand Tiefgang in ein solch oberflächlich geführtes Gespräch bringt, wird er häufig von den anderen als dieser sogenannte Miesepeter bezeichnet, weil er die Stimmung kippt. Es gibt aber auch den anderen Fall, daß alle Menschen durch einen tiefschürfenden Einwurf eines Menschen wie erlöst sind, weil sie alle aus ihrer oberflächlichen Gesprächsführung herauskommen können.

Lügen

W.W.: Was geschieht bei einer Parteiversammlung oder bei einer öffentlichen Rede eines Politikers oder einer Politikerin, wenn diese nur oberflächliche Begriffshülsen von sich geben, obwohl sie eigentlich anders könnten bzw. müßten?

Oberflächlichkeit: Dadurch entstehen leider sehr oft Lügenwesen. Wenn Oberflächlichkeit im politischen Bereich öffentlich dargestellt wird, entstehen diese Lügen sehr häufig. Denn diese Oberflächlichkeit ist gewollt; und deswegen ist sie nicht ehrlich. In meinem Wesen liegt auch etwas Sich-Spiegelndes, so wie diese leicht verzerrten und gebogenen Spiegel, in denen der Mensch verkleinert oder vergrößert oder verformt erscheint. Wer mich also nicht ganz ehrlich verwendet, der gerät sehr schnell in den Bereich der Lügen. Das kann zwar manchmal auch witzig sein, aber Politiker benutzen diese Gesprächstechnik oft ganz bewußt, wodurch gewisse Darstellungen und Fakten zu einer Lüge werden.

Formen bleiben nie leer

W.W.: Wie ist es bei einem spirituellen Menschen, Anthroposoph oder nicht, der z.B. bei einem Vortrag geisteswissenschaftliche Worthülsen aneinanderreiht, die er mehr oder weniger von anderen Menschen übernommen hat bzw. die ohne eigens gefüllten Inhalt vorgetragen werden, so daß das auch eine Art begriffliche Oberflächlichkeit wird? Oder wie ist es, wenn ein solcher Mensch einem anderen Menschen einen geistigen Zusammenhang erklären will und auch zu solchen Begriffshülsen greift, ohne zu bemerken, daß der andere Mensch den Inhalt dieser Begriffe gar nicht versteht? Was für eine Geistigkeit entsteht dabei?

Oberflächlichkeit: Eigentlich entsteht dabei gar keine Geistigkeit; und das ist das Problem dabei. Du redest jetzt aber über große Teile der anthroposophischen Literatur.

W.W.: Vermutlich.

Oberflächlichkeit: Ein Begriff ist auch eine Art Oberfläche, obwohl man sehr viel besser Unterfläche sagen sollte. Darüber solltest du aber lieber mit der Fläche reden, denn Unterflächen sind teilweise gefährliche Wesen. Aber ein Begriff ist eine Art Unterfläche, eine Art geronnene Geistigkeit von dem eigentlichen geistigen Inhalt. Meine Unterfläche ist das Leid. Eigentlich ist es keine Fläche, sondern ein Raum; aber das Leid in meiner Wesenheit ist die Spiegelung an meiner Unterfläche. Denn ich bin ein flaches Wesen.

W.W.: Nehmen wir ein konkretes Beispiel: Ein Kollegium einer Waldorfschule redet nicht selten vom sogenannten Schulgeist. Dieser Schulgeist ist meistens ein Engel, zumindest ein harmonisches Elementarwesen, auf jeden Fall ein lebendiges geistiges Wesen. Aber ich bin ziemlich sicher, daß die wenigsten derjenigen, die mitunter den Begriff Schulgeist in den Mund nehmen, dabei auch eine zumindest in Gedanken lebendige Beziehung zu diesem Engel aufgreifen. Insofern, wenn auch andere in diese Begrifflichkeit mit einsteigen, entsteht ein oberflächliches oder unterflächiges Gespräch. Was für eine Geistigkeit ist das?

Dann füllt sich die Tiefe mit Oberflächlichem

Oberflächlichkeit: Das kann bis zu einer Lüge werden, die in einem solchen Gespräch entsteht. Mit einem neudeutschen Wort würde ich aber eher sagen, daß dabei ein Fake-Wesen entsteht. Man schafft eine begriffliche Form, füllt diese aber nicht mit einem Inhalt. Aber Formen und Räume bleiben nie leer. In diese Formen kann etwas Gutes, genauso auch etwas Ungutes einziehen. Das hängt von den jeweiligen Menschen ab. Wenn sie aber kein Bewußtsein haben für das, was sie begrifflich ausdrücken, dann zieht etwas Ungutes ein und richtet in der Welt oder in ihrer Gruppierung Schaden an. Das hängt auch damit zusammen, daß man im Grunde tiefsinnige oder inhaltsschwere Begriffe anwendet, sie aber nicht ausfüllt. Wenn man aber gepflegt oberflächlich sprechen will, dann sollte man auch oberflächliche Begriffe verwenden. Wenn man jedoch beginnt, mit tiefgehenden Begriffen oberflächlich zu hantieren, dann wird das Negative, das dabei entsteht, immer größer. Denn dann füllt sich die Tiefe mit Negativem.

W.W.: Was entsteht zwischenmenschlich in einer Partnerschaft oder einer Gruppe zusammenarbeitender Menschen, wenn die oder der eine Tiefgeistigkeit oder Liebe ersehnt, der oder die andere nichts davon geben kann, weil man sich nur um Banalitäten kümmert?

Oberflächlichkeit: Das passiert so oft unter euch Menschen! Das kann auch ganz äußerliche Gründe haben, daß z.B. der oder die eine einen sehr anstrengenden Job hat und abends kaum noch Kraft hat, um tiefsinnige Gespräche zu führen. Der oder die andere hat aber einen nicht so anstrengenden Job und sehnt sich darüber hinaus nach Tiefgang im Zwischenmenschlichen. Das Problem, was dann abends zwischen beiden Menschen entsteht, ist klassisch.

W.W.: Nimm mal die Gründe weg und schildere bitte nur, was an Geistigkeit zwischen diesen beiden Menschen entsteht.

Oberflächlichkeit: Es entsteht Karma, weil beide Menschen unbefriedigt sind. Der eine oder die andere fühlt sich überfordert, die oder der andere unterfordert.

Schlamperei und Gleichgültigkeit

W.W.: Was geschieht, wenn Oberflächlichkeit zu Schlamperei wird?

Oberflächlichkeit: Oft sind oberflächliche Menschen sehr akkurat in ihrer Oberflächlichkeit. Das ist eigentlich häufiger, als daß oberflächliche Menschen zu sogenannten Schlampen werden. Wenn Schlamperei entsteht, kommt ein anderes Wesen. Damit habe ich dann nichts mehr zu tun. Die Schlamperei ist ein eigenständiges Wesen. Sie ist ein spannendes Wesen, und wir haben Berührungspunkte.

W.W.: Was ist der Unterschied zwischen Oberflächlichkeit und Gleichgültigkeit?

Oberflächlichkeit: Die Gleichgültigkeit ist etwas ganz anderes als ich. Wenn die Gleichgültigkeit kommt, initiiert von einem Menschen, entsteht eigentlich eine Todsünde. Nichts ist für die geistige Welt schlimmer – und ich bin ein Teil der geistigen Welt – als die Gleichgültigkeit. Wenn die Gleichgültigkeit da ist, wenn ein Mensch gleichgültig ist, dann ist alles zu Ende. Für uns Wesen der sogenannten unsichtbaren Welt gibt es nichts Schlimmeres als die Gleichgültigkeit. Gleichgültigkeit ist allerdings nicht Interesselosigkeit. Interesselos kann man in bezug auf dieses oder jenes Gebiet sein, gleichgültig in größerem Ausmaß ist etwas anderes. Natürlich ist die Gleichgültigkeit ein kluges Wesen, sie ist sehr geschult, sie redet ja auch darüber, daß alles gleichwertig ist, und das sind die ursprünglichen Inhalte dieses Wesens. Aber das, was du hier meinst – daß man wirklich keine seelische Regung für auch nur irgend etwas aufweisen kann –, ist Gleichgültigkeit. Und darauf habe ich auch geantwortet. Geistige Gleichgültigkeit ist etwas, was alles umbringt.

Tote und lebendige Oberflächen

W.W.: Es gibt verschiedene Oberflächen. Kannst du grundlegende Unterscheidungsmerkmale zwischen verschiedenen Oberflächen nennen?

Oberfläche: Es gibt lebendige und tote Oberflächen. Es gibt physische und nichtphysische Oberflächen.

W.W.: Wozu gehört die Haut des Wassers?

Oberfläche: Eure Wissenschaftler nennen das die Grenzschicht zwischen verschiedenen Bereichen. Diese Grenzschichten gibt es an mehreren Stellen. Die Häute im Wasser gibt es überall. Es ist eine Fehlannahme von euch Menschen, daß es im Wasser keine Vielfalt von Oberflächen geben würde. Zum Beispiel sind zwischen Strömungen Oberflächen, und Strömungen können sehr vielfältig sein. Stelle dir einen Strudel vor, der entsteht, wenn man eine Flüssigkeit in eine drehende Bewegung versetzt. Dann sind überall Oberflächen, auch in dem Teil des Wassers, den du nicht siehst. Das hängt z.B. damit zusammen, daß verschiedene Bereiche des Wassers in unterschiedlichen Geschwindigkeiten fließen bzw. sich bewegen, und zwischen diesen beiden Partien des Wassers bildet sich sofort eine Oberfläche. Allerdings ist das eine Oberfläche, die physisch sehr schwierig zu fassen ist.

Denn sie ist von der Molekulardichte sehr dünn. Eine solche Oberfläche oder auch Grenzfläche schwebt irgendwie zwischen Leben und Tod.

W.W.: Dann sage doch bitte etwas zu den lebendigen Oberflächen, z.B. zur Haut des Menschen oder der Tiere und auch zum Mutterboden.

Oberfläche: Man kann diese Oberflächen mit der Oberfläche eines Steins vergleichen, denn diese Oberfläche lebt nicht. Natürlich ist mit dem Stein ein meist elementares Wesen verbunden, aber die physische Ausgestaltung ist tot. Die Haut der Tiere und der Menschen ist allerdings eine lebendige.

W.W.: Wie verbindest du dich denn mit einer solchen Oberfläche eines lebendigen Wesens?

Oberfläche: Ich bin dabei die Technikerin. Die lebendigen Wesen mit einer Oberfläche verbinden sich eher mit mir. Ganz einfach ausgesprochen ist es folgendermaßen: Es kommt ein lebendiges Wesen, welches eine Haut braucht und mich um Hilfe bittet. Natürlich geschieht dies nicht bewußt, trotzdem geschieht es unter Mitwirkung höherer geistiger Wesen. Natürlich ist auch die Haut wiederum ein eigenes Wesen. Wenn sich eine Haut bilden soll, bekommt sie von mir die technische Hilfe dafür.

W.W.: Wie weit kann man überhaupt von einer Oberfläche sprechen, wie dick darf sie sein, z.B. bei einem massiven Stück Holz?

Oberfläche: Bei einem lebendigen Stück Holz bzw. Baum ist es die Rinde. Ich würde sagen, daß die gesamte Rinde, auch wenn sie sehr dick ist, die Oberfläche ist. Bei der menschlichen Haut ist es der Bereich, den man abziehen kann. Das ist die Oberfläche. Bei den Oberflächen des Wassers hat man dafür nicht die technischen Möglichkeiten. Bei einer toten Oberfläche, bei einem Stück Holz, bei einem Stein, bei einer Kerze kann man das so nicht sagen. Man kann es nicht alles gleichwertig beantworten: Meistens ist diese Oberfläche aber sehr dünn. Es kommt natürlich ein wenig darauf an, wie rauh die Oberfläche ist. Eine rauhe Oberfläche ist dicker als eine glatte. Die Rauheit ist ein Bestandteil der Oberfläche.

W.W.: Ist eine Oberfläche auch ein Grenzbereich zwischen zwei Aggregatzuständen?

Oberfläche: Häufig, dann nennt bzw. ist sie aber auch eine Grenzfläche. Die Grenzfläche ist aber fast immer eine Oberfläche und somit in meiner Zuständigkeit bzw. mir untergeordnet. Selbst eine Flamme hat eine Oberfläche. Hier ist es die Grenze zwischen dem Aggregatzustand Flamme bzw. Plasma bzw. Wärme und dem Aggregatzustand Luft. Ein Teil der Oberfläche des Wassers ist auch der Grenzbereich zwischen Wasser und Luft. Das zählt aber nicht für die inneren Oberflächen im Wasser. Es gibt aber etwas, das Oberflächen auflöst, und das ist der Nebel.

Wenn die Unterfläche zur Oberfläche wird

W.W.: Beschreibe es doch einfach konkret am Beispiel einer Tischplatte. Ganz oben hat die Tischplatte mit absoluter Sicherheit eine Oberfläche. Das Innere kann man aber nicht als Oberfläche bezeichnen, das Untere ebenfalls nicht. Wie kann man hier die Oberfläche von dem übrigen Holz abgrenzen?

Oberfläche: Die Unterseite einer Tischplatte ist auch eine Oberfläche.

W.W.: Ist das nicht die Unterfläche?

Oberfläche: In diesem Fall würde ich das nicht sagen. Denn man kann die Tischplatte meistens umdrehen. Die Unterfläche der lebendigen Haut eines Menschen oder Tieres ist dagegen eine Unterfläche, weil die Haut an den übrigen Zellen des Körpers angewachsen ist. Die Tischplatte hat dagegen eine um die Tischplatte herumführende Oberfläche. In bezug auf eine Tischplatte kann man alles das als Oberfläche bezeichnen, was man ertasten kann. An dieser Stelle kommen wir zum sinnlichen Wahrnehmen. Wenn man in das Innere der Tischplatte hineingeht, sind die Moleküle im Inneren anders konfiguriert als diejenigen in der äußeren Oberfläche. Wenn man das genauer besprechen würde, würde es sehr in die Molekularchemie hineingehen. Physische Oberflächen sind meistens auch Grenzbereiche zwischen zwei Aggregatzuständen, z.B. zwischen Materie und Luft. Und der Bereich dazwischen ist die Oberfläche.

W.W.: Wie steht es mit geistigen Oberflächen?

Oberfläche: In einem philosophischen Gespräch kann man z.B. aus Zeitgründen nur gewisse Bereiche berühren, und dann ist man thematisch an der Oberfläche geblieben. Trotzdem kann man auch in einem solchen Gespräch relativ tief eingetaucht sein. Aber wenn das Thema gewaltig und groß ist, bleibt man trotzdem immer noch an der Oberfläche. Man bleibt also bei einem solchen eher kürzeren Gespräch an der Oberfläche, obwohl dieses Gespräch nicht oberflächlich ist.

W.W.: Wir sprachen darüber, daß die Oberfläche eines physischen Gegenstandes oft eine Ober- bzw. Grenzfläche zwischen zwei Aggregatzuständen ist, z.B. zwischen Materie und Luft. Nun gibt es aber auch physische Gegenstände, die auf beiden Seiten Ober- bzw. Grenzfläche zwischen den gleichen Aggregatzuständen bilden, also z.B. ein Stück

Papier oder ein Hausdach. Sie bilden auf beiden Seiten eine Ober- bzw. Grenzfläche zwischen Materie und Luft. Sind das andere Oberflächen?

Oberfläche: Nein. Zumindest nicht in den von dir genannten Beispielen.

W.W.: Was ist das Wesen der Unterfläche?

Oberfläche: Oft sind es die Unterflächen von Oberflächen, bei denen sich die Aggregatzustände nicht ändern. Bei der Haut ist dies so, aber nicht im Wasser. Die Unterfläche signalisiert mir gerade, daß sie sehr schwer zu definieren ist und daß man das nur in dem jeweiligen Einzelfall besprechen kann. Auf jeden Fall haben angewachsene Oberflächen eine Unterfläche. Nicht angewachsene Oberflächen haben meistens keine Unterflächen. Das haben wir bei der Tischplatte besprochen.

W.W.: Wie steht es mit dem Topf, der vor uns auf dem Tisch steht? Hat er eine Unterfläche, oder ist alles ringsherum eine Oberfläche?

Oberfläche: In dem Moment, in dem der Topf auf dem Tisch steht, hat er eine Unterfläche. In dem Moment, in dem der Topf hochgenommen wird, verwandelt sich die Unterfläche ruckartig zu einer Oberfläche. Und so ist es mit allen stehenden oder liegenden Gegenständen. Wenn man etwas auf etwas anderes stellt, wird eine Oberfläche zu einer Unterfläche. – Reicht das? Ich bin eigentlich ziemlich beschäftigt!

W.W.: Danke.

Oberfläche: Bitte.

Keine Spiegelung ohne Fläche!

W.W.: Noch ein paar kurze Fragen zu dir, Fläche. Mir ist der Unterschied zwischen Fläche und Oberfläche im Physischen nicht so ganz klargeworden; im Geistigen schon eher. Kannst du noch ein paar Worte dazu verlieren?

Fläche: Das ist jetzt auch für die Leserinnen und Leser sehr schwierig, vor allem, weil es ziemlich langweilig wird. Die Oberfläche einer physischen Fläche besteht aus den verschiedenen Substanzen bzw. Molekülen. Dort, wo sich Moleküle in ihrer Struktur gegenüber dem Restbereich eines Gegenstandes verändern, ist die Oberfläche.

Man kann es z.B. beim Buttern beobachten. Butter macht man aus Sahne. Solange man die Sahne schlägt, ist dies eine ziemlich einheitliche Masse. Wenn man bei der Schlagsahne auch Luft hineinbringt, entsteht etwas anderes und auch eine andere Oberfläche. Aber auch Schlagsahne in sich ist noch eine einheitliche Masse. Läßt man sie länger stehen, neigt sie auch wieder dazu, im unteren Bereich flüssig zu werden. Wenn man die Sahne länger stehenläßt, fängt sie an zu buttern. Buttern ist eine gleichförmige Bewegung in der Sahne. Dann entstehen Butterklumpen. Diese Butterklumpen entstehen innerhalb der Sahne. Es entstehen also Oberflächen durch eine Bewegung in dem beschriebenen Medium.

Die gesamte Butter, wenn es nicht ein riesiger Klumpen ist, könnte man als eine Fläche bezeichnen. Und durch die Butterklumpen kommen wir nun auf ein Prinzip: Wenn sich Flächen bewegen, bekommen sie Oberflächen. Das ist aber nur ein erster, sehr zaghafter Hinweis auf Gesprächsinhalte, die wir eigentlich noch sehr vertiefen müßten.

W.W.: Vielen Dank euch allen. Möchte noch jemand ein Schlußwort sprechen?

Fläche: Ich möchte noch auf die Spiegelung hinweisen. Die Spiegelung ist etwas sehr Wichtiges – im physischen Raum, in geistigen Bereichen, in der Zeit. Auch dafür braucht man eine Fläche. Keine Spiegelung ohne Fläche!

W.W.: Herzlichen Dank euch allen.

ummheit

Wolfgang Weirauch: Guten Tag.

Dummheit: Um die Dummheit wirklich verstehen zu können, muß man dumm sein.

W.W.: Das fällt mir schwer.

Dummheit: Dann wird das wahrscheinlich ein ziemlich dummes Gespräch.

W.W.: Wir werden sehen.

In bezug auf den Menschen gibt es verschiedene Übereinkünfte für die Definition von Dummheit. Auf jeden Fall zählen dazu der Mangel an Intelligenz und die Unfähigkeit, aus verschiedenen Wahrnehmungen die richtigen Schlüsse zu ziehen, sowie die Schwierigkeit, daraus folgend entsprechende Gefühle und Handlungen abzuleiten. Ist das grob gesprochen eine ungefähre Umreißung der Dummheit?

Dummheit: Ich stimme zu.

W.W.: Bist du ein dummes oder ein intelligentes Wesen?

Dummheit: Ich bin sehr intelligent!

W.W.: Dann bist du also das Gegenteil dessen, was du vertrittst?

Dummheit: Zwangsweise. Ich wäre eigentlich ganz gerne ein wenig dümmer.

W.W.: Und warum sollte dann unser Gespräch ein dummes Gespräch werden?

Dummheit: Weil du als Mensch die Dummheit nicht wirklich verstehen kannst, wenn du nicht selber dumm bist. Das bedeutet, daß wir gezwungenermaßen oberflächlich bleiben müssen.

W.W.: Wie ist es umgekehrt: Wenn wir jetzt mit der Intelligenz sprechen würden, wäre diese dann dumm?

Dummheit: Nein; obwohl es darauf ankommt, mit welchem Teil der Intelligenz wir sprechen würden. Denn die Intelligenz hat auch sehr blinde Flecken. Und es gibt zwei Intelligenzen. Zum einen gibt es die kosmische Intelligenz; die sogar auch ein wenig blinde Flecken hat. Und darüber hinaus gibt es die irdische Intelligenz, die andere und mehr blinde Flecken hat. Die irdische Intelligenz ist momentan die ahrimanische Intelligenz. Es gibt viele Menschen, bei denen sich beide Intelligenzformen mischen; denn wenn man in der äußeren Welt auch nur einigermaßen klarkommen will, benötigt man Anteile der ahrimanischen Intelligenz. Wenn man sich aber geisteswissenschaftlich, anthroposophisch, mathematisch oder philosophisch intelligent bewegen will, kann man das nicht, ohne Anteile der kosmischen Intelligenz zu denken.

Neblige Eckigkeit

W.W.: Gibt es in der geistigen Welt dumme geistige Wesen?

Dummheit: Ja. Das sind die Toren.

W.W.: Kannst du diese genauer beschreiben?

Dummheit: Das sind ätherisch-astralische Wesen, eher mehr astralische Wesen als ätherische. Sie leben vorwiegend in der seelischen Welt, sind aber keine Engel.

W.W.: Bitte beschreibe deine Gestalt!

Dummheit: Meine Gestalt ist sehr groß, in einer gewissen Weise sogar eckig. Kannst du dir eine neblige Eckigkeit vorstellen?

W.W.: Eigentlich nicht.

Dummheit: Das macht es etwas schwierig. Ich bin eckig und gleichzeitig rund. Wenn man mich von der einen Seite anschaut, sehe ich eher aus wie ein Klotz; wenn man mich von einer anderen Seite ansieht, sehe ich eher aus wie ein Nebel. Das mischt sich zu einer Gestalt, die entweder so oder so aussieht, je nachdem, von welcher Seite aus man mich anschaut. Ich bin also sehr groß, habe auch vielfach starke Ecken, aber der Rest ist neblig. Und alles bewegt sich ständig.

Ich verwalte die jeweiligen Dummheitsbereiche

W.W.: Schauen wir auf den Menschen: Nehmen wir einen Menschen, der sehr träge in der Auffassung verschiedener Sachverhalte ist und der nur schwer Intellektuelles begreifen und lernen kann. Vermutlich würde man ihn als dumm bezeichnen. Wie siehst du das?

Dummheit: Früher bezeichnete man auch ein bestimmtes Krankheitsbild als Dummheit; diesen Begriff verwendet man heute allerdings nicht mehr.

Ein solcher Mensch ist seelisch-geistig mehr oder weniger unbeweglich, unanregbar und sehr gefangen. Aber – und das ist sehr spannend – solche Menschen sind oft, nicht immer, ziemlich glücklich. Aber einen solchen sehr trägen Menschen würde ich, zumindest in bezug auf seinen Denkbereich, als dumm bezeichnen.

W.W.: Nehmen wir einen anderen Menschen, der eher im Bereich des Handelns tapsig ist, der ständig Fehler über Fehler macht, auch zum Schaden anderer und seiner selbst, so daß ein solcher Mensch auch oft als dumm bezeichnet wird. Wie siehst du das?

Dummheit: Auch das ist eine gewisse Form von Dummheit. Es ist eine Form von Dummheit im Bewegungsbereich, auch wenn man das heutzutage eher nicht so beschreibt. Vielleicht kann ein solcher Mensch sogar relativ gut denken. Wenn er aber kluge Gedanken in Bewegungen umsetzen will, so kommt er an dieser Stelle nicht weiter. Ein solcher Mensch kann also z.B. sehr intelligent sein, aber in allem, was mit Bewegungen zusammenhängt, mit Handlungen, sehr langsam. Dummheit in der Handlung drückt sich oft auch als Langsamkeit aus.

W.W.: Ein Mensch ist im Gefühlsbereich stumpf, unempathisch, sieht nicht die Feinheiten und Zwischentöne. Könnte man einen solchen Menschen auch als dumm bezeichnen?

Dummheit: Das kann man, aber hier habt ihr auch differenziertere Krankheitsbilder, die das noch genauer ausdrücken können. Es ist die Unfähigkeit, mit dem Gefühlsbereich differenziert wahrzunehmen und entsprechend zu reagieren. Auch in den autistischen Formen findet man solche Tendenzen.

W.W.: Wie verbindest du dich denn jetzt mit diesen drei Typen von Menschen?

Dummheit: Ich verwalte die jeweiligen Dummheitsbereiche dieser Menschen; aber es geht noch weiter. Es ist eine sehr weit gehende Form von Verwaltung. Es geht ja immer darum, daß ein solcher Mensch nicht vom Grundwesen her dumm ist; denn es kann sein, daß ein solcher Mensch in einer Vorinkarnation ein hochintelligentes Wesen war. So gesehen geht es immer nur um ein oder zwei Erdenleben.

Nehmen wir einmal die Plumpheit im Körperlichen heraus, was ihr eher nicht Dummheit nennt, also die Tapsigkeit oder Plumpheit in den Bewegungen eines solchen Menschen. Hier stimme ich mich sehr mit dem Körperelementargeist ab und erkläre ihm, warum dieser Mensch so ist. Gerade in der Wachstumsphase der ersten Jahre eines solchen Menschen arbeite ich sehr stark mit dem Körperelementargeist zusammen. Wenn es um die eher nicht vorhandene Intelligenz eines solchen Menschen geht, arbeite ich mit der Seele und mit dem Ich dieses Menschen zusammen und erkläre ihnen, daß sie in dieser Inkarnation nicht zu sehr in den Menschen hereingehen können.

Bei den sogenannten Gefühls-Dummen agiere ich eher mit der Seele und mit dem Ätherleib des jeweiligen Menschen. Alle damit befaßten

Wesen bzw. Individualitäten schule ich, und deswegen muß ich so intelligent sein. Das Ganze ist etwas Hochkomplexes.

W.W.: Bist du denn bestrebt, daß die jeweiligen Menschen weniger dumm werden?

Dummheit: Die Dummheit hat ja einen Sinn und ist auch in den meisten Fällen für die jeweilige Inkarnation gewollt. Auf jeden Fall aber bin ich bestrebt, daß die Menschen an ihrer Dummheit sehr viel lernen.

Zu vertrauensselig und lernunwillig

W.W.: Aber es gibt auch viele Menschen, die ständig Fehler machen, und zwar immer wieder dieselben, oder die auch immer wieder auf dieselben sie ausnutzenden Menschen hereinfallen und irgendwie nie dazulernen. Wie verhält sich das in einem solchen Zusammenhang mit dir?

Dummheit: Das ist oft Karma, und hier gibt es Seiten im Menschen, die einfach nicht aufgearbeitet bzw. abgearbeitet sind. Wenn man immer wieder auf denselben Menschentyp hereinfällt, ist in der Seele eines solchen Menschen noch massiv etwas offen. Dann sind gewisse Erkenntnisschritte noch nicht vollzogen. Es kann auch sein, daß ein solcher Mensch diese Erkenntnisschritte in diesem Leben nicht machen soll. Andererseits kann es sein, daß er sich dazu die Fähigkeiten noch nicht erworben hat.

W.W.: Welche Form von Dummheit ist es, wenn man immer wieder auf Menschen hereinfällt, z.B. auf Populisten, ohne dies zu merken?

Dummheit: Das kann auch zu große Vertrauensseligkeit sein. Das muß keine Dummheit sein. Allerdings gibt es fließende Übergänge zwischen Vertrauensseligkeit und Dummheit. Der dumme Mensch hat im Regelfall sehr viel mehr Vertrauen als der nichtdumme Mensch. Ein solcher Mensch hat auch sehr wenig mit dem Zweifel zu tun und ist meist nicht sehr skeptisch. Oft ist bei einem solchen Menschen auch eine starke Lernschwäche vorhanden. Er muß nicht dumm sein, aber er ist oft unfähig zu lernen.

Spirituelle Blindheit

W.W.: Inwiefern ist es dumm, wenn man in bezug auf die materiellen Belange zwar sehr intelligent ist, aber jegliche spirituellen Gedanken und Vorstellungen an das Leben nach dem Tod bzw. allgemein an die geistige Welt komplett ausschließt?

Dummheit: Das hat die Oberflächlichkeit auch schon beantwortet: Das ist zumeist durch die Erziehung begründet. Dem kann ich mich anschließen. Schwierig wird es allerdings, wenn diesen dumm-intelligenten Menschen etwas von einem ihnen vertrauten Menschen vorgetragen wird und sie dessen Gesprächsinhalte spiritueller Natur weiterhin ablehnen. Das würde ich aber nicht unter Dummheit verbuchen, sondern unter Blindheit. Auch das kann karmisch bedingt sein, indem durch bestimmte Verletzungen in einem letzten Leben in diesem Leben diese Blindheiten auftreten.

W.W.: Wir sprachen eingangs auch darüber, daß es auch bei hohen Intelligenzen immer blinde Flecken gibt.

Dummheit: So ist es.

Ich bin als Wesen sehr schwer zu packen

W.W.: Ich bemerke jetzt bei meinen Fragen immer deutlicher, daß es die pure Dummheit gar nicht gibt, sondern daß es immer nur bestimmte Bereiche sind, die man als dumm oder dumm-ähnlich bezeichnen könnte. Gleichzeitig bemerke ich, daß die Dummheit in vielen Bereichen immer zu etwas anderem wird, also zu bestimmten Unfähigkeiten auf verschiedenen Lebensgebieten.

Die Dummheit wabert nebelhaft in sehr viele andere Bereiche hinein.

Dummheit: Deswegen habe ich mich auch als ein nebelhaftes Wesen bezeichnet, das andererseits oft sehr klotzig herüberkommt. Das war die Grundlage für den Versuch, meine Gestalt zu beschreiben. Ich bin als Wesen sehr schwer zu packen.

W.W.: Was ist der Unterschied zwischen einem Menschen, der dumm in dieses Leben tritt und es auch bleibt, und einem anderen, der durch unglückliche Erziehung, mangelnde Bildung oder einen entsprechenden Lebenswandel weitgehend dumm ist oder wird?

Dummheit: Die Beziehung zu beiden Menschen ist relativ ähnlich. Die Schuldfrage bzw. die näheren individuellen Umstände bei diesen Menschen sind allerdings sehr unterschiedlich. Der potentiell intelligente Mensch, der dumm gehalten wird, durch die Erziehung seiner Eltern oder durch andere Menschen, hat einen geringeren Schuldanteil; es sei denn, er gestaltet sein Leben so, daß er sich auf diese Weise selbst dumm hält. Ansonsten sind es die Menschen in seinem Umkreis, die dafür die Verantwortung tragen.

Politische Verführer und ihre Toren

W.W.: Was geschieht, wenn Menschenmassen verdummen bzw. vorübergehend komplett dumm handeln – z.B. bei der Massenverehrung Hitlers oder heute bei sehr fragwürdigen Autokraten?

Dummheit: Im Normalfall haben solche Diktatoren und Menschheitsverführer eine Gruppe von hochintelligenten Menschen um sich, ohne selbst besonders intelligent sein zu müssen. Wegen dieser intelligenten Menschen, die einen solchen Diktator stützen, sind diese oft nicht sonderlich intelligenten Diktatoren von einer Unmenge von Toren umgeben. Denn die Toren befinden sich im Umkreis der intelligenten Menschen. Wenn ein solcher Diktator, auch oft geführt durch ein nichtmenschliches Wesen, vor Menschenmassen auftritt und redet, werden diese Toren in Scharen auf diese Menschenmassen gedrückt, wodurch die Menschen manipuliert und mehr oder weniger blöd werden.

Dazu muß man aber wissen, daß die intelligenten Menschen diese Toren um sich herum haben müssen, weil sonst ihre Intelligenz wie wegfliegen würde. Die Toren, die dummen Wesen, stützen die Intelligenz eines Menschen. Aber bei solchen Versammlungen werden sie losgelassen. Bei Hitler kam noch hinzu, daß er von sehr dunklen Wesen besetzt und daß er selber keineswegs sonderlich intelligent war. Diese dunklen Wesen sind vorwiegend in der Lage, diese Toren zu manipulieren und auf die Menschenmassen zu schicken. Wenn ein politischer Verführer also sein Volk verführen oder dumm halten will, braucht er die intelligenten Menschen um sich, die diese Toren ihrerseits um sich haben; genauso braucht er eine tendenziell verführbare Menschenmenge, die sich von diesen Toren beeinflussen läßt.

Eine Meisterleistung gewisser Wesen

W.W.: Vor einigen Jahrzehnten gab es noch massivsten Widerstand in Deutschland, weil eine Volkszählung abgehalten werden sollte. Heute machen sich die Menschen in Scharen selbst zu partiell dummen Menschen, indem sie z.B. Facebook verschiedenste Daten oder Instagram Bilder oder WhatsApp ihre Mitteilungen überantworten, obwohl sie genau wissen, wie und zu welchen Zwecken mit diesen Daten umgegangen wird. Wie dumm ist diese freiwillige Dummheit?

Dummheit: Sehr dumm! Es war eine Meisterleistung gewisser Wesen, das hinzubekommen. Das war auch eine Meisterleistung gewisser Menschen, z.B. von Herrn Zuckerberg, der keineswegs dumm ist. Auch er hat sehr viele Toren um sich zur Verfügung; auch hängt an ihm ein bestimmtes Wesen, und das ist ein ziemlich ungutes Wesen. Diese Toren kann man auch programmieren.

Hinzu kommt, daß das Internet mittlerweile eine gewaltige und sehr intelligente Wesenheit ist. Damit das Internet, auch in seiner technischen Struktur, bestehen kann, sind unendlich viele Toren notwendig, um diese Intelligenz festzuhalten. Immer wenn sich ein Mensch ins Internet begibt und nicht gut geschützt ist, z.B. durch ein regelmäßiges Gebetsleben oder Schutzmeditationen, nehmen automatisch die manipulierten Kräfte der Toren auf den Menschen Einfluß. Und sehr viele Menschen geben bereitwillig ihre Daten ab. Es ist sehr schwer, über eine längere Periode im Internet zu surfen oder zu arbeiten und dabei intelligent und wach zu bleiben und sich nicht manipulieren oder einlullen zu lassen.

W.W.: Aber bei einer Nazi-Massenversammlung werden die Menschen mehr oder weniger freiwillig durch die Worte des Diktators und durch die angefeuerten Toren manipuliert, während der Internetsurfer alles alleine und freiwillig macht. Ist das nicht ein gewaltiger Unterschied?

Dummheit: Das Internet ist ein virtueller Raum. Und im Prinzip, so kann man es ausdrücken, sind alle Menschen, die im Internet surfen, *zusammen* wie konkrete Menschen bei einer Parteiversammlung. Mit diesem großen Marktplatz des virtuellen Raumes wird ja sogar oft geworben, mit dem Argument, daß alle Menschen nur einen Mausklick entfernt seien. Auf virtueller Ebene ist das ja sogar richtig. Im Prinzip ist das furchtbar.

Temporäre Dummheit

W.W.: Was geschieht, wenn ein Mensch einen anderen als dumm bezichtigt, obwohl dies gar nicht zutrifft, und er selbst eher dumm ist?

Dummheit: Dann entsteht eine Lüge.

W.W.: Verbindest du dich dann in diesem Fall mit beiden Menschen?

Dummheit: Nein, mit keinem von beiden. Das ist ein völlig anderer Bereich, mit dem ich nichts zu tun habe. Meist ist das eine lügenhafte Beleidigung. Es kann sein, daß ich zu dem Menschen, der den Vorwurf der Dummheit in die Welt setzt, eine gewisse Verbindung habe, wenn es ein mehr oder weniger dummer Mensch ist. Wenn ein intelligenter Mensch eine ziemlich dumme Beleidigung herausschleudert, bin ich eigentlich nicht dabei.

W.W.: Aber wenn ein mehr oder weniger intelligenter Mensch etwas nicht erkennt und als Dummheit bezeichnet, obwohl er selber in dem Moment dumm ist, dann erkennt er ja nicht die Wahrheit. Ist er dann nicht dumm, so daß du dann anwesend sein mußt?

Dummheit: Ich verstehe, was du meinst. Das ist die temporäre Dummheit. Dann bin ich schon anwesend, auch wenn es nur Sekunden sind. Ich bin gezwungen, den Toren zu folgen. Das ist noch ein wichtiger Aspekt, den wir bisher noch nicht besprochen haben: Auch wenn die dunklen geistigen Wesen, die gewisse Menschen beeinflussen, die Toren der intelligenten Menschen auf Menschenmassen hetzen, muß auch ich mitkommen. Die Toren können nicht ohne mich. Ich bin dann aber nicht freiwillig anwesend.

Dumme Inhalte

W.W.: Bei vielen Fragen, die ich stellen möchte, fällt mir die Formulierung etwas schwer, weil ich den Inhalt jeweils in einen Begriff, z.B. Dummheit, pressen muß; meist passen aber die gesamten Inhalte, die ich erfragen möchte, nicht in diesen einen Begriff. Das ist z.B. ähnlich wie bei dem in letzter Zeit oft verwendeten Satz *„Der Islam gehört zu Deutschland"* bzw. *„Der Islam gehört nicht zu Deutschland"*. Auch hier wird ein riesiger Inhalt in einen Satz gepreßt, was gar nicht möglich ist.

Dummheit: Nehmen wir diese beiden Sätze. Sie sind dumm. Sie wurden aber von einem intelligenten Wesen geprägt. Dieser Vorgang wiederum ist nicht dumm. Der Inhalt dieser beiden Sätze ist aber dumm. Außerdem kann man diese Sätze auf vielerlei Weise auslegen.

Trotzdem sind diese Sätze auch wieder schön, denn sie zeigen obendrein, daß es auch dumme Inhalte gibt. Diese Sätze sind insofern dumm, als man sie so auslegen kann, daß alles, was in irgendeiner Weise *in* Deutschland ist, auch *zu* Deutschland gehört bzw. nicht gehört; man kann sie aber auch so auslegen, daß der Islam zu Deutschland gehören *soll* bzw. nicht gehören soll. Und wenn man dann mit einem solchen Satz Umfragen macht, um herauszufinden, ob der Islam zu Deutschland gehört oder nicht, und nicht näher bestimmt, was damit gemeint ist, dann hat dieser Satz einen dummen Inhalt.

W.W.: Verstehe ich es richtig: Es gibt demnach von Menschen geprägte dumme und auch manipulativ-dumme Sätze bzw. Inhalte, die eine gewisse Eigenwirkung hervorrufen, also dumm wirken?

Dummheit: Selbstverständlich. Bisher haben wir immer nur von dummen bzw. partiell dummen Menschen gesprochen oder von dummen geistigen Wesen. Nun haben wir Inhalte oder Sätze, die dumm sind. Es gibt auch sehr viele Sätze von Menschen, die völlig zusammenhanglos im Raum stehen, die Nichtaussagen sind.

Intelligenter als früher

W.W.: Weil es so schwierig ist, genaue Fragen zu stellen, werde ich dieses Gespräch auch demnächst beenden. Eigentlich wollte ich noch weitere Fragen stellen, z.B., die Frage, ob die Menschen vor z.B. tausend Jahren dümmer waren als heute. Aber die Klärung dieser Frage ist wohl von der Definition und der Tatsache her eher nicht möglich, weil man so viele verschiedene Sektoren betrachten müßte.

Dummheit: Dazu kann ich aber etwas sagen. Jeder Mensch, der sich inkarniert, nimmt bereits verschiedene Seelenbereiche mit; andere Seelenbereiche von ihm inkarnieren sich noch nicht mit und bleiben in der seelischen bzw. geistigen Welt. So ist z.B. die Bewußtseinsseele eines jeden Menschen erst anfänglich vom Ich durchdrungen. Und insofern könnte man nun behaupten, daß diejenigen Menschen, die verschiedene Seelenbereiche noch nicht ichdurchdrungen haben, partiell dumm sind. Aber auch das ist immer wieder eine Wertung.

Die Fähigkeit, die Intelligenz zu nutzen, ist im Gegensatz zu der Zeit vor einigen hundert oder tausend Jahren enorm gestiegen. Sie mußte sogar steigen. Das hängt auch damit zusammen, daß die kosmische Intelligenz näher zur Erde gekommen ist und daß die ahrimanischen Wesen auf die Erde gestürzt worden sind, mit der gesamten Intelligenz Ahrimans. Dadurch konnte jedes Individuum durch die kosmische Intelligenz – genauso wie durch die ahrimanische Intelligenz – selbst intelligenter werden. Das hat zur Folge, daß der einzelne Mensch heutzutage wesentlich intelligenter ist als in der Vergangenheit. Das heißt aber nicht unbedingt, daß die Menschen früher dumm waren.

Blödheit ist die temporäre Dummheit

W.W.: Was ist der Unterschied zwischen Dummheit und Blödheit?

Dummheit: Das ist eigentlich die beste Frage, die du bisher gestellt hast. Synonyme sind es nicht. Dummes Zeug und Dummheit können sich auch auf Inhalte beziehen, also z.B. auf das, was ein Mensch sagt. Blödheit bezieht sich eher nicht auf Inhalte, sondern auf die Seele des Menschen selbst. Ein Mensch ist blöd und redet dummes Zeug: Das würde passen; ein Mensch ist dumm und redet blödes Zeug: Das passt eher nicht. Trotzdem ist es in eurem derzeitigen Sprachgebrauch möglich, die beiden Begriffe entsprechend zu verwenden.

Früher wurde ein gestörter Mensch oft als blöde bezeichnet; heute verwendet man den Begriff blöde oft auch so, daß etwas blöde gelaufen ist. Das bedeutet wiederum, daß Dummheit eher ein Dauerzustand ist, während die Blödheit eher temporär ist. So gesehen wäre Blödheit die temporäre Dummheit.

W.W.: Ich möchte zum Schluß fünf Zitate bekannter Persönlichkeiten zu unserem Thema vortragen:

Churchill sagte: *„Lache nie über die Dummheit der anderen. Sie ist deine Chance.“*

Einstein sagte: *„Zwei Dinge sind unendlich, das Universum und die menschliche Dummheit, aber bei dem Universum bin ich mir noch nicht ganz sicher.“*

Helmut Schmidt: *„Die Dummheit von Regierungen sollte niemals unterschätzt werden.“*

Konfuzius: *„Nur die Weisesten und die Dümmsten können sich nicht ändern.“*

Orson Welles: *„Viele Menschen sind gut erzogen, um nicht mit vollem Mund zu sprechen, aber sie haben keine Bedenken, es mit leerem Kopf zu tun.“*

Dummheit: Das sind alles sehr schöne Sätze, und sie treffen absolut zu. Es sind bezaubernde Sätze, sie könnten auch alle aus meinem Bereich stammen.

Die Toren werden vergewaltigt

W.W.: Möchtest du zum Schluß noch etwas sagen?

Dummheit: Ich möchte noch einmal auf die Toren eingehen, damit die Toren nicht durch mich in Verruf geraten. Wenn die Toren durch intelligente Menschen auf Menschenmassen gehetzt werden, dann tun sie dies nicht freiwillig, denn sie werden dadurch vergewaltigt.

W.W.: Was geschieht denn mit diesen Toren, wenn sie auf diese Weise vergewaltigt werden?

Dummheit: Selbstverständlich sind sie unglücklich, denn sie müssen etwas befolgen, was nicht ihrem Wesen gemäß ist. Durch dieses Unglücklichsein wird die Wirkung noch verstärkt, die sie hervorrufen müssen. Zusätzlich bauen sie auf eine nichtmenschliche Art negatives Karma auf.

W.W.: Kannst du noch etwas deutlicher darstellen, wie diese Toren von negativen Wesen gejagt werden?

Dummheit: Diese negativen Wesen sind meistens Widersacherwesen, die auf den intelligenten Menschen sitzen. Diese negativen Wesen nutzen den eigenen Willen des Menschen; aber der reicht nicht aus. Sie nutzen sogar noch den Willen der Menschenmasse aus, zu der sie die Toren schicken. Und das ist sehr perfide. Widersacherwesen nutzen also einerseits den Willen dieser Menschen mit den üblen Absichten aus, und andererseits nutzen sie den Gesamtwillen der Menschenmasse, zu der diese Volksverführer sprechen, aus. Und das alles geschieht gegen den Willen der Toren. Das Wirken dieser negativen Wesen hat eine soratische Qualität.

Wenn Dummheit unschuldig wird, wird sie zur Torheit

Zum Schluß möchte ich noch anführen, daß es einen wichtigen Unterschied zwischen Torheit und Dummheit gibt. Beide Begriffe sollte man nicht als Synonyme benutzen. Torheit hat immer etwas mit der Unschuld zu tun; Dummheit kann auch etwas Unschuldiges an sich haben, aber dann würde diese Art von Dummheit zur Torheit werden. Wenn Dummheit unschuldig wird, wird sie zur Torheit.

Ich wünsche dir für die Zukunft sehr viel hochintelligente Dummheit!

W.W.: Danke; solange es keine dumme Intelligenz ist.

Dummheit: Ich habe es bewußt so herum formuliert.

W.W.: Danke.

Dummheit: Bitte.

Trotz

Wolfgang Weirauch: Guten Tag! Möchtest du mit mir reden?

Trotz: Nur gezwungenermaßen. Warum sollte ich mit dir sprechen?

W.W.: Weil ich das möchte. Hast du kein Interesse, dein Wesen für die Menschen ein wenig darzustellen?

Trotz: Eigentlich nicht. Ich werde aber mit dir sprechen, weil die Wesen, die diese Gespräche hier leiten, es so wünschen. Ich muß also.

Spontaner Widerstand

W.W.: Trotz ist nicht nur in bezug auf dein momentanes Wesen etwas schwierig, sondern auch durch das unterschiedliche Verständnis dieses Begriffs unter den Menschen in den verschiedenen Jahrhunderten. Früher verstand man unter Trotz etwas sehr Positives, z.B. jemandem trotzen, Widerstand leisten; es gab sogar Trutzburgen. Heute wird unter Trotz etwas weitgehend Negatives verstanden, wie z.B. die Trotzphasen eines Kindes oder das trotzige Verhalten eines Menschen. Kannst du deine Wesenheit ein wenig beschreiben?

Trotz: Meine Wesenheit hat sich eigentlich nicht gewandelt. Ihr schaut nur anders auf mich im Laufe der Zeit. Die Fähigkeit, Widerstand aufzubauen, häufig aus der Spontaneität heraus, ist mir immer gegeben – früher wie heute. Ihr bewertet das heute nur anders als früher. Deswegen kann ich nicht sagen, daß ich mich gewandelt habe. Die Trotzphasen treten bei den Kindern heute nur früher und stärker heraus als vor langen Zeiten; trotzdem haben sie immer noch die gleiche Aufgabe. Denn Widerstand zu leisten war früher etwas sehr Positives; man sagte dazu Trutz. Die Bockigkeit ist dagegen heute etwas negativ Verstandenes.

W.W.: Aber früher leisteten doch genauso viele Menschen Widerstand wie heute, und heute sind die Menschen doch genauso bockig wie früher. Insofern hat sich tatsächlich nichts am Inhalt geändert; aber von der Begrifflichkeit bzw. vom Verständnis des Menschen her sogar sehr. Menschen benennen dich anders als früher. Änderst du dein Wesen nicht auch dadurch ein wenig, daß die Menschen dich heute anders benennen als früher?

Trotz: Nur ein kleines bißchen.

W.W.: Ich denke dabei an verschiedene Kategorien von Pflanzen, die Menschen eingeführt haben, die sogar rein theoretischer Natur sind, wodurch sich aber neue Wesen gebildet haben.

Trotz: Aber die Menschen haben in bezug auf mich nicht einmal einen neuen Begriff eingeführt.

W.W.: Aber die Menschen meinen mit diesem Begriff einen anderen Inhalt; hat das denn keine andere Wirkung?

Trotz: Doch. Aber diese Wirkung ist aufgrund der Struktur meiner Wesenheit nicht sonderlich ausgeprägt. Denn ich bin das, wie ich genannt werde. Mit Bockigkeit beschreibt man eher Kinder und Jugendliche; und die wurden früher auch nicht unbedingt als etwas Positives bezeichnet.

W.W.: Kannst du ein wenig über deinen Entstehungsmoment und deine Aufgabe in der Welt erzählen?

Trotz: Meine Aufgabe in der Welt ist es, mitzuhelfen, daß der Mensch seine Selbstbestimmung findet. Das bezieht sich aber nicht nur auf die Menschen, sondern es bezieht sich auch auf höherentwickelte Tiere, denn daher kommt auch der Begriff der Bockigkeit. Trotzdem führte er auch bei den Tieren zu einer anfänglichen Individualisierung.

Die Welt braucht mich immer in einem ganz bestimmten plötzlichen Moment. Trotz ist also eine Individualisierung aus dem Moment heraus. Darüber hinaus gibt es selbstverständlich auch noch die Individualisierung auf dem langen Weg. Die kann nur kommen, wenn sich auf diesem längeren Weg auch verschiedene Trotzphasen befinden. Zusätzlich zu den Menschen gibt es auch Trotzphasen in kleineren Gemeinschaften bis hin zu Völkern. Kein Volkszusammenhang trennt sich ohne eine Art Trotzphase aus einem größeren staatlichen Zusammenhang.

W.W.: Gilt der Trotz nicht auch für geistige Wesen, wenn diese Widerstand leisten wollen oder müssen?

Trotz: Wenn wir an die Kampfformen denken, dann gibt es dies auch unter geistigen Wesen. So haben es auch die Menschen früher verstanden. Auch geistige Wesen individualisieren sich im Laufe der Entwicklung. Zur Individualisierungsphase geistiger Wesen gehörte auch der Trutz bzw. Trotz.

W.W.: Sehe ich es richtig, daß der Trotz früher nur für den Widerstand galt, nicht für den Angriff?

Trotz: Das stimmt. Für den Angriff gilt der Trotz nicht.

Willensstärkung

W.W.: Wie verbindest du dich mit einem Menschen, der angegriffen wird? Findet das schon ein wenig früher statt, wenn er weiß, daß er angegriffen wird, und sich trutzmäßig wappnet?

Trotz: Ich habe sehr viel mit dem Willen des Menschen zu tun und verbinde mich insofern mit seinem Willenswesen. Ich stärke den Willen eines Menschen. Das gilt auch für den jungen Menschen, der nur bockig ist. Auch die Bockigkeit gehört zu mir, auch wenn diese sich ein wenig verselbständigen kann.

W.W.: Wenn zwei Menschen aufeinander zugehen, in einer gewissen Ruhe, aber mit dem Willen, gegeneinander zu kämpfen, dann wappnen sich beide Menschen und verbinden sich beide mit dir. Sehe ich das so richtig?

Trotz: Ja.

W.W.: Ist das nicht ein wenig unsinnig, weil du dann bei beiden vertreten bist und sozusagen auch mit ihnen gegen dich selber kämpfst?

Trotz: Es mag dir unsinnig erscheinen. Trotzdem muß ich wiederum stark betonen, daß ich beim Angriff nicht dabei bin. Ich bin also nur in dem Maße bei den Menschen, in dem sie sich wappnen. Wenn einer zum Angriff übergeht, ziehe ich mich von diesem Menschen zurück. Denn dann ist dieser Mensch nicht mehr trotzig, sondern angriffslustig. Trotzdem ist es überhaupt kein Problem, gleichzeitig bei zwei Menschen zu sein.

Alle Kompromisse haben etwas Laues

W.W.: Heute hat Trotz eine weitgehend negative Bedeutung. Zwar ist Trotz immer noch eine Widerstandsreaktion des Menschen, aber oft begleitet von Gefühlsausbrüchen, mitunter auch von Engstirnigkeit und mangelnder Schläue. Kannst du beschreiben, was in einem solchen Moment bei einem Menschen los ist?

Trotz: Meistens hat ein solcher Mensch eine gewollte oder auch verordnete Blindheit, für einen gewissen meist kürzeren Moment. Ein Mensch will z.B. etwas trotzdem nicht einsehen. Dieser Mensch möchte sich auf keinerlei Weise von jemand anderem manipulieren lassen, er beharrt auf seinem Willen. Dann rufen Ich und Seele dieses Menschen mich zur Hilfe, um einer objektiven oder auch vermeintlichen Manipulation zu widerstehen. Das ist in diesem kleinen Ausmaß auch eine Individualisierung. Es kann aber auch sein, daß ein solcher Mensch aufgrund seiner Persönlichkeitsstruktur sehr ungern Mehrheitsmeinungen oder der Meinung anderer Menschen folgt. Er kann so stark auf dem Individualisierungsweg sein, daß er hauptsächlich gegen die Meinung eines anderen Menschen agiert, unabhängig vom Inhalt. Alle Menschen, die auf diese Weise handeln wollen, rufen mich zu Hilfe. Das ist mitunter der Typus trotziger kleiner Junge, und dieser muß nicht nur wenige Jahre alt sein, sondern er kann auch 50 Jahre alt sein.

W.W.: Nehmen wir ein Beispiel: Mehrere Menschen sitzen an einem Tisch und diskutieren über einen Sachverhalt. Der eine Mensch hat definitiv recht, aber die anderen vertreten alle eine andere Meinung. Wenn derjenige, der wirklich recht hat, auf seiner Meinung beharrt, würde man das aber nicht Trotz nennen.

Trotz: Das ist aber Trotz. Er braucht nämlich meine Kräfte.

W.W.: Aber wenn es nun umgekehrt ist, wenn also die Mehrheit recht hat und dieser eine nicht und wenn dieser eine sich genauso widerstehend benimmt – ist das dann nicht sehr viel mehr Trotz?

Trotz: Das stimmt; trotzdem ist es dieselbe Kraft. Beide Menschen brauchen mich für diesen Widerstand, zu diesem Trotz. Ich ermögliche beiden Menschen, der Gruppe der anderen Menschen Widerstand zu leisten.

W.W.: Wie stehst du denn zu einem Kompromiß? Wenn an diesem Tisch diskutiert wird und man irgendwie einen Kompromiß findet – bist du dann überflüssig?

Trotz: Ja. Denn dann bin ich nicht mehr nötig. Alle Kompromisse haben etwas Laues. Ich weiß natürlich, daß die Welt die Kompromisse braucht. Ich bin nicht dumm. Trotzdem darf ich einen Kompromiß lau finden.

W.W.: Ist es nicht so, daß ein bockiger Mensch die Kommunikation zwischen den Menschen unterbricht?

Trotz: Ja. Das ist die Aufgabe des Trotzes, der Bockigkeit.

W.W.: Trägst du es auch mit, wenn diese Bockigkeit zur vollständigen Unsinnigkeit gerät?

Trotz: Bis zu einem gewissen Grade, ja. Aber irgendwann bin ich nicht mehr zuständig, denn dann kommt z.B. der Wahn. Der Wahn kommt gerne mal heran.

Ich habe etwas Feuriges

W.W.: Sind Schwerfälligkeit und Engstirnigkeit mit dir dann auch recht nah verwandt?

Trotz: Die Schwerfälligkeit eher nicht, sehr viel mehr aber die Engstirnigkeit. Wenn ein Mensch aus Trotz immer dasselbe sagt und darauf beharrt, handelt es sich vielleicht tendenziell um Schwerfälligkeit, aber eigentlich sehr viel mehr um Engstirnigkeit. Ich bin deswegen nicht so schwerfällig, weil ich ein eher feuriges Wesen bin. Ich habe auch sehr viel mit der Spontaneität zu tun.

Man kann sich auch vornehmen, trotzig zu sein. Aber in diesem Moment ist man noch nicht trotzig. Man kann zu einer Besprechung gehen und sich vornehmen, daß man dann trotzig sein werde, wenn diese oder jene Argumente vorgetragen werden. In diesem Augenblick ist man aber noch nicht trotzig; man denkt nur darüber nach. Trotzig sein kann man erst in dem Moment, in dem eine entsprechende Situation eintritt und man seinen Willen aktiviert. Ich wirke nur in einem gewissen Augenblick. Deswegen habe ich immer auch etwas Feuriges.

Querulanten

W.W.: Findest du es richtig, daß ein Mensch, der sich zu Unrecht empört, der wider alle Objektivität Trotz an den Tag legt, deine Kräfte benötigt und sich vielleicht dadurch sogar aus der Menschheit heraussondert?

Trotz: Das ist mir gleichgültig.

W.W.: Was ist in der Seele eines Menschen los, wenn er oder sie wider besseres Wissen auf einer Meinung trotzig beharrt, sich nicht belehren läßt und dadurch in die Irre geht?

Trotz: Ich würde dieses seelische Phänomen Abschottung nennen. Die Schulung, Widerstand zu leisten, ist für die Seele dieses Menschen in diesem Moment wichtiger als die Wahrheit und die Realität. Es ist für die jeweilige Individualisierung dieses Menschen wichtiger, den Widerstand aufrechtzuerhalten.

W.W.: Und wenn man nicht begreift, daß man im Unrecht ist?

Trotz: Dann kommt noch eine Blindheit hinzu. Diese Form von Blindheit kann sogar durch den Schutzengel ausgelöst sein, damit man etwas nicht begreift, um den Trotz, um die Widerstandskraft zu üben. Denn damit kräftigt man seine Seele, seinen Willen.

W.W.: Wie steht es mit einem Querulanten oder einer Querulantin, also einem erwachsenen Menschen, der aus bloßem Trotz etwas tut oder behauptet, vielleicht sogar wider besseres Wissen?

Trotz: Das ist häufig auch eine Aufgabe, die dieser Mensch sich gestellt hat, um seine Willenskräfte besser aktivieren zu lernen. Es mag für euch andere Menschen sehr merkwürdig herüberkommen; trotzdem ist es eine Willensschulung. Vielleicht hat dieser Mensch sich für die nächste oder übernächste Inkarnation etwas vorgenommen, wozu er große Willenskräfte benötigt.

Trotzphasen

W.W.: Beim Kind spricht man zwischen dem zweiten und vierten Lebensjahr von der ersten Trotzphase. Hier macht sich zum ersten Mal der kindliche Selbstbehauptungswillen bemerkbar. Kannst du beschreiben, inwiefern das für ein Kind sinnvoll ist?

Trotz: Das ist sehr gut für das heranwachsende Kind, denn in diesem Moment senkt sich ein individuellerer Teil in das Kind hinein, das Ich drückt sich mehr in der Gesamtwesenheit des kleinen Kindes aus. Damit das überhaupt geschehen kann, muß das Kind eine Widerstandskraft entwickeln, und es muß etwas Bestehendes beiseite geschoben werden. Hierfür braucht das kleine Kind Willenskraft. Diese schult es in den jeweiligen Trotzreaktionen. Es ist also ein emanzipatorischer Vorgang in einer frühen Phase des Menschen, um individuelle Kräfte hereinzulassen. Natürlich muß man gegen die oft sehr einseitigen Trotzreaktionen des Kindes gegenhalten.

W.W.: Aus dem Substantiv Trotz hat sich im 16. Jahrhundert die Präposition trotz entwickelt, die ja sehr häufig verwendet wird. Ich kann mir gar nicht vorstellen, wie es in der deutschen Sprache vorher war, ohne diese Präposition verwenden zu können. Wie ist es für dich, wenn aus dem Substantiv auch eine Präposition wird?

Trotz: Das gibt es natürlich auch bei anderen Begriffen, aber es zeigt die Lebendigkeit der Sprache, und es ist auch für mich etwas sehr Lebendiges. Es zeigt auch den Individualisierungsschritt des Volkes, welches diese Sprache benutzt und entsprechend verwandelt. Vorher konnten die Menschen fast nur wie von außen auf den Trotz blicken. Indem sie den Trotz später auch als Präposition benutzen, ist der Trotz auch ein lebendiger Bestandteil der Deutsch Sprechenden im alltäglichen Umgang, also in der Sprache, geworden.

Trotz ist reiner Wille und moralfrei

W.W.: Wie stark unterscheidest du dich von der Entrüstung?

Trotz: Ich habe nicht diesen pseudomoralischen Anteil der Entrüstung. Trotz ist reiner Wille und moralfrei. Eigentlich ist die Entrüstung sogar ein Gegenteil vom Trotz, denn wenn man jemandem trotzen will, legt man eine Rüstung an; bei der Entrüstung legt man sie ab. So wird es allerdings heute nicht von den Menschen verstanden. Entrüstung wurde aber einmal so verstanden, daß man nicht mehr in der Rüstung ist. Wenn man sich zumachte, wenn man jemandem trotzen wollte, ging es nicht so sehr um Werte; genauso ist auch meine

Verwaltung weitgehend wertfrei. Wenn man aber die Rüstung ablegt, wenn man sich ent-rüstet, kann man auf die Werte schauen. So wurde es zumindest früher verstanden.

W.W.: Möchtest du zum Schluß noch etwas sagen?

Trotz: Trotz erhöht die Standhaftigkeit. Für den Durchhaltewillen ist der Trotz eine wichtige Schulung.

W.W.: Vielen Dank.

Trotz: Bitte.

Verantwortung

Wolfgang Weirauch: Guten Morgen. Was ist eigentlich Verantwortung?

Verantwortung: Guten Morgen. Auf Menschen bezogen ist Verantwortung etwas, was von dem jeweiligen zeitlich bedingten Volkscharakter abhängig ist. Nicht jedes Volk erlebt unter meiner Wesenheit das gleiche. Wenn man auf das deutsche Wort Verantwortung schaut, so habt ihr in diesem Begriff den Begriff Antwort. Das bedeutet, daß der Mensch, der eine Verantwortung übernimmt, sich gleichzeitig auch bereit erklärt, immer eine Antwort zu geben. Das paßt im Deutschen sehr gut, weil sich das Wesen des Deutschen auch sehr gut im Prinzip des Wortfindens ausdrückt. Die deutsche Sprache ist eine sehr strukturierte Sprache, die auch sehr viel Wert darauf legt, daß man alles begrifflich sehr genau benennt. Sie neigt nicht zur Schwammigkeit. Sie neigt auch nicht dazu, Begriffe zu verwenden, die einen weiten und großen Inhalt haben. Es gibt meist viele kleine, detaillierte Begriffe für die jeweiligen Sachzusammenhänge. Es paßt also – zumindest im Deutschen –, auf vieles immer eine richtige Antwort zu finden. Das ist aber nicht politisch gemeint.

W.W.: Was ist darüber hinaus Verantwortung?

Verantwortung: Verantwortung ist Im-Worte-Stehen für etwas, was man z.B. vorher verabredet hat. Es gibt diverse Ebenen, auf denen man Verantwortung übernehmen kann. Jedes Wesen, jeder Mensch ist auch für viele andere Wesen und Menschen verantwortlich.

Die erste Verantwortung

W.W.: Fangen wir doch ganz zu Beginn an: Wann begann die erste Verantwortung im Kosmos?

Verantwortung: Das ist sehr schwierig. Es gibt eine zeitgebundene und eine nicht zeitgebundene Verantwortung. Und es gab auch schon Verantwortung, bevor die Zeit begann.

W.W.: Dann frage ich anders: Wodurch wurde die erste Verantwortung übernommen?

Verantwortung: Durch das Sein. Als das Sein entstand, entstand auch Verantwortung. Es entstand Verantwortung, *weil* das Sein entstand. Diese erste Verantwortung ist allerdings keineswegs eine solche

Verantwortung, wie sie heutzutage übernommen wird. Eine wirkliche Verantwortung entstand eigentlich erst mit dem Entstehen des Wortes. Denn erst als das Wort existierte, konnte man antworten. Es ist schwierig, diese Zusammenhänge auszudrücken.

Darüber hinaus bin ich ein sehr altes Wesen, auch wenn ich mich im Laufe der Zeit sehr verwandelt habe. Die Urverantwortung kann man schwerlich fixieren, da sie nicht fixierbar ist. Aber diese Urverantwortung war eine andere als die, über die wir jetzt, für die heutige Zeit, sprechen. Die erste Verantwortung war sehr unpersönlich.

W.W.: Ist es nicht so, daß in dem Moment, in dem das erste zweite Wesen entsteht, das erste Wesen für dieses zweite eine Verantwortung übernehmen muß?

Verantwortung: Das ist so; aber das erste Wesen hatte auch schon vorher eine Verantwortung. Denn dieses Wesen hat eine Verantwortung für seine eigene Existenz. Die Verantwortung differenziert sich in dem Moment, in dem das erste zweite Wesen auftritt. Vorher aber ist Verantwortung schon in einer unaussprechlichen Weise vorhanden. Und in dieser ersten Phase bin ich entstanden, sofern man überhaupt von Entstehen sprechen kann.

Die Aufrechte im Hintergrund

W.W.: Wie würdest du dich selbst als Wesen beschreiben?

Verantwortung: Ich bin ein sehr aufrechtes Wesen. Ich wirke sehr im Hintergrund. Ich bin die Aufrechte im Hintergrund. Ich bin in meinem geistigen Bereich die Hinterste. Immer dann, wenn man ein Wesen anschaut, stehe ich irgendwo noch dahinter. Immer dann, wenn man einen Menschen oder ein anderes Wesen sucht und findet, wird man feststellen, daß für dieses Wesen, für diesen Menschen auch noch ein anderes Wesen verantwortlich ist. Oft ist auch für das Tun eines Menschen irgend etwas verantwortlich. Und dahinter stehe immer ich.

W.W.: Gibt es überhaupt Wesen, die keine Verantwortung tragen?

Verantwortung: Überhaupt keine Verantwortung zu tragen ist nicht möglich. Beim Menschen könnte man auf sehr kleine Kinder schauen, die eigentlich keine Verantwortung tragen. Eigentlich ist das Wesen, welches am wenigsten Verantwortung trägt, die Unschuld. Aber ganz ohne Verantwortung ist auch die Unschuld nicht; ebenso wie alle anderen Wesen nicht. Eine ganz passive Verantwortung entsteht durch die bloße Existenz von Wesen. Die Existenz eines Wesens, auch eines sehr kleinen Wesens, bedingt immer auch ein Stück Eigenverantwortung. Das ist bei allen Wesen so, unabhängig davon, wie klein oder groß sie sind. Auch der Regenwurm hat – wenn auch sehr diffus – eine Eigenverantwortung. Er hat eine Existenzverantwortung. Ein kleines Kind kann zwar nicht alleine leben; trotzdem kommt es zur Erde. Insofern ist ein kleines Kind mitverantwortlich dafür, daß es geboren wurde. Vor allem beim Ich des jeweiligen Menschen liegt die Verantwortung für die Geburt und das Leben. Es ist nicht nur das Physische, was man bei einem kleinen Kind sieht, sondern dahinter steht ja eine geistige Wesenheit. Der Regenwurm hat eine Verantwortung für seine Nachkommen, für die Erde, die er aufnimmt, und für vieles mehr.

Die endgültige Verantwortung!

W.W.: Welche Verantwortung hat die Trinität übernommen, als sie beschloß, das Böse zu erschaffen?

Verantwortung: Die endgültige Verantwortung! Damit hat sie beschlossen, mich vollends in sich aufzunehmen. Von dem Moment an kann man nicht mehr unterscheiden zwischen Verantwortung und Trinität. Das gilt aber nur für die Idee des Bösen.

W.W.: Ich verstehe die Verantwortung auch so, daß man etwas in die Welt setzt, ohne zu wissen, wie es ausgeht; zumal dann, wenn auch bis zu einem gewissen Grad die Freiheit wirken kann. So verstehe ich auch die Verantwortungsübernahme der Trinität in bezug auf die Erschaffung des Bösen. Wurde damit nicht eine ungeheure Verantwortung übernommen?

Verantwortung: Deswegen sprach ich von der Idee. Es ist die alles umfassende Verantwortung überhaupt. Das war nur möglich, indem ich mit der Trinität eins wurde. Natürlich kann die Trinität sehr viel mehr voraussehen, als du auch nur ahnen und denken kannst; trotzdem war es nicht bis ins einzelne klar, was aus diesem Wagnis entstehen würde. Dafür trägt die Trinität die Verantwortung. Sie hat die Verantwortung für Luzifer und Ahriman, für die entstehenden Menschen, für die Freiheit und für alles das, was sich aus diesem Zusammenwirken ergibt. Deswegen sprach ich davon, daß die Trinität die endgültige Verantwortung trägt. Was daraus wird, ist offen. Deswegen kann man das nicht bis ins Detail klären und eigentlich auch nur holzschnittartig beantworten. Das ist alles so ungeheuerlich, daß man in bezug auf mich auch von einem trinitarischen Wesen sprechen kann; denn wegen dieser Verantwortungsübernahme durch die Trinität gehöre ich zu der Trinität. Natürlich habe ich auch andere Seiten – man kann mich herunterbrechen auf die einfachsten Beispiele, wie wir sie ja sicherlich noch besprechen werden.

Luzifers Verantwortung

W.W.: Welche Verantwortung trägt Luzifer?

Verantwortung: Luzifer hat eine wunderschöne Verantwortung übernommen, denn Luzifer reicht mit seinem Wirken sehr weit in die Zukunft. Er hat die Verantwortung für das Geistige im Sinne des zukünftigen Geistigen übernommen. In Luzifers Verantwortung liegt es, zu tragen, was aus einem bösen Wesen in Zukunft werden kann. In seiner Verantwortung liegt es, ob der Geist gut oder ob der Geist böse werden wird. Das ist Luzifers Verantwortung!

W.W.: Denkst du dabei an den gesamten Geist?

Verantwortung: Ja.

W.W.: So ganz verstehe ich das nicht. Luzifer wurde durch die höheren guten geistigen Wesen in seine einseitige Rolle gedrängt, wodurch er mit seiner Einseitigkeit böse wirkt. Da er nun mit dieser Einseitigkeit wirkt oder auch das Geistige prägt, wie kann er da Verantwortung für den gesamten Geist haben, zumal so, daß der Geist entweder gut oder böse werden wird? Gibt es hier noch mal einen Wandel, so daß man wirklich von einer weiteren Verantwortung sprechen kann?

Verantwortung: Luzifer hat in der Gegenwart u.a. die Verwaltung des Künstlerischen unter sich, und er wird in der Zukunft zum heilenden Gott werden. Das geht aber nicht ohne die Mitwirkung der Menschen. In der Zukunft entscheidet sich, was ich mit der Verantwortung für den Geist angedeutet habe. Es wird sich entscheiden, ob dieser Geist gut oder schlecht wird. Die Verbindung zwischen Luzifer und dem heilenden Gott ist enger, als ihr denkt.

Ahrimans Verantwortung

W.W.: Das klingt sehr kompliziert. Hat Ahriman auch eine derart schwierige Verantwortung?

Verantwortung: Nein, Ahriman ist sehr viel einfacher zu verstehen. Ahriman hat keine Zukunft. Ahriman verwaltet die kalte Intelligenz und wirkt auf euch unmenschlich und abgrundtief böse. Diese Intelligenz hat eigentlich keine Vergangenheit und keine Zukunft; deswegen wirkt sie auch stark zerstörerisch. Ahriman verwaltet mit seiner kalten Intelligenz einen eigenen zeitlosen Kosmos. Daran leidet Ahriman sogar; trotzdem ist ihm die Entwicklung etwas ganz Wesensfremdes. Deswegen strebt er die Automatisierung an, und sein Ziel ist es, daß die Zeit verschwindet. Ein solcher Zustand des ewig Gleichen entspricht ihm. Man kann es positiv formulieren: Es entspricht der ahrimanischen

Intelligenz, daß Zeit nicht mehr nötig ist. Man kann es auch negativ formulieren: daß Zeit nur noch störend ist. Diese Wirkungsweise dieser zeitlosen Intelligenz wirkt in einem Kosmos, der fortwährend in Entwicklung ist, abgrundtief zerstörerisch und schwarz.

W.W.: Aber wird sich Ahriman nicht auch verwandeln können?

Verantwortung: Ahriman kann sich verwandeln, er wird es auch, aber das muß vorwiegend der Mensch in Angriff nehmen. Das wird auch nur mit dem Heiligen Geist möglich sein.

Die Verantwortung der Engel

W.W.: Welche Verantwortung übernimmt ein Erzengel, wenn er der führende Geist eines Volkes wird?

Verantwortung: Eine große!

W.W.: Das war nun ein wenig Koketterie. Geht es nicht genauer?

Verantwortung: Warum soll die Verantwortung nicht auch manchmal ein wenig kokett sein! Ich bin auch für die Koketterie verantwortlich.

W.W.: Aber du bist doch nicht im Sinne einer Verantwortungsübernahme für alles verantwortlich, sondern du bist immer nur dabei!

Verantwortung: So ist es. Ich bin immer dabei, und es macht nicht immer Spaß.

W.W.: Dann bist du ja eigentlich das Sein.

Verantwortung: Das hast du gesagt. Aber es stimmt. Dort, wo Wesen sind, steht auch die Verantwortung zumindest im Hintergrund. Und das ist auch das Sein. Zur Verantwortung gehört aber nicht die Entschuldung. Das wäre zu weit gegriffen.

W.W.: Kommen wir noch einmal zur Verantwortung eines Erzengels.

Verantwortung: Der Erzengel eines Volkes hat eine Mitverantwortung für das Karma des betreffenden Volkes, und zwar für jedes einzelne Mitglied dieses Volkes, geborenes und ungeborenes. Es ist aber nur eine Mitverantwortung, keine Gesamtverantwortung. Eine weitere Verantwortung des Erzengels als Volksgeist ist es, daß er das jeweilige Volk in seiner Aufgabe unterstützt. Und meistens ist das nicht nur ein Unterstützen, sondern auch ein Durchführen. Nun muß man aber noch den Freiheitsaspekt mit hinzunehmen. Insofern ist der Erzengel gehalten, die Aufgabe des jeweiligen Volkes zu gestalten, aber unter Einbeziehung der Freiheit der Menschen. Und alle die Menschen dieses Volkes sind freie Wesen. Das ist ein grandioses, immens kompliziertes Geflecht, was dadurch entsteht. Michael ist derjenige, der sich mit der Freiheit am besten auskennt, auch wenn er kein Volksgeist mehr ist.

W.W.: Welche Verantwortung übernimmt ein Engel, wenn er der Schutzengel eines Menschen wird?

Verantwortung: Eigentlich die gleiche wie der Erzengel, nur im Kleinen und vor allem bezogen auf den einen Menschen. Er betreut auch das Karma des jeweiligen Menschen und hat eine Mitverantwortung dafür, daß der Mensch das auch durchführen kann, was er sich vorgeburtlich und auch aufgrund des letzten Erdenlebens vorgenommen hat. Auch der Engel hat sehr viel und stark mit der Freiheit des Menschen zu tun. Er trägt auch die Verantwortung dafür, daß der Mensch möglichst nicht böse wird bzw. – wenn der Mensch schon ziemlich böse ist –, daß er Schritte unternehmen kann, aus dem Bösen herauszukommen.

W.W.: Der Mensch ist frei und kann sich vor einer Verantwortung drücken. Ist es in bezug auf den Erzengel eines Volkes und den Engel eines Menschen möglich, daß diese sich auch vor einer solchen Verantwortungsübernahme drücken?

Verantwortung: Eigentlich ist das nicht möglich, obwohl es wiederum sehr kompliziert ist. In dem Maße, in dem die Angehörigen eines Volkes bzw. der jeweilige Mensch die Freiheit ausgestalten, lernt der Erzengel, lernt der Engel auch ein wenig die Freiheit kennen und kann dadurch ein wenig von seiner Aufgabe verändern oder liegenlassen. Die geistigen Wesen, die sich aufgrund ihrer Verantwortung für die Menschen mit der Freiheit auseinandersetzen (müssen), lernen etwas an der Freiheit und können deswegen in dem Maße, in dem sie auch anfängliche Bereiche der Freiheit übernommen haben, ein wenig aus Freiheit heraus agieren. Sie sind nicht mehr ganz so gebunden wie alle anderen hierarchischen Wesen. Das hängt damit zusammen, daß die Menschen des jeweiligen Volkes oder der einzelne Mensch Teile der Freiheit erarbeitet und ausgestaltet haben.

W.W.: Wie hat es denn z.B. mit dem syrischen Volksgeist auf sich? Es gibt ja eigentlich kein syrisches Volk mehr, denn das Land ist vollkommen zerstört, mindestens ein Drittel der Bevölkerung ist tot oder geflohen, die Großmächte und Mittelmächte beherrschen die kriegerischen Szenarien – ist da noch ein syrischer Volksgeist anwesend?

Verantwortung: Nein, er hat sich zurückgezogen, obwohl die Syrer sich gerne in einem Staat oder in einem Volk finden würden. Der syrische Volksgeist hat sich zusammengeschlossen mit anderen geistigen Wesen, und sie bilden eine Art Rat, um sich um die versprengten Volksgruppen und Menschengruppen zu kümmern.

W.W.: Ist es eigentlich möglich, daß ein Mensch nach einigen Erdenleben in der Zeit zwischen Tod und neuer Geburt in eine Übereinkunft mit seinem Engel kommt, weil er der Meinung ist, daß beide nicht mehr zusammenpassen, so daß der Mensch sich dann einen anderen Schutzengel sucht?

Verantwortung: Das gibt es, aber das ist selten.

Die Verantwortung der Naturwesen

W.W.: Welche Verantwortung übernimmt ein Baumgeist für einen Baum?

Verantwortung: Er versorgt den Baum insofern, als alle anderen Wesen, die sich auch noch um den Baum kümmern müssen, diesem Baum das Notwendige und Gute tun – daß der Baum wachsen kann und seine Baumaufgabe bewerkstelligen kann. Sie sorgen dafür, daß es dem Baum an der Stelle, wo er wächst, möglich wird. Natürlich kann das durch äußere Geschehnisse und durch den Menschen gestört oder zerstört werden.

W.W.: Wie steht es mit der Elfe einer Blume?

Verantwortung: Die Elfe ist das Wesen, welches für die Blume sorgt. Sie übernimmt alles das, was in ihren Kräften liegt, um der jeweiligen Blume ein möglichst artgerechtes und schönes Wachstum zu ermöglichen. Und eine Elfe übernimmt nur so viel Verantwortung, wie sie auch tragen kann. Das ist etwas, was ihr Menschen bedenken solltet, denn ihr seid frei, und deswegen übernehmt ihr oft Verantwortung, die ihr nicht tragen könnt. Bei Naturwesen ist dies niemals der Fall. Sie übernehmen nur so viel, wie sie auch tragen können.

W.W.: Welche Verantwortung hat ein Steinwesen für ein Gestein?

Verantwortung: Das Steinwesen hat eine Verantwortung für das Sein des Steins. Das ist eine ganz grundlegende Verantwortung. Der Stein und das Steinwesen existieren; insofern hat das Steinwesen für den Stein eine Verantwortung. Diese Verantwortung ist nicht unbedingt sehr präzise, vielleicht sogar etwas schwammig, aber sie ist vorhanden. Das Steinwesen hat die Verantwortung, die Form des Steins oder des Gesteins zu halten. Es hat die Verantwortung dafür, daß der Stein seine Substanz behält, daß er Dauer hat. Und Dauer zu haben ist eine ziemlich aufwendige Verantwortung.

W.W.: Dann nehmen wir noch die Verantwortung eines Wassergeistes für einen See.

Verantwortung: Diese Verantwortung ist deutlich dynamischer als die des Steinwesens. Wenn z.B. durch Hochwasser ein See entsteht und für eine gewisse Dauer bleibt, übernimmt ein Wassergeist die Verantwortung für diesen See, und nach einer gewissen Zeit hat er auch das

Bestreben, daß dieser See Dauer bekommt. Der Wassergeist eines Sees muß sich um die kleinen Undinen kümmern, die sich notwendigerweise im Wasser ansiedeln, genauso um alle sichtbaren Lebewesen, also die Pflanzen und die Tiere. Dieser den See übernehmende Wassergeist kümmert sich also um die Besiedlung des Sees durch Pflanzen und Tiere sowie alle unsichtbaren Wesen. Wenn der See z.b. sumpfig ist, muß er mit den Sumpfgeistern verhandeln, auf der anderen Seite mit den kleinen Wassergeistern. Er verhandelt fast diplomatisch, wer von beiden die Oberhand in diesem sumpfigen See bekommt. Dann gibt es Verhandlungen z.b. mit den Schilfgeistern, die sich im See ansiedeln wollen, der Wassergeist aber will es vielleicht nicht; genauso verhält es sich mit den Fischen. Wie kommen z.b. Fische in einen See? Wie aktiviert man die Seevögel, daß sie Fischeier heranbringen? Das alles muß geplant werden, und das ist eine große Verantwortung und vor allem sehr detailreich.

W.W.: Welche Verantwortung hat eine Sylphe für ein durch einen Menschen gespieltes Klavierstück?

Verantwortung: Sie trägt z.b. die Verantwortung, daß dieses Klavierstück hörbar ist. Das ist nicht einfach, denn dazu braucht sie alle die Tonwesen, und die Tonwesen müssen in der Ordnung bleiben, in der sie gespielt worden sind. Auf jeden Fall ist es so, daß in den Momenten, in denen ein Mensch ein Klavierstück spielt, eine Sylphe herankommt und das gesamte Musikstück trägt; gleichzeitig hält diese Sylphe alle die kleineren Wesen bei der Stange. Das gespielte Musikstück bleibt, es hat eine Dauer, und diese Sylphe verwaltet es. Diese Dauer der Gegenwart, die unendlich wird, wird von dieser Sylphe verantwortet.

W.W.: Bleibt das jeweils gespielte Musikstück immer bei der Sylphe?

Verantwortung: Ja.

W.W.: Ist das eine Sylphe, die im Moment des gespielten Musikstücks entsteht, oder ist es eine Sylphe, die schon existiert und dann herankommt?

Verantwortung: Beides ist möglich. Auf jeden Fall existiert das gespielte Musikstück auf einer anderen Ebene immer weiter. Die gespielte Musik existiert immer. Eine gute Pianistin oder ein guter Pianist kann auch beim Spielen eines Stückes spüren, ob er oder sie gerade ein oft gespieltes Stück spielt oder ein selten gespieltes. Ist es ein Musikstück, welches häufig gespielt wird, so gibt es sehr viele Sylphen, die dieses Musikstück verwalten. Ein Mensch, der sehr sensitiv in bezug auf Musik ist, spürt zumindest unbewußt diese das Musikstück tragende Sylphe; genauso spürt er, ob diese Sylphe einen vielfachen Kontakt zu anderen Sylphen hat, die das dasselbe Musikstück schon tragen.

W.W.: Welche Verantwortung hat ein Salamander für eine Kerzenflamme?

Verantwortung: Er hat Verantwortung für die Form der Flamme. Die Hauptaufgabe des Salamanders für die Flamme besteht allerdings darin, daß diese Flamme Durchlaß ist, also daß das Geistige in der Flamme tatsächlich anwesend ist. Er hat Verantwortung dafür, daß diese Tür zwischen der materiellen und der geistigen Welt sauber ist. Das zeichnet den Salamander insofern aus, als seine Aufgabe eine ist, die nur dieser Salamander verwirklichen kann, weil er etwas Ichhaftes hat, denn seine Aufgabe ist es, daß etwas Geistiges bis in die physische Welt ragen kann. Für diese Aufgabe ist eine Ich-Qualität Voraussetzung. Euer Ich ist genauso ein Durchgangstor zwischen der materiellen und der geistigen Welt.

W.W.: Welche Verantwortung hat ein Hausgeist für ein Haus?

Müller: Das kann ich dir besser beantworten als die Verantwortung. Was meinst du, was das für eine aufwendige Verantwortung ist, ein Haus wie diese Wassermühle in allen ihren Einzelheiten zu tragen! Ich muß jeden meiner Subs fortwährend in meinem Bewußtsein haben, denn hier im Haus wirken außerordentlich viele kleinere Wesen mit, damit dieses Haus nicht zusammenbricht. Genauso ist es in jedem anderen Haus. Genauso muß ich abspüren, ob die Dauer des Hauses permanent eine gute ist, was nicht mehr möglich ist, wenn das Haus nur noch den Sinn bzw. Unsinn erfüllt, lediglich nur noch herumzustehen. Denn wenn ein Haus zerfällt, muß ich die Wesen hereinlassen, die Wesen des Verfalls sind, und komme allmählich aus meiner Verantwortung heraus. Ich habe alles im Bewußtsein, was mit der Substanz dieses Hauses zusammenhängt. Und das trage ich in meiner Verantwortung. Dazu brauchst du nicht die Verantwortung zu fragen.

W.W.: Danke. – Welche Verantwortung hat bzw. übernimmt ein Sturmriese, der mittels eines Orkans über das Land fegt, durch den viele Bäume entwurzelt werden und sogar Menschen zu Tode kommen?

Verantwortung: Der Sturmriese bzw. der Verantwortliche für einen Orkan würde jetzt antworten, daß er nicht der Verantwortliche ist, sondern nur der Durchführende. Der Orkan würde sagen, daß er geschickt worden ist und daß er nicht verantwortlich ist für das Ergebnis dieses Tuns. Er würde sagen, daß die Verantwortlichen die klimaführenden Wetterwesen sind. Der Orkan selber ist aber dafür verantwortlich, daß der Sturm in der nötigen Stärke stattfindet und alles anrichtet, was dadurch angerichtet wird. Er ist für die technische Seite verantwortlich, nicht für die Folgen. Das ist genauso wie mit dem Hausgeist: Er ist dafür verantwortlich, daß ein Haus in allen seinen

Funktionen steht und funktioniert, nicht aber dafür, wenn im Haus ein Mensch stolpert und sich das Genick bricht.

Müller: Das will ich auch gehofft haben! Wenn du jetzt Verena umbringst, bin ich nicht verantwortlich. Wenn dir aber jetzt die Decke auf den Kopf fällt, wäre ich verantwortlich.

Verantwortung für das menschliche Leben

W.W.: Welche Verantwortung übernimmt ein Mensch vor der Geburt, wenn er sich zur Inkarnation entschließt?

Verantwortung: Eine Urverantwortung ist, sich ein richtiges Elternpaar auszusuchen. Er übernimmt also die Verantwortung, daß er für seine Lebensaufgabe das richtige Elternpaar findet, was ein hochkomplexes Gebilde ist. Da spielt so viel hinein, daß es mit dem menschlichen Bewußtsein kaum zu fassen ist. Das ist z.B. der Ort, an dem die Eltern wohnen, die Genetik, die die Eltern haben, die Möglichkeiten, die die Eltern dem Kind für die Erziehung und das Heranwachsen zur Verfügung stellen, die anderen karmisch mit diesen Menschen verbundenen Wesen und vielerlei mehr.

Es kann wegen der Freiheit der Menschen vieles geschehen: daß z.B. ein mögliches ideales Elternpaar aus verschiedensten Gründen kein Kind mehr bekommen kann oder will; und dann muß sich der sich inkarnierende Mensch umschauen, bei wem er sich dann inkarnieren kann. Dann findet dieser Mensch für sein Karma nicht die passenden Möglichkeiten und muß Kompromisse schließen. Es liegt dann in seiner Verantwortung, verschiedenste Abstriche zu machen. Er muß dann andere Verantwortungsbereiche übernehmen; und dabei hilft ihm der Schutzengel. Auch der Volksgeist hilft ihm, genauso Christus. Einem Menschen in einer solchen Situation – und mittlerweile sind dies die meisten – wird eine große Riege von Beratern angeboten. Aber es gibt sehr viele Menschen im Vorgeburtlichen, die sich nicht beraten lassen wollen und die mit Gewalt geboren werden wollen. Das ist einer der Gründe der Überbevölkerung auf der Erde. Deshalb gibt es viele verzerrte und vor allem auch kurze Inkarnationen, die oft nicht nötig wären.

W.W.: Welche Verantwortung übernimmt ein Mensch lebenslang, der einen anderen Menschen in die Welt setzt?

Verantwortung: Er übernimmt eine Fürsorgeverantwortung für das Wesen, welches zur Geburt kommt. Die Verantwortung der Eltern ist es, das Kind bis zu einem Punkt zu bringen, an dem das Kind selber für sich Verantwortung übernehmen kann. Die Verantwortung der

Eltern wird ab einem gewissen Moment deutlich weniger, und vielleicht ab dem 18. oder 21. Lebensjahr haben die Eltern die Entscheidungen, die ihr Kind fällt, wegen der Freiheit zu respektieren.

Das Leben von Menschen und Naturwesen verändert

W.W.: Ich möchte einige Verantwortungsbereiche im Zwischenmenschlichen kurz ansprechen. Nehmen wir als erstes den Arbeitgeber oder die Firmeninhaberin, die für ihre Arbeitnehmer und Arbeitnehmerinnen verantwortlich sind. Welche Verantwortung tragen sie?

Verantwortung: Das kann man auf drei Ebenen ansprechen. Als erstes übernehmen sie für das Wesen der Firma Verantwortung, wenn ihnen diese Firma gehört. Eine zweite Verantwortungsebene besteht darin, dafür zu sorgen, daß es die Mitarbeiterinnen und Mitarbeiter in der Firma – sagen wir es ganz einfach – gut haben. Und drittens übernimmt der jeweilige Firmenchef für die möglichst gut laufende Wirtschaftlichkeit dieser Firma die Verantwortung. Darüber hinaus gibt es natürlich noch weitere Verantwortungsbereiche, z.B. zu den Kundinnen und Kunden und anderen Firmen, zum Staat und vieles mehr.

W.W.: Welche Verantwortung übernimmt man innerhalb einer Partnerschaft, sei sie lebenslang oder befristet?

Verantwortung: Beide Menschen übernehmen eine Verantwortung für das entstehende bzw. sich einfindende Partnerschaftswesen. Diese Beziehung zum Partnerschaftswesen sollte immer gut gepflegt werden. Zweitens übernehmen beide Menschen alles füreinander, damit die Partnerschaft gut gedeihen kann und gepflegt wird. Und man übernimmt gegenseitig die Verantwortung dafür, daß die Partner sich ehren und auch genießen.

W.W.: Welche Verantwortung übernimmt man als Schriftstellerin bzw. als Autor eines Buches, wenn dieses Buch entweder politisch oder auch spirituell etwas sehr Neues, Aufdeckendes, aber Notwendiges in die Welt stellt?

Verantwortung: Wenn man ein Buch, z.B. ein politisches, mit Begeisterung schreibt, weil man etwas aufdecken will, weil man investigativ journalistisch tätig ist, dann übernehmen die Autoren eine gewaltige Verantwortung. Gott sei Dank denken sie darüber meist nicht nach, denn dann würden sie es meist lassen, etwas in die Welt zu setzen. Aber solche Bücher oder Beiträge sind ja notwendig. Man greift in das Karma der Menschen ein, man übernimmt einen Teil des Karmas derjenigen Menschen, die aufgrund dieses Buches etwas anders machen. Das Karma, welches man teilweise mit übernimmt, ist der Bereich, der nur durch dieses Buch entsteht; dieser Bereich betrifft dasjenige, was die Leserinnen und Leser anders machen, als wenn sie dieses Buch nicht gelesen hätten. Wenn man aber einen Krimi schreibt, und er wird gelesen und man ist darüber erbaut, dann geschieht karmisch nicht viel. Wenn man aber ein Buch schreibt, und eine Leserin oder ein Leser ändert deswegen sein Leben, weil das Buch so begeistert hat, dann hat der Autor bzw. die Autorin eine karmische Verbindung zu den jeweiligen Lesern und Leserinnen.

Du selbst hast durch deine Bücher so viele Leben verändert, und ich sage nur Gott sei Dank, daß du darüber keine wirkliche Vorstellung hast. Viele deiner Bücher haben bei einer großen Anzahl von Menschen lebensverändernd gewirkt. So weit kann man das hier ausdrücken, ohne daß es dir jetzt peinlich ist.

W.W.: Aber wie ist dann der Verantwortungsbereich zwischen mir und den Leserinnen und Lesern?

Verantwortung: Auf jeden Fall werden dich alle die Leserinnen und Leser, die du beeinflußt hast, bei deinem Lebenspanorama nach dem Tod kurz anblicken; selbstverständlich auch alle anderen Wesen, mit denen du hier gesprochen hast. Ihr habt sogar mit eurer Naturgeisterreihe das Karma der Naturwesen verändert; denn auch diese haben eine Art Karma, wenn auch anders als die Menschen. Da gibt es viele gegenseitige Einflußbereiche, die ich jetzt aber nicht weiter erörtern möchte. Die Naturwesen haben dein persönliches Leben verändert, du wiederum hast ihr Leben verändert.

Auch ich kann sehr klotzig auftreten

W.W.: Welche Verantwortung übernimmt ein Mensch, wenn er einen anderen Menschen über längere Zeit demütigt oder sogar quält?

Verantwortung: Ein solcher Mensch übernimmt eine hohe und weitreichende Verantwortung, die auf jeden Fall vielseitig im nächsten Leben an den Menschen herangetragen wird. Die schicksalsführenden Mächte werden zu einem Ausgleich leiten. Und diese Verantwortung hängt an dem jeweiligen Menschen und auch an mir wie ein Klotz. Auch ich kann sehr klotzig auftreten.

W.W.: Wie ist es, wenn man Tiere quält?

Verantwortung: Ganz ähnlich. Auch Pflanzen kann man quälen. Bei Steinen ist es allerdings schwierig. Allerdings haben die Steine keinen sehr hohen Genuß, wenn man sie zerstört. Das mögen andere manchmal anders sehen.

W.W.: Welcher Verantwortung entzieht man sich, wenn man sich weitgehend das gesamte Leben hedonistisch verhält, also nur an den eigenen Egoismus denkt, ohne an die Mitwelt zu denken und für sie zu handeln?

Verantwortung: Damit baut man eine ziemlich große Karmaschuld auf. Man verletzt nicht nur die Mitmenschen, denn man verletzt auch die Gesellschaft insgesamt, die geistige Welt, die Naturwesen, man verletzt die religiösen Wesen, selbstverständlich auch die Tiere, Pflanzen und die Erde insgesamt. Wer also ein egoistisches Leben lebt, hat eine hohe Verantwortung, und zwar für das eigene Tun bzw. für das, was er oder sie unterläßt. Und damit denke ich vorwiegend an diejenigen Menschen, die ganz bewußt egoistisch leben, nicht an die, die aus einer gewissen Unbewußtheit oder Passivität egoistisch daherleben. Die egoistisch lebenden Menschen haben sehr viel versäumt.

Weltverantwortung

W.W.: Was geschieht mit uns allen, die wir bewußt zur Plastikverschmutzung in den Meeren und auf der Erde beitragen, indem wir fast nirgendwo bewußt auf Plastik verzichten?

Verantwortung: Damit übernimmt man eine Weltverantwortung, denn durch die Müllteppiche in den Meeren behindert man die Meere, ihre Funktion auszuüben. Die Meere sind das Blut der Erde. Und unabhängig davon, ob man nun zur Plastikverschmutzung in den Meeren unbewußt oder bewußt beiträgt: Man trägt zur Behinderung der Arbeit und Funktion der Meere bei. Der karmische Ausgleich, den man leisten muß, ist unterschiedlich geartet, je nachdem, wie bewußt der Mensch ist.

Konturen der Verantwortung

W.W.: Mich interessiert die Verbindung bzw. Annäherung zwischen dir und einem Menschen, der für einen gewissen Zeitraum eine Verantwortung übernimmt und die Verantwortung dann wieder abgibt. Kannst du das einmal etwas plastischer schildern?

Verantwortung: Grundlegend hat jedes Wesen eine Grundverantwortung, allein deswegen, weil jedes Wesen eine Existenz hat. Das ist eine sehr diffuse, amorphe geistige Masse; wobei das Wort Masse nicht sehr treffend ist. Aber aus dieser sogenannten Masse formen sich andere, differenziertere Verantwortlichkeiten. Sobald sich eine neue Verantwortung für einen gewissen Zeitraum ergibt, durch wen auch immer, formt sich aus dieser amorphen, diffusen Verantwortungsmasse eine konkretere Verantwortung, und sie wird wieder fallengelassen, entlassen, sobald die Verantwortung aufhört oder nicht mehr nötig ist. Das kann man auch in bezug auf die Erziehung von Kindern beschreiben. Nach der Geburt und in den ersten Jahren ist die Verantwortung der Eltern für das kleine Kind eine immense Aufgabe, und sie wird über die Jahre hin Stück für Stück kleiner. Ganz aufgegeben wird sie meist nicht, aber ab einem gewissen Lebensalter übernimmt der herangewachsene Mensch die Verantwortung für sein Leben selbst. Dann besteht nur noch eine Restverantwortung der Eltern, weil der herangewachsene Mensch für sich selbst verantwortlich geworden ist.

W.W.: Wenn aber nun ein Mensch diese Grundverantwortung immer bei sich hat, sich dieser Grundverantwortung aber nicht bewußt ist, was verändert sich in dem Moment, in dem der Mensch konkret und bewußt für einen anderen Menschen oder für einen anderen Bereich eine Verantwortung übernimmt?

Verantwortung: Dann bekommt die Verantwortung, also ein Stück von mir, Konturen. Dann zieht ein Mensch mit Verantwortungsübernahme gewisse Grenzen.

W.W.: Wird ein Mensch, der bewußt Verantwortung für eine Angelegenheit übernimmt, mehr zu dir?

Verantwortung: So kann man es auch ausdrücken. Vor allem aber wird er bewußter, vor allem kann er mehr die Strukturen dieser amorphen Verantwortungsmasse erkennen. Eigentlich ist diese Verantwortungsstruktur ja nicht amorph, sie ist nur für den Menschen wie amorph, weil er kein Bewußtsein für sämtliche Verantwortungsstrukturen hat. Und wir müssen jetzt für unser Gespräch einen Begriff dafür bilden. Dieser Begriff der amorphen Masse ist nicht ganz richtig. Diese Verantwortung ist in der gesamten Welt überall, zwischen allen Wesen, überall sind diese Verantwortungsbereiche – aber die Menschen haben dafür meist keinerlei Bewußtsein.

Ich habe sehr viel mit der Schuld zu tun

W.W.: Wie ist der Unterschied zwischen einer durch die Gesellschaft oder durch eine Religionsgemeinschaft übertragenen Verantwortung – also durch Gesetze oder Gebote – und einer vom Individuum selbst übernommenen Verantwortung?

Verantwortung: Es gibt übergestülpte Verantwortlichkeiten. Sobald der Mensch in eine Gemeinschaft eintritt – sei dies nun ein Verein, eine Partei, eine Religionsgemeinschaft oder der Staat –, bekommt dieser

Mensch automatisch verschiedenste Verantwortlichkeiten übergestülpt. Er wird Mitglied dieser Verantwortlichkeiten. Aus diesen Verantwortlichkeiten kann man aber wieder austreten. Und da die Verantwortung von vielen getragen wird, ist es meistens nicht schwerwiegend, wenn man aus dieser Gesamtverantwortung einer Gruppe austritt. Bei einer individuellen Verantwortung hat man diese Verantwortung aber alleine; und diese kann man meist nicht vorzeitig fallenlassen.

W.W.: Was ist der Unterschied zwischen einer aus Pflichtgefühl und einer aus Gewissensgründen freiwillig übernommenen Verantwortung?

Verantwortung: Eigentlich ist der Unterschied nicht sehr groß, denn in beiden Fällen übernimmt man eine Verantwortung. Ab dem Moment, in dem man Verantwortung hat, hat man Verantwortung. Ob man das nun aus Pflichtgefühl oder aus Gewissensgründen macht, ist eigentlich gleichgültig. Manche Verantwortungen muß man tragen, andere erlebt man als Genuß. Der technische Vorgang nach dem Entschluß ist derselbe. Die jeweilige Haltung des Menschen ist natürlich anders, der jeweilige Verantwortungsübernahmeakt ist aber derselbe.

W.W.: Wie steht es mit der Verantwortung einer Person in exponierter Stellung – sei es ein Minister oder eine Bundeskanzlerin usw.?

Verantwortung: Je exponierter der jeweilige Mensch ist, desto höher ist die Verantwortung, desto mehr Karma trägt diese Person. Eine solche Person in exponierter Stellung kann sich allerdings nicht damit entschuldigen, daß sie um die verschiedenen Verantwortlichkeiten nicht vorher gewußt hat. Das geht nicht. Bei einer Person in exponierter Stellung ist die Beziehung zur Schuld auch sehr eng. Ich habe sehr viel mit der Schuld zu tun.

W.W.: Wenn man in diesem Leben eine Tat begeht, z.B. einen Unfall verursacht, bei dem jemand schwer verletzt wird: Wie ist die Verantwortung des Verursachers, wenn der Unfall absichtlich, wenn er fahrlässig und wenn er unabsichtlich verursacht wurde?

Verantwortung: Wenn der Unfall unabsichtlich war, hat dieser Mensch keine Verantwortung. Natürlich wird es eine Beziehung zwischen dem Verursacher und dem schwerverletzten Menschen geben; aber eine Verantwortung hat der Mensch, der völlig unabsichtlich in diesen Unfall verwickelt wurde, nicht. Wenn er aber Alkohol getrunken hat, wenn der Unfall fahrlässig herbeigeführt wird, liegt der Fall der Verantwortungsübernahme ganz anders. Bei Fahrlässigkeit ist immer eine Verantwortung vorhanden, und zwar je nach Fahrlässigkeit schwerwiegender oder nicht ganz so schwerwiegend. Bei absichtlichem Handeln ist man voll verantwortlich. Und das gilt auch für alle die Verantwortungszusammenhänge, die man gar nicht abschätzen kann.

W.W.: Das klingt ja fast so, als wärest du das Karma.

Verantwortung: Nein. Ich bin das Sein. Man muß bei unserem Gespräch und bei den aufgezählten Beispielen immer abgrenzen, was Verantwortung und was Schuld ist. Das geht oft ineinander über. Schuld aber hat immer etwas Bewertendes.

W.W.: Wie steht es mit der Bürgerverantwortung, z.B. dem Wahrnehmen des Wahlrechts? Was ist das für eine Verantwortung?

Verantwortung: Das ist eine sehr anonyme Verantwortung, die sich aus dem jeweiligen Staatswesen ergibt, genauso aus den durch die Menschen dieses Staates geschaffenen harmonischen Elementarwesen. Der jeweilige Volksgeist wird durch viele harmonische Elementarwesen begleitet, die das Staatsgebilde geistig stützen. Und durch das Staatsgebilde und die jeweiligen Verantwortlichkeiten der Bürgerinnen und Bürger bekommt die amorphe Verantwortungsmasse Konturen, die von den Menschen übernommen werden müssen oder freiwillig übernommen werden bzw. die sich aus dem Staatsgebilde ergeben. Hier muß man aber hinzufügen, daß die Verantwortungsübernahme eines Menschen für seinen Volkszusammenhang schon vor der Geburt beginnt, denn er inkarniert sich in diesem Volk und übernimmt damit schon Verantwortung für dieses Volk bzw. Staatsgebilde.

W.W.: Ist es so, daß man vor der Geburt sehr viel mehr Verantwortung übernimmt, die man dann während des Lebens nicht mehr tragen kann oder nicht mehr weiß?

Verantwortung: Vor allem weiß man sie nicht mehr; allerhöchstens ahnt man sie. Oder man wird durch das Karma, das man sich selbst ausgesucht hat, auf Wege geleitet, wo man dann diese Verantwortung übernimmt. Oft ist es aber auch so, daß man die vorgeburtlich gewollten Verantwortungsbereiche nicht mehr übernehmen kann, weil man andere Wege gegangen ist, z.B. egoistische Wege. Oft kommt es auch vor, daß man Verantwortungsbereiche übernommen hat und sie auch durchführen will, sich auf der Erde aber im Staatsgebilde oder in anderen Zusammenhängen alles so ändert, daß man die geplante Verantwortung nicht mehr während des Lebens übernehmen kann. Da entstehen dann verschiedene Karmaprobleme. Das ist ein hochkompliziertes Gebilde.

W.W.: Welche Verantwortung übernimmt ein Staatschef, wenn er z.B. einen unrechtmäßigen Angriffskrieg gegen ein anderes Land führt bzw. auch gegen die eigene Bevölkerung?

Verantwortung: Eine sehr große Verantwortung! Er übernimmt persönliches Karma, Volkskarma, Staatskarma, Menschheitskarma –

und für alles ist er verantwortlich. Gerade dann, wenn ihm das Völkerrecht die Verantwortung nicht abnimmt, ist diese Verantwortung und Schuld riesig, und er wird sie kaum in einigen zukünftigen Erdenleben abtragen können. Wenn aber ein solcher Krieg völkerrechtlich gedeckt ist, wird ein Teil der Verantwortung und Schuld abgenommen; diese Gesetze und Rechte entlasten die Verantwortlichen eines Staates.

Alle Menschen tragen das Weltenkarma mit

W.W.: Welche Verantwortung übernehmen wir in den Industrieländern, wenn wir z.B. Zucker zu uns nehmen, Bananen und Ananas essen, die genau wie das Zuckerrohr auf Plantagen in Mittel- und Südamerika auf unmenschliche Weise durch Sklaven geerntet werden, auch mit einer totalen Vergiftung der jeweiligen Landschaft?

Verantwortung: Das ist eine Weltverantwortung. Sie gehört in den großen Bereich der Gesamtverantwortung, die jeder Mensch hat, wenn er Erdenbürger wird; selbstverständlich auch abhängig von seinem Bewußtsein für die gesamten Zusammenhänge. Wer für die gesamten Zusammenhänge keinerlei Bewußtsein hat, den kann man auch nicht in die bewußte Verantwortung hineinbringen. Trotzdem tragen alle Menschen das Weltenkarma mit.

Verantwortung für den eigenen Engel

W.W.: Welche Verantwortung hat man gegenüber seinem Engel?

Verantwortung: Eine sehr große! Der Engel hat eine sehr große Verantwortung für den jeweiligen Menschen, aber diese Verantwortung ist auch umkehrbar. An sich müßte der Mensch sich um seinen Engel sorgen, z.B. sich darum kümmern, daß der Engel ernährt wird. Wie kann man einen Engel ernähren?

W.W.: Durch Gebete zum Beispiel.

Verantwortung: Genau. Er wird auch ernährt, indem der Engel geliebt wird, so wie er den Menschen liebt. Und hier gibt es ja den Christus-Satz: *„Liebe deinen Nächsten so wie dich selbst."* Und wer ist dein Nächster? Das ist eigentlich der Schutzengel.

W.W.: Ist es auch wichtig, daß man dem Engel mitteilt und erklärt, wie es sich als Mensch in einem physischen Leib lebt, wie man die Liebe und vor allem auch die Freiheit ausgestaltet? Könnte man es z.B. so machen, daß man bei wichtigen Lebensentscheidungen, für die man vorher das Pro und Kontra abgewogen hat, dem Engel mitteilt, warum man diese und nicht die andere Entscheidung getroffen hat? Lernt der

Engel dadurch den Menschen besser kennen, und übernimmt man damit auch eine weitere Ernährung des Engels?

Verantwortung: Auf jeden Fall. Das ist ein wichtiger Baustein. Jede Sorge, jede Bewußtheit, jede Erklärung der irdischen Zusammenhänge, in denen ein Mensch lebt, ist eine zunehmende Verantwortungsübernahme für den Schutzengel. Der Engel hat es viel leichter, wenn man ihm die menschlichen Beweggründe mitteilt. Das gibt es ja auch im kleineren Bereich, z.b. dann, wenn man ein Tier schlachten will bzw. wenn man einen Baum fällen will – dann ist es immer sehr sinnvoll und wohltuend für die jeweiligen Wesen, wenn man ihnen dies eine kürzere Zeit vorher mitteilt. Insofern gibt es große Bereiche, durch die der Mensch Verantwortung für seinen Engel hat.

Verantwortung für Christus und die Freiheit

W.W.: Welche Verantwortung hat der Mensch für Christus?

Verantwortung: Oh! Das ist schwer zu sagen! Frei zu sein, das ist die größte Verantwortung für Christus. Denn für die Freiheit hat er alles getan durch das, was er mit dem Mysterium von Golgatha vollbracht hat. Der Mensch hat an dieser Stelle die Verantwortung, frei zu sein, die Freiheit auszugestalten. Das ist ein hohes Ziel und zugleich eine immense Verantwortung.

W.W.: Wie kann man sich praktisch einige weitere Verantwortungsfelder suchen und die Verantwortung für ein bestimmtes Gebiet oder Wesen übernehmen, im Zusammenhang aller Verantwortungszusammenhänge, in denen der Mensch für die Erde und ihre gesamten Wesen und für die geistige Welt steht?

Verantwortung: Ein Tip wäre, daß man sich einen oder zwei Verantwortungsbereiche heraussucht, in denen eine Handlung, ein Tun möglich ist. Es ist Unfug, sich etwas herauszusuchen, wenn man nicht ins Handeln kommen kann. Es ist Unfug, sich als Mitteleuropäer für gewisse Verantwortungszusammenhänge von Australien stark zu machen, wenn man nicht dort hinreist. Natürlich kann man alles stellvertretend für gewisse Zusammenhänge in Australien einleiten, E-Mails schreiben oder andere Menschen aktivieren; aber sehr viel sinnvoller ist es, sich etwas herauszusuchen, was im eigenen Umfeld liegt, so daß man ins eigene Handeln kommen kann.

Man könnte sich das Verpackungs- oder Plastikproblem bewußter machen und sich fragen, wo man sich hier engagieren kann, worauf man verzichten kann und vieles mehr. Das kann jeder Mensch. Wem das Tun im Äußeren schwerfällt, der kann auch ganz bewußt für diese oder jene Wesen beten. Man kann ganz konkret für die Menschen, die auf den Bananenplantagen das Gift einatmen müssen, ein Gebet sprechen; also für jede Banane, die man ißt. Das schafft auch einen Verantwortungszusammenhang. Für diese Menschen kann man einmal in der Woche oder auch einmal am Tag ein Vaterunser sprechen. Allerdings solltet ihr euch an dieser Stelle nicht überfordern!

W.W.: Möchtest du zum Schluß noch etwas darstellen, aus dem gesamten Verantwortungsbereich unseres Kosmos, was wir in diesem sehr anfänglichen Gespräch vernachlässigt haben?

Verantwortung: Es gibt sehr viel, das wir noch nicht besprochen haben. Aber man kann nicht alles besprechen. Wir haben auch die Verantwortung für die Dauer eines Gesprächs, also dafür, daß es nicht ausufert.

Ihr habt eine deutliche Verantwortung dafür, daß ihr freudevoll lebt. Diese Erde, dieses Sein – und damit kenne ich mich wirklich aus – ist nicht dafür gedacht, daß es freudlos belebt wird. Diese Erde ist schön und gut, und deshalb habt ihr eine Verantwortung, euch an der Schönheit und Weisheit und Güte dieser Erde zu freuen.

W.W.: Vielen Dank.

Verantwortung: Bitte.

Schuld

Wolfgang Weirauch: Guten Morgen. Kann ich mit der Schuld sprechen?

Schuld: Guten Morgen, ja. Ich gelte nicht als der einfachste Gesprächspartner. Was Schuld ist, aus Sicht der Menschen, hat sich im Laufe der Zeit ständig verändert.

W.W.: Aus Sicht der Menschen könnte man recht allgemein Schuld so definieren, daß die Schuld eine Art Verstoß gegen eine Werteordnung ist, und zwar gegen eine gesetzliche oder moralische, und daß dieser Verstoß absichtlich oder unabsichtlich erfolgt. Und weil sich die Schuld im Laufe der Zeit ständig verändert, nach Volksgruppe und Staat unterschiedlich, ist es auch beständig anders, was man unter Schuld versteht. Außerdem gibt es eine objektive und eine subjektive Schuld. Kann man das für den Anfang unseres Gesprächs ganz grob umrissen so definieren?

Schuld: Das kann ich so bestätigen. Teilweise gilt das auch für nichtmenschliche Wesen.

Verstoß gegen Gesetzmäßigkeiten

W.W.: Dann schauen wir erst einmal in die geistige Welt. Gibt es unter geistigen Wesen Schuld?

Schuld: Und wie! Unbewußte oder bewußte Verstöße gegen Werte gibt es selbstverständlich auch in der geistigen Welt unter vielen geistigen Wesen; sehr viel klarer und häufiger entsteht Schuld in der geistigen Welt durch einen Verstoß gegen Gesetzmäßigkeiten. Gesetzmäßigkeiten sind etwas anderes als Werte. Damit meine ich aber nicht Gesetze, sondern Gesetzmäßigkeiten. Wenn man gegen Gesetzmäßigkeiten verstößt, gilt dies in der geistigen Welt als schuldhaftes Verhalten. Natürlich gibt es eine Diskussion darüber, ob unfreie Wesen sich überhaupt schuldhaft verhalten können. Insofern ist das ganze Thema zwischen geistigen Wesen ein ganz anderes als unter Menschen.

W.W.: Wie entsteht Schuld zwischen verschiedenen Wertesystemen und zwischen unfreien geistigen Wesen?

Schuld: Der Schuldbegriff unter Menschen ist sehr viel älter als das Mysterium von Golgatha. Gesetze und Schuldbegriffe sind einige tausend Jahre vor Christus sogar schon schriftlich belegt; eine Zeit, in der es fast keine individuelle Freiheit gab. Vorformen dessen gab es natürlich bzw. einzelne Individuen, die weiter entwickelt waren.

Aber Schuld entsteht auch dann, wenn man aus dem eigenen Wertesystem richtig handelt, aber in einem anderen Wertesystem falsch handelt. Und das hat mit Freiheit überhaupt nichts zu tun. Immer dann, wenn zwei Wertesysteme sich überschneiden oder ein Mensch von dem einen Wertesystem in ein anderes gerät und sich dort nicht entsprechend diesem Wertesystem verhält, entsteht Schuld. Das könnten wir vorchristliche Schuld nennen.

In der geistigen Welt kann man darüber hinaus gegen Gesetzmäßigkeiten verstoßen, und das geht auch ohne Freiheit.

W.W.: Schauen wir vorerst nur auf Schuld in der geistigen Welt. Wer entscheidet denn, was Schuld ist?

Schuld: Das ist in der vorchristlichen Zeit anders als in der nachchristlichen Zeit; selbst in der geistigen Welt. Das ergibt sich meist aus der Sache, und die Sache entscheiden die jeweiligen führenden geistigen Wesen, seien dies nun Volksgeister oder Zeitgeister oder die Regenten von Perioden. Sie entscheiden, ob ein anderes geistiges Wesen gegen ihre Arbeit, gegen ihre Vorgaben, gegen ihre Gesetzmäßigkeiten verstoßen hat – und wenn das zutrifft, dann entsteht Schuld.

W.W.: Wie verbindest du dich mit den jeweiligen Wesen, wenn Schuld entsteht? Und wer bist du?

Schuld: Ich *bin* die Schuld. Es ist sehr schwierig, das genauer zu schildern. Schuld ist ein sehr schwer zu definierender Begriff, und genauso schwer ist mein Wesen zu beschreiben. Man kann gut definieren, wann Schuld entsteht. Jedes Kind lernt sehr schnell, wann Schuld entsteht und wann nicht. Aber das sagt nichts über den Inhalt und das Wesen der Schuld aus. Danach aber fragst du jetzt. Wie also ist die innere Struktur der Schuld?

Ich bin ein sehr hohes Engelwesen, welches aber auch zugleich ein Gefühl ist. Schuld ist zugleich auch eine Tatsache. Schuld trägt meist auch eine Verletzung, eine Wunde.

W.W.: Wie kann man sich deine Gestalt vorstellen?

Schuld: Stelle dir einen Engel vor, dann näherst du dich meiner Gestalt am ehesten. Die Farben sind vielleicht nicht ganz so fröhlich.

W.W.: Und wie verbindest du dich mit einem in Schuld geratenen geistigen Wesen?

Schuld: Irgendwann wurde die Schuld erschaffen, also mein Wesen. Selbstverständlich kann ich wie alle diese Wesen, mit denen ihr hier gesprochen habt, an verschiedenen Orten gleichzeitig sein, und so verbinde ich mich mit jedem Wesen immer dann, wenn es in Schuld geraten ist.

Ich habe ein Verständnis von Freiheit bekommen

W.W.: Kann man denn überhaupt von objektiver Schuld sprechen oder nur von der Schuld innerhalb eines jeweiligen Wertesystems?

Schuld: Man kann zumindest von einer der Objektivität nahekommenden Schuld sprechen. Wenn die Strukturen des Grundsystems, an denen alles hängt, verletzt werden, könnte man von objektiver Schuld sprechen. Aber je weiter wir von dieser Urschuld wegkommen, desto schwieriger wird es, von objektiver Schuld zu sprechen.

W.W.: Was hat sich in dieser Frage in der geistigen Welt durch das Mysterium von Golgatha verändert?

Schuld: Eigentlich hat Christus es gesagt, nämlich daß alle Schuld abgetragen ist. Das galt in diesem Moment für alle Schuld. Ich war in diesem Moment weg. Trotzdem war ich postwendend sofort wieder da, weil schon gleich nach diesem Moment überall auf der Erde und in der geistigen Welt schuldhaftes Verhalten neu entstand. Aber von diesem Moment an wird zumindest unter den Menschen der Aspekt der Freiheit sehr wichtig. Das hatte aber zur Folge, daß ich ab diesem Moment ein deutlich verändertes Wesen wurde.

W.W.: Auf welche Weise?

Schuld: Ich habe von Christus ein Verständnis zumindest von seiner Freiheit erhalten. Ich bin neben Christus eines der wenigen geistigen Wesen, das ein tiefes Verständnis zumindest von Teilen der Freiheit hat. Es ist aber nicht meine eigene Freiheit, sondern die von Christus. Das ist ein Unterschied.

W.W.: Bekommst du dadurch auch ein Verständnis für die Freiheit der Menschen?

Schuld: Anfänglich ein wenig; aber was sind schon zweitausend Jahre? Für uns geistige Wesen ist das nicht mehr als ein Flügelschlag. Eure Freiheit hat sich gegenüber der Urfreiheit von Christus noch nicht sehr verändert. Ihr seid gerade erst anfänglich auf dem Weg. Und hier ist noch nicht so sehr viel passiert. Aber, ich wiederhole mich: Alle Schuld, auch in der geistigen Welt, wurde durch das Mysterium von Golgatha getilgt, denn dafür hat ein Gott gesorgt. Aber die Schuld begann gleich wieder neu.

W.W.: Hast du dich dadurch auch verändert, bzw. veränderst du dich mit der Veränderung der jeweiligen Schuldbegriffe unter den Menschen?

Schuld: Ich habe mich *einmal* beim Mysterium von Golgatha stark verändert; ansonsten verändere ich mich wenig.

Das Karmagesetz muß ausgeglichen werden

W.W.: Es gibt ja das Gesetz des Karma, sowohl das vorchristliche als auch das durch Christus veränderte. Wie hängst du mit dem Karma bzw. dem Karmagesetz zusammen?

Schuld: Ich bin ein Teil davon. Aber das Karmagesetz muß der Mensch trotzdem befolgen, auch wenn er eine Schuld z.b. nicht anerkannt hat. Für mich spielt es allerdings sehr wohl eine Rolle, ob das schuldig gewordene Wesen die Schuld anerkannt hat bzw. nicht. Für das Karmagesetz spielt es keine wirkliche Rolle. Das Karmagesetz muß ausgeglichen werden.

Das Sein ist ein schützenswertes Gut

W.W.: Nehmen wir einen konkreten Fall: Ein Mensch ermordet einen anderen und ist in dem bestehenden Wertesystem deswegen auch schuldig. Wie verbindest du dich mit dem Täter bzw. eventuell auch mit dem Opfer?

Schuld: Ich trete eigentlich nur mit dem Täter in Verbindung, denn das Opfer ist dann in der geistigen Welt, wenn es sich um einen Mord handelt. Das heißt, daß das Opfer mit dem ganzen Zusammenhang ohnehin ganz anders umgeht. Ich trete aber nur dann mit den jeweiligen Tätern in Verbindung, wenn sie diese Schuld auch anerkennen; ansonsten habe ich Probleme, mit diesen Menschen in Verbindung zu kommen. Das heißt aber nicht, daß ich nicht da bin, und es heißt auch nicht, daß es in vielen Gesprächen über diesen Fall darum geht, daß der jeweilige Täter schuldig ist; es heißt auch nicht, daß er nicht schuldig ist. Aber in Kontakt mit dem Täter komme ich nur dann, wenn er die Schuld anerkennt. Er kann sich in eine Blockadehaltung begeben. Ob er seinen Engel damit glücklich macht, ist eine andere Frage. Wenn jemand also seine Schuld nicht anerkennt – und das geschieht ständig, besonders bei Menschen in Führungspositionen –, dann trete ich mit diesem Menschen nicht in Kontakt. An dieser Stelle wird so häufig gelogen wie an keiner anderen.

W.W.: Nehmen wir an, die Schuld wurde objektiv festgestellt ...

Schuld: ... nein. Es tut mir leid, daß ich ein solcher Genauigkeitsfanatiker bin. Eine Tat wird als objektive Schuld festgestellt, und zwar als Tatsache. Es ist eine Tatsache, daß ein Mensch schuldig geworden ist, weil er gemordet hat; und alle sind sich einig. Das ist zuerst einmal nur eine Tatsache. Dann beginnt das Rechtssystem zu arbeiten, z.B. das deutsche, und es kommt vielleicht zu einer Verurteilung aufgrund der deutschen Gesetze. In dem Moment wird erst ausgesprochen, daß der mordende Mensch ein Wertesystem verletzt hat. Dann beginne ich mit dem jeweiligen Menschen in Verbindung zu kommen.

W.W.: Aber es gibt ja auch ganz andere Schuldformen, z.B. in dem Fall, daß jemand einen anderen Menschen beleidigt. Dafür gibt es nicht unbedingt Gesetze. Trittst du dann nicht auf?

Schuld: Doch, gewissermaßen. Das würde aber voraussetzen, daß es eine allgemeine Grundmoral gibt. Das sollte man in der heutigen Zeit allerdings annehmen. Das ist bei euch Deutschen sogar schon wieder gesetzlich gefaßt, z.B. im Artikel 1 eures Grundgesetzes. Die Würde des Menschen ist unantastbar. Das ist vielleicht kein gültiges Gesetz, aber die Einleitung zum Grundgesetz.

Du denkst aber hier eher an Zusammenhänge, die man mit dem Begriff Brauch beschreiben könnte. Zum Brauch gehört auch die Erziehung, die gesellschaftliche Konvention. Wenn der eine Mensch entgegen der gesellschaftlichen Konvention einen anderen Menschen beleidigt, dann übertritt dieser Mensch die gesellschaftliche Konvention und wird bedingt schuldig. Zumindest ist das eine Werteverletzung.

Aber wir sollten uns noch einmal dahin bewegen, ob es wie beim Mord z.B. etwas gibt, das noch tiefer liegt und das durch einen solchen Mord verletzt werden kann. Jemandem das Leben zu nehmen verletzt einen ganz bestimmten Bereich erheblich. Die Verantwortung hat euch schon klargemacht, daß es eine Lebens- bzw. Weltverantwortung gibt, die jeder Mensch hat. Das hängt mit dem Sein zusammen. Das Sein ist ein schützenswertes Gut. Nur weil der Mensch *ist*, hat er eine Verantwortung. Und dieses Sein kann verletzt werden, z.B. dann, wenn ein Mensch einen anderen ermordet. Wenn man das Leben eines anderen Menschen auslöscht, verletzt man dieses Sein. Diese Grundlagenverletzung gibt es selbstverständlich auch, und diese gilt sehr weiträumig. Allerdings gilt diese nicht für die geistige Welt, denn dort kann man keinen Menschen töten.

W.W.: Wenn ein Mensch einen Mord begangen hat, also Schuld auf sich geladen hat und später stirbt – wie hängst du dann als Wesen der Schuld mit diesem Menschen nachtodlich und auch im nächsten Leben beim karmischen Ausgleich zusammen?

Schuld: Selbstverständlich hänge ich mit diesem Menschen nachtodlich und vor allem auch im nächsten Leben zusammen, denn karmische Schuld muß abgetragen werden, und ich bin jede Schuld. Karmaschuld wird allerdings erheblich dadurch beeinflußt, in welcher Zeit, unter welchen Bräuchen eine solche Schuld entstanden ist. Ein Mord in euren heutigen westlichen Staaten ist etwas anderes als ein Mord in einer vergangenen Zeit, in der Blutrache zum jeweiligen Gesellschaftsmodell gehörte. Schuld entsteht selbstverständlich auch bei Blutrache, aber da die gesellschaftlichen Bräuche in einem solchen Land und in einer solchen Zeit anders waren als heute bei euch, verändert sich dadurch die Schuld. Dadurch verändert sich aber nicht die Karmaschuld der Auslöschung eines Wesens des Seins. Aber die Größe des Pakets der Karmaschuld wird durch die Werte und Bräuche einer jeweiligen Gesellschaftsform verändert.

Ihr Menschen solltet sehr vorsichtig sein mit der Beurteilung von Menschen vergangener Zeiten aus eurem heutigen Wertesystem heraus.

Schuldbewußtsein und Schuld einreden

W.W.: Schauen wir uns die Zusammenhänge von Schuld in der heutigen Zeit in westlichen Demokratien an. Beginnen wir mit dem persönlichen Schuldbewußtsein, welches sich z.B. aus Gewissensgründen bei einem Menschen nach einer Tat einstellt, für die er sich schuldig fühlt. Wie kommt dieses Schuldbewußtsein zustande?

Schuld: Schuldbewußtsein kann sehr leicht und gnadenlos anerzogen werden. Das kann fürchterliche Ausmaße annehmen. Dieses durch Erziehung entstandene Schuldbewußtsein kann sehr niederdrückend wirken und muß mit der Wirklichkeit nichts zu tun haben. Beim Schuldbewußtsein muß ich als reale Schuld gar nicht unbedingt vorhanden sein. Dabei kann so etwas wie eine Schattenschuld entstehen. Wenn es keine reale Schuld gibt, ist bei diesen Menschen mit einem irrealen Schuldbewußtsein nur mein Schatten anwesend.

W.W.: Aber trotzdem hat ein solcher Mensch ein Schuldbewußtsein, auch wenn keine reale Schuld vorliegt.

Schuld: Das ist viel häufiger der Fall, als ihr denkt. Wenn eine irrige Schuld vorliegt, kommt immer nur mein Schatten. Das ist ein sehr dunkler Zusammenhang, weil es nur ein Schattenwurf ist. Ein besonders dunkles Kapitel ist es, wenn z.B. einem Kind Schuld eingeredet wird. Nehmen wir an, daß die Mutter bei der Geburt des Kindes stirbt, und dem Kind wird später eingeredet, daß es schuld sei am Tod der Mutter. Das kommt sehr oft vor. Dann entsteht bei diesem Kind oder heranwachsenden Menschen ein Schuldbewußtsein. Aber dieses Schuldbewußtsein ist nicht nur falsch, sondern auch irreal. Dieser Mensch lebt dann ununterbrochen in meinem Schatten. Das kann diesem Menschen die gesamte Lebensfreude nehmen. Und ich kann einen sehr großen Schatten werfen, denn ich bin ein sehr großes Wesen!

W.W.: Aber es sind ja Menschen aus seinem näheren Umkreis, vermutlich Angehörige, die dem heranwachsenden Menschen diese Schuld einreden. Dadurch entsteht durch diese Menschen eine neue Schuld. Bist du dann bei diesen Menschen anwesend?

Schuld: Ja, ich bin anwesend, aber auch nur dann, wenn diese Menschen ein Schuldbewußtsein haben.

W.W.: Bist du denn nicht anwesend, wenn diese Menschen kein Schuldbewußtsein haben, aber durch dieses Einreden der Schuld gegenüber dem Kind trotzdem Schuld auf sich laden?

Schuld: Doch, ich bin anwesend, aber in einem anderen Verhältnis. Wie ich schon erwähnte, hängt das sehr von den Gebräuchen und Sitten der Menschen ab. Denn sie können sich ja völlig im Recht fühlen, indem sie das heranwachsende Kind mit Schuld beladen.

W.W.: Dann betrachten wir diesen Fall doch einmal an einem realen Beispiel. Die Mutter stirbt bei der Geburt eines Kindes. Das Kind wächst heran, und die Geschwister und der Vater reden dem Kind ein, daß es am Tod der Mutter schuld sei. Sie selbst haben aber kein Schuldbewußtsein, weil sie in Gebräuchen leben, nach denen sie das für richtig halten. Trotzdem haben sie ja Schuld auf sich geladen, weil sie dem Kind etwas zumessen, wofür es nichts kann. Wie verhält sich dies alles, wo bist du anwesend?

Schuld: Ich bin als Schatten beim Kind. Zweitens bin ich auf der objektiven Schuldebene anwesend. Wenn es um mich geht, muß man immer hingucken, was die Grundlage ist. Nun kann es aber sein, daß die Gesellschaft oder die Nachbarn sehr wohl erleben, welche Schuld die Verwandten des Kindes beim Kind anhäufen. Dann erleben die umstehenden Menschen oder die Gesellschaft die Schuld der anderen, und wegen des Erlebens dieser Schuld bin ich bei diesen Menschen auch anwesend. Ich bin aber nicht bei der Familie selber. Ich bin also bei der Familie auch nur mit meinem Schatten.

W.W.: Aber es gibt doch die objektive Schuld; insofern mußt du ja auch bei der Familie anwesend sein.

Schuld: Hier wird es nun interessant. Die Karmaschuld, die verursacht wurde – auch wenn sie durch die Zeitverhältnisse und die Bräuche modifiziert wird –, ist selbstverständlich objektiv vorhanden. Diese wird mittlerweile von Christus zugemessen. Vor diesem Hintergrund bin ich anwesend.

W.W.: Mich interessiert noch das Zusammenspiel zwischen dir und diesen Menschen, die als Familie in einer Wohnung wohnen. Du bist als Schattenwesen bei dem Kind, stehst irgendwo in der Wohnung oder um die Wohnung herum als dunkle Schattengestalt, bist aber selbst eigentlich keine dunkle Gestalt und stehst darüber hinaus auch noch als objektive Schuld im Umkreis dieser Menschen. Diese Menschen aber sehen dich nicht, weil sie in bezug auf den Vorwurf gegenüber dem Kind kein Schuldbewußtsein haben. Sehe ich das so richtig?

Schuld: Exakt.

W.W.: Würden sie aber ein Schuldbewußtsein bekommen, so sähen sie dich?

Schuld: Genau. Dann könnte ich sie sogar sozusagen umarmen, um im Bild zu bleiben.

Unterschiedlichste Schuldgeflechte

W.W.: Ich skizziere drei Personengruppen. Ein Mensch fügt einem anderen Menschen ein schweres Leid zu; nennen wir die beiden Täter und Opfer. Obendrein gibt es noch Angehörige des Opfers. Wie stark bist du mit diesen drei Menschen bzw. Menschengruppen verbunden?

Schuld: Es kann sogar eine sehr starke Beziehung von mir zum Opfer geben. Wenn die Tat, z.B. ein Mord, mit gewissen einseitigen Wesenszügen und Handlungen des Opfers zusammenhängt, habe ich auch eine starke Beziehung zum Opfer. Der Ermordete könnte ja auch einen Teil Selbstschuld an seinem Tod tragen, weil er sich während des Lebens gegenüber dem Täter über die Maßen schlecht benommen hat. Wenn es aber nur ein Raubmord ist und ein Mensch dabei wie zufällig getötet wird, habe ich zu diesem getöteten Menschen keine Verbindung; unabhängig von allen anderen Schuldverflechtungen, in denen dieser Mensch auch noch steht.

Das wirkt sehr kleinkariert, aber aufgrund eures immens gestiegenen Bewußtseins für diese Zusammenhänge muß man es manchmal etwas detailliert anschauen. Alles muß man sehr sorgfältig betrachten. Das verlangt auch Christus. Hier sollte man auf keinen Fall pauschalisieren.

Beim Täter bin ich im Regelfall auch sehr deutlich anwesend, vor allem dann, wenn er Schuldbewußtsein hat, aber auch vielleicht dann, wenn er noch in alten Blutrache-Systemen steckt, sich sein Gewissen aber wegen dieser Tat regt, die er ausführen mußte, aber nicht unbedingt ausführen wollte. Dadurch entstehen beim Täter viele Konflikte. Es entstehen Konflikte zwischen seinen eigenen unterschiedlichen Wertesystemen.

Wenn die Angehörigen des Opfers diese Tat verurteilen und ein Bewußtsein der Schuld des Täters haben, bin ich selbstverständlich bei ihnen sehr stark anwesend. Oft sind die Angehörigen auch sehr schnell mit Schuldzuweisungen, mit Forderungen, je nach dem sie umgebenden Rechtssystem. Im Extremfall könnte bei ihnen sogar eine Art Lynchjustiz entstehen, sich also neue Schuld anhäufen. Wenn ich für die Angehörigen ganz offensichtlich bin, wenn sie sogar ins Handeln kommen, setzen sie sich intensiv mit mir auseinander. Für die Angehörigen ist es manchmal, besonders am Anfang in der Phase der Trauer, schier unmöglich, objektive Gedanken zu denken.

W.W.: Nehmen wir zwei Menschen in der heutigen Zeit in den westlichen Demokratien, die allerdings nicht mit dem Gesetz in Konflikt kommen. Person A fügt Person B ein Leid zu. B empfindet dieses Leid auch so, A empfindet dieses Leid nicht, weil A völlig andere persönliche Schuldkategorien hat. Wie beurteilst du das, bzw. wie gerätst du in Verbindung zu diesen beiden Personen? Wer beurteilt hier die Objektivität?

Schuld: Eine objektive Beurteilung ist aus meiner Warte nicht objektiv genug. Ich versuche einmal, das verständlich zu machen. Entschuldige, wenn ich wieder von vorne anfange, aber das muß in diesem Fall sein. Es gibt in der tiefen Ebene des Seins bei Mord aus meiner Sicht eine grundsätzlich objektive Ebene. Hier leuchtet für mich als Schuld sehr schnell die Objektivität auf. Schuld ist nur auf dieser unteren, weitgehend objektiven Ebene vorhanden. Alles andere ist systemimmanent. Heute ist diese Schuld Inhalt des Wortes, denn ihr lebt innerhalb des Wortes von Christus. Aber auch das ist ein System.

W.W.: Aber wie ist es nun bei dem von mir genannten Beispiel?

Schuld: Dort befinden wir uns auf keiner objektiven Ebene, denn Person A verletzt das Wertesystem der sie umgebenden Menschen und vor allem von Person B. Er selbst kann aber nicht erleben, daß er ein Wertesystem verletzt hat; insofern bin ich nicht bei ihm, weil er kein Schuldbewußtsein hat. Natürlich hat Person A persönliche Karmaschuld. Dadurch befindet man sich aber mittlerweile auf der Ebene des Christus. Auch das ist ein System, wenn auch ein grandioses. Bei Person B bin ich ohnehin.

Höheres Interesse

W.W.: Nehmen wir an, daß ein Mensch in einem Land mit einem sehr konservativen Rechtssystem lebt und ein Unrecht aufdeckt. Er begeht nach dem Rechtssystem eine schuldhafte Tat, beruft sich aber auf eine höhere Moral, nach der er eigentlich nicht schuldig ist. Wie ist hier das Verhältnis zu dir?

Schuld: Rechtlich, nach dem jeweiligen System, hat er wahrscheinlich Schuld auf sich geladen. Er erlebt und erhebt aber auch einen Rechtsanspruch auf Unschuld, was ihr z.b. derzeit in bezug auf Whistleblower diskutiert, um diese zu entschulden. Gleiches ist auch gerade geschehen mit denjenigen Menschen, die in Tiermastbetriebe eingedrungen sind: Diese Menschen handelten schuldhaft nach euren derzeitigen Gesetzen, andererseits haben sie aufgedeckt, wie Tiere gequält werden. Anhand dieses Falles wurde diskutiert, ob eine solche Tat in Ordnung ist, wenn ein höheres Interesse vorliegt.

An dieser Stelle verändert sich eure Wahrnehmung von mir. Ich selber verändere mich eigentlich nicht so sehr. Ich werde nur von einigen Menschen anders betrachtet. Ihr nehmt im Laufe der Zeit immer andere Details von mir wahr. Ich bin ein großer Engel, und ich habe sehr viele Details und Bereiche. In euren westlichen Demokratien entwickelt ihr derzeit gerade ein verändertes Schuldverständnis gegenüber den Menschen, die eigentlich etwas Gutes tun. Diese Menschen handeln aus einem höheren Interesse, einer höheren Moral, und sie tun eigentlich etwas Gutes. Das bekommt ihr zunehmend in euer Bewußtsein und diskutiert es und sucht nach neuen Rechtskategorien. Hier seid ihr auf dem Weg, daß ein veralteter Schuldschatten aufgehoben wird und Licht in die Zusammenhänge einfließen kann. Es geht also in die Richtung, daß Gesetze so verändert werden, daß bei solchen Taten keine rechtliche Schuld mehr anfällt. Solange die Gesetze aber nicht verändert werden, gibt es weiterhin diese verschiedenen Ebenen von juristischer Schuld durch eine Tat auf der einen Seite und einer berechtigten Tat aufgrund einer höheren Moral auf der anderen Seite.

W.W.: Warum wechseln denn die Inhalte dessen, weswegen man schuldig ist?

Schuld: Weil ihr Menschen euch fortwährend verändert. Zu Beginn eurer Menschheitsgeschichte habt ihr vielleicht nur meine Füße erkannt, aber im Laufe der Zeit enthüllt sich zunehmend meine Gestalt, und die Füße vernebeln sich vielleicht wieder. Was meine Füße an Schuld ausdrücken, erlebt ihr also vielleicht gar nicht mehr als Schuld. Das liegt an eurer Entwicklung. Wesen, die mehr aufnehmen können, sehen mehr von meiner Gestalt. Eine Gestalt aber sieht mich in Gänze, weil ich durch sie neu entstanden bin – und das ist Christus. Er überträgt den Blick meiner gesamten Gestalt auch auf die führenden Wesen der Zeit, vor allem auf Michael, der mit der Waage dasteht und abwägt. Michael spricht Karmaschuld zu.

Daseinsschuld und Verantwortung

W.W.: Nehmen wir ein weiteres Beispiel in der Zeit nach dem Mysterium von Golgatha. Ein Mensch foltert einen anderen gegen dessen Willen. Inwieweit beginnt hier objektive Schuld?

Schuld: Der Mensch ist Gottes Abbild. Bei diesem Fall verletzt der Mensch Gottes Abbild. Er verletzt das Dasein. Der Folterer verletzt im Gefolterten Gottes Abbild.

W.W.: Sind wir nicht alle schon allein deswegen schuldig, weil wir hier auf der Erde leben und weil wir für unsere Ernährung andere Wesen töten müssen?

Schuld: Aber ihr tut vieles aus der Unschuld heraus und könnt gar nicht anders.

W.W.: Selbstverständlich können wir nicht anders, aber wird man nicht an Tieren und Pflanzen notwendigerweise trotzdem schuldig, weil man sie töten muß?

Schuld: Ihr habt eine Verantwortung für diese Wesen, aber keine Schuld.

W.W.: Kann man unschuldig ein Tier töten und trotzdem Verantwortung für dieses haben?

Schuld: Das kann man. Man sollte nicht sagen, daß der Mensch an der Welt schuldig wird, nur weil er lebt. Gerade bei diesem Beispiel erlebe ich oft bei Menschen, daß sie das in mir suchen. Sie finden es aber nicht in mir. Es ist ihnen nur eingeredet worden. Sie finden diese Schuld nur in meinem Schatten; dort muß sie leider sein. Aber Schatten verzerren.

Schattenhaftes unechtes Schuldbewußtsein

W.W.: Ein einfaches Beispiel: Ich werfe diese Tasse auf den Boden, und zwar absichtlich. Bin ich daran schuld?

Schuld: Du bist an der Zerstörung der Tasse schuld, ja. Die Tasse hat auch ein Wesen. Und das Wesen dieser Tasse muß seine Entität verändern.

W.W.: Warum werde ich dann nicht schuldig an einem Tier, welches ich töte, weil ich es essen muß?

Schuld: Weil das Tier dein Leben ermöglicht. Die Tasse hat mit deinem Leben nichts zu tun. Es gibt natürlich die Annahme, auch unter vielen religiös geprägten Menschen, vor allem unter Protestanten, daß man sich durch die bloße Existenz auf Erden schuldig macht. Das findet sich auch in bestimmten indischen Religionsformen wieder, indem man z.B. so lebt, daß man überhaupt kein Tier töten darf. Das tut man, um nicht schuldig zu werden. Aber das ist zu extrem gedacht. Darin kann man auch gewisse Einflüsse der Widersacherwesen erkennen, denn die Widersacherwesen haben ein starkes Interesse an meinem Schatten, ein starkes Interesse daran, daß ein unechtes Schuldbewußtsein entsteht. Und überall dort, wo ich dunkel bin, also in meinem Schatten, kann der Christus nur schwer hineinleuchten. Daraus ergibt sich, daß viele Menschen eine starke Antipathie gegen den Schuldbegriff haben. Oft kann man aber den Schuldbegriff mit dem Verursachungsbegriff gleichsetzen. Wenn du die Tasse herunterwirfst, so bist du daran schuld bzw. hast verursacht, daß die Tasse kaputt ist. Viele Menschen stören sich an dieser Art des Schuldbegriffes, weil sie selber den Schuldbegriff bewußtseinsmäßig nicht richtig bearbeitet haben.

Allergisch gegen den Schuldbegriff

W.W.: Das erlebe ich oft. Ich gebe ein sehr einfaches Beispiel: Zwei Menschen verabreden sich um acht Uhr an einem bestimmten Ort. Der eine dieser beiden kommt erst eine Stunde später. Derjenige, der eine Stunde umsonst gewartet hat, sagt z.B., daß der andere daran schuld sei, daß er eine Stunde habe warten müssen. An diesem Begriff Schuld bei diesem Beispiel stören sich sehr viele Menschen. Ist dieser Begriff denn falsch?

Schuld: Nein. Objektiv, geisteswissenschaftlich, ist dieser Begriff nicht falsch; denn derjenige Mensch, der eine Stunde zu spät kommt, obwohl er sich eine Stunde früher verabredet hat, ist der Verursacher dieser Verspätung, dieses Versäumnisses. Das kann man Schuld nennen. Man könnte aber auch einen anderen Begriff wählen. Auf jeden Fall hat dieser Mensch schuldhaft gehandelt. Der andere Mensch hat ja eine Stunde gewartet, er hat sich dabei sicherlich geärgert oder ähnlich Ungutes erlebt. Daran ist der andere Mensch nach eurem Wertesystem definitiv schuld. Wer den Begriff Schuld so benutzt, wie du ihn eben benutzt hast, kommt des öfteren in Konflikt mit denjenigen Menschen, die diesen Begriff anders verwenden, z.B. nur im juristischen Sinne. Das ändert aber nichts an den Tatsachen. Man kann den Begriff Schuld mit der Verursachung gleichsetzen. Die anderen Menschen verstehen dann immer unter Schuld Strafe und Sünde und ähnliches. So ist es ja oft gar nicht gemeint.

Das Gewissen ist der Funke von Christus im Menschen

W.W.: Schauen wir noch einmal in die heutige Zeit zu einem Menschen, der an einem anderen Menschen schuldig geworden ist. Nehmen wir an, daß er seine Schuld zuerst nicht einsieht, aber mit der Zeit ein Schuldgefühl und ein Schuldbewußtsein entwickelt und sogar zu der Aussage kommt: *„Ich bin schuld.“* Kannst du diesen Verwandlungsprozeß in diesem Menschen und deine Beziehung zu diesem Menschen in diesen unterschiedlichen Phasen beschreiben?

Schuld: Er war zuerst partiell blind in bezug auf meine Gestalt, und allmählich sieht er mehr von meiner Gestalt. Wodurch das verursacht ist, steht auf einem anderen Blatt. Oft hängt das mit einer bestimmten Fähigkeit zusammen, die ich besonders bei männlichen Wesen unter euch Menschen wahrnehme, nämlich mit der Eigenschaft des Verdrängens. Wer seine Schuld verdrängt, hat einen Röhrenblick und sieht seine Tat, seine Schuld, seine Verursachung eines Geschehens nicht ein. Nun kann es aber sein, daß das Leben oder vor allem geistige Wesen in seinem Umfeld oder auch höhere geistige Wesen wie der Schutzengel, Michael oder Christus daran arbeiten, daß diese Röhre zunehmend geöffnet wird. Und schon ändert sich der Blick dieses vormals eingeschränkten Blickfeldes dieses Menschen. Er hat dann die Fähigkeit, mich neu oder anders wahrzunehmen.

W.W.: Welche Rolle spielt dabei das Schuldgefühl bzw. das Gewissen?

Schuld: Das hängt damit entscheidend zusammen. Das Gewissen ist der Funke von Christus im Menschen.

W.W.: Wie ist deine Beziehung zum Gewissen?

Schuld: Ich bin das Wertesystem von Christus. Das Gewissen ist der Bereich, durch den euch das Wertesystem von Christus bewußt wird. Deswegen kann man Gewissensbisse haben, die zu einem Schuldbewußtsein, zu einem Schuldgefühl führen. Dann kann man die Schatten, die ich werfe, wahrnehmen. Wenn man die Schatten von meinem Wesen wahrnimmt, kann man auch seinen Blick erheben und die Schuld wahrnehmen. Denn die Schuld wirft ja den Schatten.

Uneinsicht, Schuldeinsicht und Verzeihen

W.W.: Nehmen wir an, daß zwischen zwei Menschen Schuld entsteht, ohne daß irgendein Gesetz dabei verletzt wird. Beide Menschen haben ein Bewußtsein von der Schuld des einen, und der Schuldige sieht seine Schuld ein, und derjenige, der eine gewisse Tat erleiden mußte, verzeiht dem sogenannten Täter. Ist dann die Schuld aufgehoben?

Schuld: Sie ist dadurch verändert worden. Beide Menschen schauen mich in diesem Moment nicht mehr an. Das bedeutet aber nicht, daß ich fort bin. Das geht nämlich nicht. Vor allem aber werfe ich an dieser Stelle, in der Beziehung dieser beiden Menschen, keinen Schatten mehr. Es braucht also kein Schuldbewußtsein mehr dazusein. Die eigentliche Schuld ist nicht weg, aber ihre Wirkung ist weg. Hier sollte man noch einmal erwähnen, daß die eigentliche Schuld die Karmaschuld ist. Der Schutzengel oder auch Christus können die Karmaschuld bei einem wirklichen Verzeihen verkleinern oder gar auslöschen. Das hängt aber von dem jeweiligen individuellen Fall ab; das kann man nicht pauschal beantworten.

W.W.: Und was geschieht, wenn der Täter seine Schuld nicht einsieht, das sogenannte Opfer aber trotzdem verzeiht?

Schuld: Auch das ist möglich. Dann muß der Täter höchstwahrscheinlich seine karmische Schuld nicht an dem Opfer, sondern an einer anderen Stelle abtragen. Wer als Opfer zu schnell seinem Täter, z.B. im Fall von Vergewaltigung oder Folter, verzeiht, kann dies eventuell reinen Herzens tun; es kann aber genausogut eine erhebliche Hybris dabeisein. Manche Menschen haben aber ihre Fähigkeit zu verzeihen sehr geschult, so daß sie auch sehr schwerwiegende Dinge verzeihen können. Trotzdem kann man immer nur den persönlichen Aspekt verzeihen, nicht die karmische Schuld.

W.W.: Sollte man nicht vielmehr nur dann verzeihen, wenn der Täter seine Schuld einsieht? Ist es nicht unsinnig, einem Schuldigen zu verzeihen, wenn er diese Schuld nicht einsieht? Denn dann kann er doch nichts daran lernen und begeht diese Tat womöglich noch einmal bei anderen Menschen!

Schuld: Beim Verzeihen geht es in diesem Fall eigentlich nur darum, sich selbst zu entlasten. Wenn man einem anderen Menschen verzeiht, ohne daß dieser seine Schuld einsieht, rechtfertigt man ja nicht seinen Fehler; außerdem ist die Schuld damit nicht abgetragen. Wenn man aber verzeiht, gibt man den Zusammenhang in andere Hände.

W.W.: Aber ist es nicht sogar falsch, einem anderen Menschen zu verzeihen, wenn er seine Schuld nicht einsieht? Denn er kann dann ja, wie gesagt, selbiges wieder tun.

Schuld: Es ist nicht fahrlässig, einem Menschen zu verzeihen. Das ist Großherzigkeit.

W.W.: Nehmen wir an, daß ein Erwachsener ein Kind sexuell mißbraucht. Nehmen wir an, daß das Kind heranwächst und seinem Vergewaltiger verzeiht. Ermuntert der herangewachsene Mensch damit nicht den Täter zu neuen Taten? Wird dadurch das Opfer nicht auch schuldig, weil es den Täter zu neuen Taten ermuntern könnte?

Schuld: Nein, nicht unbedingt.

W.W.: Das sehe ich anders. Wenn ich einen Täter, der Kinder sexuell mißbraucht hat, anzeige, so daß er ins Gefängnis kommt, verhindere ich, daß dieser weitere Kinder mißbraucht. Wenn ich ihm aber verzeihe, ermögliche ich ihm eventuell, daß er weitere Kinder mißbraucht.

Schuld: Dann kommt aber ein anderer Aspekt hinzu. Wenn das Opfer der einzige Mensch ist, der diesen Täter anzeigen kann, dann haben wir eine völlig andere Gesprächsgrundlage. Wenn nur ein einziger Mensch einen Päderasten anzeigen kann, kann man die Frage stellen, ob dieser dem Täter wirklich verzeiht oder ob er nur Angst hat vor einer Veröffentlichung, vor einem Gerichtsprozeß. In einem solchen Fall kann sich das Opfer durchaus tendenziell schuldig machen, weil der Pädophile dann die Möglichkeit hat, weitere Kinder zu mißbrauchen. Du bist der Meinung, daß der Schuldige einen Erkenntnisprozeß durchmachen muß, daß er etwas lernen muß, bis er seine Schuld einsieht. Du glaubst zweitens, daß du durch dein Verzeihen diesen Erkenntnisprozeß blockierst.

W.W.: Genau.

Schuld: Dann darfst du ihm nicht verzeihen. Aber das ist deine persönliche Einstellung, das ist deine Beziehung zu diesem Täter. Bei einem anderen Menschen sieht es vielleicht anders aus. Du hast ein absolutes Recht auf diese Einstellung; andere Menschen setzen aber andere Prioritäten. Denen ist der Erkenntnisprozeß des Täters nicht wichtig. Inwieweit sie sich dadurch schuldig machen, wäre eine weitere Diskussion. Vielleicht wollen sie auch nur in einem gefühlsbetonten Frieden leben. Vielleicht sind sie auch feige. Vielleicht können sie aber auch wirklich verzeihen. Aus meiner Sicht als Schuld gibt es keine Pflicht, jemandem zu verzeihen. Es gibt aber den Wunsch aus Sicht von Christus, daß die Menschen sich mehr verzeihen mögen.

W.W.: Ist es so, daß ein Mensch, der mit aufrichtigem Herzen einem anderen, uneinsichtigen Menschen eine ungute Tat verzeihen will, damit Kräfte aussendet, die es ermöglichen, daß der Uneinsichtige seine Tat doch einsieht?

Schuld: Das ist eine reale Kraft, also auch eine reale Möglichkeit. Im Gespräch mit dem Verzeihen werdet ihr das sicherlich noch näher besprechen, aber ich kann jetzt schon sagen, daß ihr immer dann, wenn ihr verzeiht, einem Wunsch von Christus folgt. Durch das Verzeihen, durch diese Wunscherfüllung, aktiviert man eine Christuskraft. Diese Christuskraft steht dem Menschen, der eine ungute Tat vollbracht hat und diese nicht einsieht, zur Verfügung für seine Erkenntniskraft. Ob er dann seine Tat einsieht, muß man seiner Freiheit überlassen. Viele

Täter werden durch diese Kraft wachgerüttelt; natürlich kann die Kraft auch ohne Wirkung bleiben.

Wer hat schuld, wenn die gesamte Erdentwicklung schiefgeht?

W.W.: Aber wenn man einem Täter verzeiht und er nicht wachgerüttelt wird und aus dem Verzeihen egoistischen Vorteil zieht, indem er z.B. weiter ähnliche ungute Taten begeht – ist dann das Verzeihen nicht ziemlich fragwürdig?

Schuld: Wenn es schiefgeht, dann bin ich da. Ihr seid Menschen, und es kann alles vergeblich sein. Man hat nie als Mensch eine hundertprozentige Sicherheit für irgend etwas. Damit hängt auch deine Grund-Lebensfrage zusammen: Wer hat schuld, wenn die gesamte Erdentwicklung schiefgeht? Sie kann schiefgehen. Das ist Freiheit!

Eingefrorene Schuld

W.W.: Was passiert, wenn der Täter seine Schuld einsieht und sie auch wiedergutmachen will und sich wirklich bemüht, sich immer wieder bei dem sogenannten Opfer zu entschuldigen, das Opfer aber überhaupt nicht vergeben will?

Schuld: Dann macht sich das Opfer irgendwann selbst schuldig. Nach dem neuen Christus-System – wenn ich das einmal so nennen darf – ist das ein sehr unguter Weg. Dann werde ich in mir selbst gefangen. Dann dreht sich alles nur noch in sich selbst. Ich als Schuld werde dann eingefroren. Jedes Rechtssystem, jede christliche und menschliche Verbindung zwischen den Menschen würde auseinanderfliegen bzw. komplett versteinern, wenn Menschen sich überhaupt nicht bewegen würden, indem sie entweder ihre Schuld nicht einsehen bzw. auf der anderen Seite eine Schuld nicht verzeihen könnten.

Schuld sind immer die anderen

W.W.: Wie kommt es, daß die meisten Menschen eher annehmen, daß immer die anderen schuld seien, nicht aber sie selbst?

Schuld: Weil es Feiglinge sind! Nicht alle, aber sehr viele Menschen könnte man als Feiglinge bezeichnen.

W.W.: Hängt es auch oft damit zusammen, daß die Menschen immer noch sehr stark dualistisch denken, in Freund und Feind, in Schwarz und Weiß, nicht aber in der Lage sind, etwas Drittes, Trinitarisches oder Zwischentöne wahrzunehmen?

Schuld: Auf jeden Fall. Die Xenophobie, die Fremdenfeindlichkeit, hängt auch damit zusammen, weil man in diesen Kategorien nur so denken kann, daß immer die anderen schuld seien. Diese dualistische Denkweise durchzieht die gesamte Gesellschaft in fast allen Lebensbereichen.

W.W.: Wenn ein Mensch in einem diktatorischen Regime, z.B. als Soldat, zu etwas gezwungen wird, was er nicht tun will, sei es ein Mord, ein Schießbefehl, eine Folter – hat dieser Mensch dann auch schuld oder nur das diktatorische Regime bzw. der jeweilige Befehlshaber?

Schuld: Das ist sehr schwierig. Hier gibt es z.B. die Genfer Konventionen. Damit hat die Menschheit ein Gesetzeswerk geschaffen, in dem geregelt ist, daß ein Mensch zu solchen Taten nicht gezwungen werden darf. Natürlich halten keineswegs alle Länder diese Genfer Konventionen in Kriegsfällen ein; und einen solchen Fall sprachst du eben an. Wenn also ein Soldat, gleich in welchem Land, mordet und foltert, macht er sich zumindest mitschuldig; auch wenn er dazu gezwungen wird. Natürlich ist der Befehlshaber der Hauptschuldige. Daß ein Mensch auf Befehl tötet, weil er sonst selber getötet werden würde, kann man zwar verstehen; trotzdem macht er sich mitschuldig. Aber das sind sehr schwierige Verhältnisse, die im jeweiligen Einzelfall genau betrachtet werden müßten. Natürlich macht sich der Soldat aus Sicht des diktatorischen Unrechtsregimes nicht schuldig; aber im Sinne des Völkerrechts, der Genfer Konventionen und im Sinne eines moralischen Rechts macht er sich schuldig.

Es ist kein Vergnügen, mit mir zu reden!

W.W.: Bist du selbst eigentlich auch irgendwo schuldig?

Schuld: Ich als Schuld bin unschuldig. Sonst würde das gesamte System nicht funktionieren.

W.W.: Bist du auch die Unschuld selbst?

Schuld: Nein.

Notwehr

W.W.: Wenn man aus Notwehr jemanden umbringt, ist man dann schuldig?

Schuld: Notwehr ist in den meisten Rechtssystemen erlaubt, auf der moralischen Ebene wird man trotzdem schuldig. Auf der rechtlichen Ebene wird man nicht schuldig. Oft bekommt jemand, der einen anderen Menschen aus Notwehr getötet hat, hinterher große Schuldgefühle. Menschen, die in solche Situationen geraten, durchleben meist ungeheure innere Konflikte.

Die Schuld eines Diktators

W.W.: Welche Schuld entsteht z.B. bei einem Diktator wie Assad, der große Teile seiner Bevölkerung getötet, gefoltert und vertrieben hat und eigentlich sein gesamtes Land zerstört hat?

Schuld: Hier entsteht Schuld auf allen Ebenen. Es entsteht Schuld auf all den Ebenen, die jemals von euch Menschen definiert worden sind. Es entsteht vor allem Schuld auf der Daseinsebene, weil so ungeheuer viele Menschen getötet oder ins Leid gestoßen wurden. Es entsteht Schuld auf allen Rechtsebenen. Es entsteht Schuld gegenüber dem Islam, der solche Greueltaten nicht erlaubt und diese Art von Töten verbietet. Assad macht sich auch gegenüber dem Christentum schuldig, weil unter den Syrern auch Christen sind. Er macht sich gegenüber dem Völkerrecht schuldig, genauso gegenüber den Genfer Konventionen. Und natürlich macht er sich auf allen moralischen Ebenen schuldig.

Ähnliches gilt natürlich auch für alle anderen Diktatoren, die in diesem oder in anderen Kriegen mitmischen. Assad hat also alle roten Linien überschritten. Und natürlich machen sich sehr viele andere Staaten, im Osten wie im Westen, ebenfalls in bezug auf Syrien schuldig. Man macht sich schuldig, wenn man in diesen Krieg in Syrien eingreift, man macht sich aber genauso schuldig, wenn man nicht eingreift. Das alles ist ungeheuer kompliziert und kann hier nicht im einzelnen dargestellt werden. Schuldig machen sich also alle.

Ich bin sehr gespannt, in welche Richtung sich euer Bewußtsein für Syrien in bezug auf die verschiedenen Schuldfragen in den nächsten Jahren entwickeln wird. Man könnte argumentieren, daß man einen Angriffskrieg auf ein solches Land wie Syrien beginnt, weil die Bevölkerung zu sehr leidet – aber dann macht man sich auch schuldig. Genauso müßte man dann nämlich sagen, daß man gegen alle anderen Länder, in denen die Bevölkerung ebenfalls leidet, einen ähnlichen Krieg beginnen müßte. Wie auch immer man dies sehen will: Auf jeden Fall entsteht weltweit ein immer sensibleres Schuldbewußtsein für alle diese einzelnen Fragen. Ob es dafür Lösungen gibt, will ich hier nicht näher beschreiben.

Wie lange hält es z.B. ein Staat aus, bzw. die Menschen dieses Staates, wenn in einem Nachbarstaat die Menschen massakriert, gefoltert werden oder verhungern, ohne daß man in diesem Land eingreift, auch ohne UN-Mandat? Hier entstehen moralische Fragen, hier entsteht vielfache Schuld, hier gibt es fast nur unlösbare Probleme.

Hinzu kommt, dass sich die Rechtssysteme und internationalen Vereinbarungen für solche Fälle häufig widersprechen. Aufgrund einer höheren Moral müßte man handeln, auf einer rechtlichen Ebene darf man das aber nicht. Hier entsteht bei den Menschen zunehmend ein höheres Bewußtsein, und man stellt auch verschiedene Ebenen und Systeme in Frage, um sie neu zu definieren.

Gruppenschuld

W.W.: Eine Gruppe Jugendlicher schlägt einen Obdachlosen zusammen, oder es gibt eine Gruppenvergewaltigung. Was ist anders bei einer Gruppenschuld?

Schuld: Es entsteht Schuld auf einer individuellen Ebene bei jedem dieser Jugendlichen, genauso kommt aber noch eine Gruppenschuld hinzu, denn diese Gruppe hat auch ein Gruppenwesen. Dieses Gruppenwesen hat als Gruppenwesen keine positive Führung. Es kann also ein sehr negatives Wesen sein, welches diese Gruppe führt. Natürlich kann diese Gruppe auch sehr spontan zusammenkommen; auf jeden Fall entsteht bei einer solchen Gruppenvergewaltigung oder Gruppenschlägerei auf vielen Ebenen Schuld.

W.W.: Welche Schuld entsteht bei einem Pogrom? Nehmen wir als Beispiel die Judenpogrome in Polen und natürlich im Nazi-Deutschland. Zwar war dies meist durch die jeweilige Staatsführung vorgegeben, aber die Menschen mußten ja nicht mitmachen. Welche Schuld entsteht hierbei?

Schuld: Es kann auch sein, daß das individuelle Bewußtsein der gewalttätigen Menschen getrübt ist, wie schon mit der gewalttätigen Jugendgruppe angedeutet. Aber das befreit sie nicht im geringsten davon, sich mit mir auseinanderzusetzen. Lediglich hinzufügen sollte man, daß sie von der jeweiligen Hetzpropaganda des Staates geschickt worden sind und daß hier auch gewisse ungute Wesen mitwirken. Aber das befreit sie nicht von der individuellen Schuld. Ignorieren darf man auch nicht, daß die Staatsführung die Täter ermächtigt hat; insofern handeln sie nicht ausschließlich aus freien Stücken, im Gegensatz z.B. zur Jugendgruppe, die einen Obdachlosen verprügelt. Sie brechen natürlich alle anderen Gesetze der Menschlichkeit und der Moral.

Weltschuld

W.W.: Welche Schuld entsteht bei uns allen im Westen und in allen in Frage kommenden Ländern, wenn man Kleidung und Luxusartikel wie z.B. Smartphones kauft, ungeachtet der Menschen, die beim Nähen oder beim Schürfen von Rohstoffen in Asien und Afrika oder beim

Zusammenbauen der Konsumgüter zu Tode kommen, die versklavt oder vergiftet oder zumindest ausgebeutet werden?

Schuld: Man muß unterscheiden, ob der konsumierende Mensch um die Zusammenhänge weiß oder nicht. Wer um die Zusammenhänge nicht weiß, dessen Schuldanteil ist ein wenig kleiner, obwohl er vorhanden ist. Erschwerend kommt hinzu, daß er bzw. sie es wissen könnte, denn ihr lebt im Informationszeitalter, und diese Zusammenhänge kann nun wirklich jeder Mensch wissen. Wenn ein Mensch es aber wirklich überhaupt nicht weiß, so kann man von einer gewissen Schuldminderung sprechen; so ist euer Rechtssystem zumindest derzeit. Wer um die Zusammenhänge weiß und diese Konsumgüter bedenkenlos kauft und verwendet, dessen Schuldanteil wächst. Hinzunehmen muß man aber auch, daß man sich oftmals aus Zeit- und Organisationsgründen, auch aus finanziellen Gründen, kaum anders entscheiden kann. Die Weltschuld und die Schuld gegenüber den leidenden Menschen und der vergifteten Erde bleibt aber.

W.W.: Ich bemühe mich redlich, mich regional und biologisch zu ernähren, ich bemühe mich in vielerlei Hinsicht, nur die Dinge zu kaufen, die fair gehandelt werden, ich bemühe mich auch um Plastikvermeidung und vieles mehr. Trotzdem muß ich hin und wieder und auf vielen anderen Gebieten Kompromisse machen, z.B. bei einem Smartphone oder bei der Kleidung, auch bei kaum zu verhinderndem Plastikgebrauch und vielem mehr. Nun höre ich, daß ich einen erhöhten Schuldanteil habe, denn ich informiere mich gründlich über alle diese Zusammenhänge und diskutiere sie auch vielfach mit Menschen. Das scheint mir nicht fair zu sein.

Schuld: So ist es. Die Angelegenheit ist sehr kompliziert. Dein Bemühen um das Bewußtwerden der Zusammenhänge und der daraus folgenden Handlung ist schuldmindernd, dein Wissen um alle Zusammenhänge aber ist schulderhöhend. Das ist eine Zwickmühle, aus der der heutige Mensch nicht herauskommen kann. Wenn man mehr ins einzelne gehen würde, so würde das Ganze sehr kleinkariert werden; aber es ist so. Der Mensch muß heute einerseits so leben, daß er teilweise zerstörerisch und andere Menschen und die Umwelt belastend lebt; auf der anderen Seite kann er sich redlich bemühen, diese antisozialen und zerstörerischen Impulse zu minimieren. Das heißt, daß der heutige Mensch nicht leben kann, ohne schuldig zu werden. Es ist eine gesellschaftliche Schuld, und die Gesellschaft bzw. die Weltgesellschaft fördert diese Mißstände. Man kann ja auch aus verschiedenen Gründen aus der Gesellschaft aussteigen, aber dann macht man sich auf einem ganz anderen Sektor schuldig, indem man z.B. nicht am positiven Fortbestand dieser Welt mitwirkt.

Jeder Mensch kann Ausgleichsmaßnahmen durchführen

W.W.: Was würdest du denn empfehlen, um aus diesem notwendig schuldhaften Hamsterrad zumindest teilweise herauszukommen?

Schuld: Das geht nur, indem man Ausgleichsmaßnahmen tätigt. Die einfachste und unaufwendigste Ausgleichsmaßnahme ist das Gebet. Man kauft Jeans, die auf ausbeuterische Weise von Näherinnen in Bangladesh hergestellt werden; man kauft sich ein Smartphone und weiß, daß das Coltan z.B. im Kongo auf Kosten des Lebens vieler Menschen geschürft wird; man ißt Bananen, die vielfach mit vielen Giften behandelt worden sind, wodurch Mensch, Tier, Pflanze und Erde stark gelitten haben – und nun nimmt man sich vor, für all die daran leidvoll beteiligten Wesen eine gewisse Zeit in einem gewissen Abstand ein Gebet zu sprechen. Das kann jeder Mensch tun. Und so geht es auf jedem Sektor des Lebens.

Man kann auch völlig unabhängig davon als Ausgleichsmaßnahme irgendwo ein oder zwei Stunden am Tag arbeiten, um mit dieser Arbeit Menschen zu helfen, die es nötig haben. Man kann auch alten Leuten auf der Straße den eigenen Arm anbieten, damit sie über die Straße kommen oder ihre schwere Tasche nicht zu tragen brauchen. Das sind nur sehr wenige Beispiele, man könnte Hunderte weitere hinzufügen. Wichtig ist, daß man sich klarmacht, daß man notwendigerweise durch das Leben in dieser Gesellschaft schuldig wird, daß man aber auf der anderen Seite einen positiven Beitrag, wo auch immer, leisten kann. Jeder Mensch kann solche Ausgleichsmaßnahmen in seinem Umkreis, zumindest in bescheidenem Rahmen, durchführen. Und diese Ausgleichsmaßnahmen wirken.

Die Schuld der geistigen Welt

W.W.: Besteht auch eine Schuld seitens der geistigen Welt gegenüber den Menschen und der Erde, weil sie es zuläßt, daß derzeit so ungeheuer viele Menschen hier auf der Erde im Elend und im größten Leid leben, und das in einem Maße, daß die Erde diese Vielzahl von Menschen kaum noch tragen kann?

Schuld: Die geistige Welt ist in der Verlegenheit, daß sie dann, wenn sie eingreifen würde, den Freiheitswillen der Menschen brechen würde. Trotzdem entsteht seitens der geistigen Welt gegenüber den Menschen und den anderen Wesen der Erde Schuld. Das muß man eindeutig sagen! Die geistige Welt hat durch das Mysterium von Golgatha auch ein Eingeständnis der Schuldhaftigkeit geben müssen, denn ohne dies ist Freiheit nicht möglich.

Du als Wolfgang Weirauch bzw. alle Leserinnen und Leser könnten aber auch sagen: Das verzeihe ich der geistigen Welt! Damit würdest du der geistigen Welt Kraft geben. Zu dir würde es passen, ein Buch zu schreiben mit dem Titel: Mein Leben mit der Schuld.

W.W.: Ich werde darüber nachdenken. Möchtest du zum Schluß noch etwas sagen?

Schuld: Ja. Ich möchte eine Bitte aussprechen. Ich möchte alle die Menschen, die dieses Buch lesen, genauso alle anderen Menschen, bitten, mit dem Schuldbegriff wesentlich sorgfältiger und wesentlich differenzierter umzugehen, als es gemeinhin der Fall ist. Vergeßt nicht die jeweiligen Bezugssysteme und mischt sie nicht.

W.W.: Danke.

Schuld: Bitte.

Unschuld

Wolfgang Weirauch: Guten Tag. Kann ich mit dir sprechen?
Unschuld: Guten Tag. Ja. Mit der Schuld hast du soeben gesprochen; ich aber bin sehr viel älter als die Schuld.
W.W.: Kannst du bitte dein Wesen ein wenig beschreiben?
Unschuld: Wenn du dir meine Gestalt als Pflanze vorstellst, dann bin ich die Mistel. Wenn du dir meine Gestalt als Tier vorstellst, dann bin ich z.B. ein frischgeborenes weißes Lamm, welches über die Wiese hüpft. Wenn du dir mein Wesen etwas näherbringen möchtest, aus Sicht von euch Menschen, dann kann es nur ein gerade geborenes Baby sein. Dem widerspricht nicht, daß Babys oft äußerlich sehr alt wirken können; und auch wenn man den Babys in die Augen schaut, kann man sehr weit in die Vergangenheit schauen. Das ist in etwa so, als wenn du in meine Augen geschaut hättest.

Auch wenn man die Parzival-Dichtung liest, kommt man meinem Wesen ein wenig näher anhand der Schilderung des Parzival in seiner Jugend als reiner Tor. Ich bin aber nicht die Reinheit. Aber mit der Reinheit arbeite ich sehr viel enger zusammen als mit der Schuld. Das alte Verständnis von Torheit entspricht ziemlich meinem Wesen. Das versteht ihr Menschen heute nicht mehr, denn die Torheit ist heutzutage zur Dummheit geworden. Der reine Tor ist nicht von des Gedankens Blässe angekränkelt. Meine Gestalt ist wie eine Silhouette, der man aber nicht wirklich nahekommen kann.

Unschuld gehört zu jedem Wesen

W.W.: Ist es so, daß jedes Wesen, welches existiert hat und existiert, zu Beginn seines Lebens zumindest kurz einmal unschuldig war?
Unschuld: Ja. Es ist sogar so, daß jedes Wesen, welches heute noch existiert, irgendwo in seinem Wesen noch kleinere Bereiche völliger Unschuld hat. Nur wenn ein Mensch wirklich durchinkarniert ist, d.h. wenn er in allen Erdenleben alles gelernt hat, was die Erde ihm zu bieten hat an jeglichen Erfahrungen, dann hat dieser Mensch keinen Bereich mehr, in dem er unschuldig ist. Der Mensch kann höchstens eine höhere Unschuld erringen, indem er – im Bilde gesprochen – zum Gralskönig wird.

W.W.: Was bedeutet es ganz allgemein, unschuldig zu sein?

Unschuld: Oh! So vieles! Das ist ganz schwer allgemein zu beantworten. Im Begriff der Unschuld, wie ihr ihn als Menschen benutzt, ist ganz stark kulturelle Prägung eingeflossen. Unschuld bedeutet für einen Mitteleuropäer etwas ganz anderes als für einen Malaien oder einen Chinesen. Wenn man Unschuld philosophisch betrachtet – das wird dann aber sehr abstrakt –, dann landet man am ehesten bei der Reinheit.

W.W.: Kannst du das nicht noch ein wenig genauer beschreiben, nicht in bezug auf Malaien oder Mitteleuropäer, sondern in bezug auf das, was der Mensch hier auf der Erde macht, und auch in bezug auf das Karma?

Unschuld: Natürlich hängt das Karma von Schuld und Unschuld ab und auch davon, was der Mensch auf Erden macht. Trotzdem gibt es kulturelle Abmilderungen, wenn es in der jeweiligen Kultur diese und jene Bräuche gibt.

W.W.: Ist die Unschuld nicht für jeden Menschen gleich?

Unschuld: Nein. Wenn ein Mensch aus einem ganz anderen Kulturkreis kommt oder in einer anderen Zeitepoche gelebt hat, dann hat er eine andere Schuld als ein Mensch in heutiger Zeit in einem wiederum anderen Kulturkreis; entsprechend verhält es sich mit der Unschuld. Ein großer Bereich dessen, was ihr heutzutage – auch früher – unter Unschuld versteht, hängt auch mit der sexuellen Unschuld zusammen. Darüber hinaus gibt es den juristischen Aspekt. In diesen beiden großen Bereichen geht ihr heutzutage allgemein am meisten mit meinem Wesen um. In bezug auf die Sexualität wird der Begriff Unschuld rauf und runter benutzt, auch wenn ich behaupte, daß er hier völlig falsch am Platz ist. Ich werde an dieser Stelle auch ununterbrochen gerufen; genauso im Gericht – aber da ist es richtig.

W.W.: Nehmen wir einmal alle geistigen Wesen mit Ausnahme der Menschen: Sind alle geistigen Wesen auch irgendwo schuldig, oder sind sie eventuell auch vollkommen unschuldig?

Unschuld: Sie sind nicht alle unschuldig, auch wenn es einfacher ist für ein geistiges Wesen ohne physischen Leib, unschuldig zu sein. Viele Wesen in der geistigen Welt werden abkommandiert, sie werden auf Weisung hin zu Widersachertaten veranlaßt. Das bedeutet aber nicht, daß sie unschuldig sind, weil sie auf Weisung handeln.

Ich bin nicht entstanden

W.W.: Kann man es auch so sehen, daß ein eher unschuldiges geistiges Wesen bisher noch nicht so sehr in Aktion getreten ist, während dagegen diejenigen geistigen Wesen, die seit längerer Zeit schwerwiegende Aufgaben übernehmen müssen, eher schuldig werden?

Unschuld: Das ist so. Es stimmt aber nur die Tendenz. Mein Sein urständet im Ursprung allen Seins.

W.W.: Kannst du noch etwas genauer zeichnen, wann du entstanden bist?

Unschuld: Ich bin nicht entstanden.

W.W.: Ist der Mensch an dem sogenannten Sündenfall, also am Eingriff Luzifers in die Wesenheit des Menschen und dem daraus folgenden Fall in die Materie, unschuldig?

Unschuld: Ja.

W.W.: Ist ein kleines Kind in den ersten Jahren in bezug auf dieses eine Leben – wenn man das Karmapäckchen ausläßt – in seiner Seele unschuldig?

Unschuld: Auf einer bestimmten Ebene ist das so, aber nicht auf allen Ebenen. Man sollte hier eher vom großen Unschuldig-Schuldigwerden sprechen. Das betrifft auch schon das Kind bei der Geburt und in der Zeit danach. Wenn die Mutter bei der Geburt eines Kindes stirbt, kann das Kind nichts dafür; trotzdem ist es unschuldig schuldig geworden.

Leuchtende kristalline Reinheit

W.W.: Wir haben ja bei den meisten Wesen auch immer darüber gesprochen, wie sich dieses Wesen mit dem jeweiligen Menschen verbindet, wenn das entsprechende Gefühl oder die entsprechende Eigenschaft wirksam ist. Wie ist das bei dir mit der Unschuld und der Verbindung eines Menschen im Moment oder im Bereich der Unschuld?

Unschuld: Ich bin immer da.

W.W.: Bist du nicht bei einem kleinen Kind mehr oder stärker anwesend als bei einem Erwachsenen?

Unschuld: Nein. Ich bin bei allen Menschen gleich anwesend, egal wie alt sie sind und was sie machen. Ich bin bei allen Wesen immer da, auch bei all den Wesen, die du noch nicht kennst.

W.W.: Das muß ich noch ein wenig näher hinterfragen: Bist du denn bei einem erwachsenen Menschen, der in einem bestimmten Moment oder über eine längere Zeit besonders schuldig wird, genauso anwesend wie bei einem unschuldigen Kind?

Unschuld: Ich bin nicht genauso da, aber ich bin immer da. Es ist nicht so wie bei vielen anderen Wesen, mit denen du schon gesprochen hast, daß ich gerufen werde. Ich werde auch nicht durch ein anderes Wesen geschickt. Ich bin grundlegend, aber auch sehr individuell immer anwesend. Die Art und Weise, durch die und in der ich da bin, ist bei dir anders als z.B. bei Assad.

W.W.: Wie anders?

Unschuld: Das ist nicht ganz einfach zu beschreiben. Das hat etwas mit der Durchdringung aller eurer Leiber zu tun. Wenn wir Assad und dich anschauen, so ist die Durchdringung des Astralleibes am wichtigsten. Denn ihr Menschen, im Gegensatz zu anderen Wesen, äußert und enthaltet eure Schuld und Unschuld im wesentlichen im Seelischen bzw. im Astralleib. Dort bewegt ihr Schuld und Unschuld. Vergleichen wir aber lieber ein gerade geborenes Baby mit Assad. Bei dem geborenen Baby durchdringe ich seinen Astralleib mit dem, was ich als Unschuld bringen kann. Das ist, um es etwas verständlich zu machen, eine leuchtende kristalline Reinheit, mit der der Astralleib und auch die anderen Wesensglieder dieses Neugeborenen durchdrungen werden. Das tue ich bei Assad nicht. Er sperrt mich – und das ist sein aktives Tun – aus. Zumindest sperrt er mich aus bestimmten Bereichen seines Seins komplett aus. Ich könnte ihn durchdringen, wenn er sich ein unschuldiges Sein erarbeiten würde. Das tut er aber nicht. Er blockt weite Bereiche seiner gesamten Wesenheit, bis hinauf in noch nicht inkarnierte Geistesbereiche, so ab, daß ich in diese nicht hineinkann.

W.W.: Und das ist auf dem Boden der Freiheit des Menschen gewachsen?

Unschuld: So ist es. Ich bin ein absolut unaggressives Wesen und kann in solche abgeblockten Räume nicht hineingelangen. Ich dringe nirgendwo ein, wo man mich ausschließt.

Die Schuldloses nur tragen können

Wenn man es mit sehr hehren und weitläufigen Worten hören will: Der Kosmos, der über das Wort hinausgehende Existenzbereich, ist von der Grundlage her ohne Schuld. Hierzu gibt es z.B. eine Stelle in den Ritualtexten der Christengemeinschaft, die damit zusammenhängt: *„... die Schuldloses nur tragen können."* Man kann als Mensch in bestimmte Bereiche nur hineinkommen, wenn man die Schuld hinter sich läßt. Aber dafür braucht man nicht die Unschuld zu erwerben, denn die ist dort schon. Ich bin immer da.

Die Lüge und der Irrtum sperren mich aus

W.W.: Schauen wir ein wenig mehr in das Kleine der Menschen untereinander. Ein Mensch bezichtigt einen anderen Menschen, daß dieser schuld sei, obwohl er objektiv unschuldig ist. Was passiert in einem solchen Fall?

Unschuld: Selbstverständlich bin ich vorwiegend bei demjenigen Menschen anwesend, der falsch bezichtigt wird. Man kann sich eine Tat auch als einen Tatraum, als ein Gebilde vorstellen. Ein solches wäre vorhanden in bezug auf die bezichtigte Tat, wenn er diese Tat, deren er bezichtigt wird, auch begangen hätte. Er hat diese aber nicht begangen, insofern ist dieser Tatraum auch nicht vorhanden. Aber ich bin anwesend. Bei dem bezichtigenden Menschen ist es genau andersherum. Er lügt und sperrt mich in diesem Moment aus. Im Bereich der Lüge werde ich immer ausgesperrt, genauso aber in demjenigen Bereich der Seele, mit dem und durch den dieser Mensch sich vorgenommen hat, den anderen falsch zu bezichtigen. Es entsteht also in ihm wieder ein kleiner Bereich in seiner Seele, in den ich nicht eindringen kann. Ich habe eine gute Verbindung zur Wahrheit.

W.W.: Was geschieht, wenn ein solcher Fall vor Gericht kommt und wenn ein Mensch auch dort falsch bezichtigt wird und sogar verurteilt wird, obwohl er unschuldig ist?

Unschuld: Das ist dann eigentlich ganz genauso, zumindest bei dem, der unschuldig verurteilt wird. Da aber weitere Menschen beteiligt sind, betrifft es jetzt noch weitere Menschen, die sich vor der Unschuld verschlossen haben. In einem solchen Fall verliert euer Rechtssystem Unschuld.

W.W.: Wie ist es, wenn derjenige Mensch, der den unschuldigen Menschen falsch bezichtigt, dieses wider besseres Wissen tut?

Unschuld: Dann ist es beim Vorgang, der mich betrifft, ebenso. Es ist keine Wahrheit anwesend, dafür aber Vorsatz. Ein solcher Mensch ist wesentlich schuldiger, und auch die Karmafolgen sind wesentlich höher.

W.W.: Hast du eine starke Beziehung zu dem Engel des jeweiligen Menschen?

Unschuld: Ja. Der Engel ist aber auch in mir. Er hat eine starke Beziehung zu den Räumen, aus denen ich ausgeschlossen werde; und diese Räume machen ihm schwer zu schaffen.

W.W.: Wie ist es im umgekehrten Fall: Ein Mensch beteuert, daß er unschuldig ist, obwohl er schuldig ist, und er wird vor Gericht nicht schuldig gesprochen?

Unschuld: Im Regelfall bin ich nur dort anwesend, wo Wahrheit herrscht. Insofern bin ich auch nicht bei dem, dessen Schuld nicht erkannt wird.

Nicht mehr schuldig, aber nicht unschuldig

W.W.: Kann ein Mensch, der Schuld auf sich geladen hat, auch wieder unschuldig werden? Wird ein Mensch z.B. wieder unschuldig, wenn er verurteilt wird und seine Gefängnisstrafe abgesessen hat?

Unschuld: Eure Kultur sieht das vor. Eure Gesellschaft sagt: Wenn eine Strafe verbüßt ist, wenn man bezahlt hat, dann ist man nicht mehr schuldig. Man sagt aber nicht – und das ist interessant –, daß ein solcher Mensch unschuldig ist. Er ist nicht mehr schuldig, aber er ist nicht unschuldig. So sieht es euer Rechtssystem. Wer also nicht mehr schuldig ist, wird nicht automatisch unschuldig.

Das Vergessen reißt Grenzen ein

Ein anderer Weg, wirklich unschuldig zu werden, ist das Vergessen. Damit meine ich nicht, daß ein Mensch lediglich behauptet, er hätte etwas vergessen, sondern ich meine das wirkliche Vergessen. Das Vergessen reißt Grenzen, die ihr mir gesetzt habt, ein. Dann kann ich in die Räume wieder eindringen, in die ich bisher nicht mehr gelangen konnte, die ihr für mich blockiert habt. Es geht auch nicht darum, daß die Schuld weg bzw. nicht weg ist. Ich habe mit der Schuld sehr viel weniger zu tun, als du vielleicht meinst.

W.W.: Ich denke oft so: Entweder du oder die Schuld! Aber so ist es vermutlich nicht.

Unschuld: Nein. Und das ist ganz wichtig zu verstehen. Wenn ein Mensch aufgrund von Alzheimer sein komplettes Leben vergißt, auch alle gruseligen Dinge, die er getan hat, bin ich wieder bei ihm. Zwar bin ich immer da, aber in einem solchen Moment kann ich auch in die Räume hineinkommen, in die ich vorher nicht gelangen konnte.

W.W.: Wie steht es mit der Natur – z.B. mit einer Blume, mit einer Schneeflocke, mit einer Lerche, mit einem eine Gazelle reißenden Leoparden: Sind diese Wesen der Natur immer unschuldig?

Unschuld: Mit Pflanzen bin ich sehr weitgehend verbunden. Bei Tieren ist es schwierig und sehr differenziert. Nehmen wir den Wolf. Der Wolf hat als höchstes Wesensglied den Astralleib. Wenn ein Wolf in einen Blutrausch kommt und nicht nur ein Schaf, welches er fressen muß, tötet, sondern eine halbe Schafherde totbeißt – und das tun Wölfe manchmal –, ist ein Wolf in einem solchen Moment nicht mehr unschuldig. Dann hat er Teile seiner Seele verdunkelt. Ein Löwe, der eine Gazelle reißt, um überleben zu können, ist in dem Sinne nicht schuldig, denn Katzen kommen gemeinhin nicht in einen solchen Blutrausch, wie es bei Wölfen manchmal vorkommt.

W.W.: Wie steht es mit Maschinenwesen – kann man hier von Schuld oder Unschuld sprechen?

Unschuld: Wenn ein Maschinenwesen Schuld hat, liegt die Schuld nicht bei diesem, sondern bei dem Hersteller. Ihr fangt ja langsam wirklich endlich damit an, in bezug auf eure digitale Welt nachzudenken, was ihr damit eigentlich vollbracht habt und wie hier ein Wertesystem zu erringen ist. Durch eure Intelligenz schafft ihr es, Maschinen zu konstruieren, die Räume enthalten, in die ich nicht mehr hineinkomme. Das bedeutet aber nicht, daß diese Wesen automatisch schuldig sind. Sie sind aber nicht unschuldig. Das kann man mit dem Einwirken Luzifers auf die Menschen bei dem Fall in die Materie vergleichen; denn damals wurde mit unschuldigen Menschen etwas gemacht, gegen das sie sich nicht wehren konnten. Heute macht ihr mit Maschinenwesen ähnliches.

Die Seele läutern

W.W.: Der Mensch steht heute in sehr vielen schuldhaften Verhältnissen, z.B. durch die Globalisierung, wie wir es ja schon mit der Schuld besprochen haben. Teilweise wird der Mensch bewußt schuldig, teilweise wird er unschuldig schuldig. Wie kann der Mensch in diesem ganzen sehr komplizierten Zusammenhang einen größeren Kontakt zu dir bekommen?

Unschuld: Das werdet ihr nicht gerne hören, denn dieser Begriff ist sehr alt. Ihr müßt eure Seele läutern. Ihr müßt alles das, was euch zu Lügnern, Betrügern, Mördern macht, in eurer Seele so klein wie möglich halten. In dem Moment, in dem ihr diese unguten Eigenschaften zurückdrängt, kann ich mehr in euch hervorkommen bzw. mich euch mehr annähern. Das solltet ihr allerdings nicht als die große Moralkeule nehmen. Man kann versuchen, viele dieser unguten Eigenschaften, die jeder Mensch in seiner Seele hat, bewußt zurückzudrängen, und zwar durch ein Gebet, durch erfreuliche Erlebnisse der Seele, durch Begegnungen mit der Natur oder in einem guten Gespräch mit einem Menschen. In dem Moment kann ich mehr Raum einnehmen. Dann verkleinert ihr die Räume, in die ich nicht mehr hineinkann.

Ganz unschuldig wird man nie

Es ist also der neue Weg, sich bewußt Räume zu schaffen, in denen man unschuldig ist. Ganz unschuldig wird man nie. Das kann man auch dann durchführen, indem man z.B. nicht alles ausprobiert, was man ausprobieren kann. Man muß nicht in diesem Leben einen Menschen umbringen, um das auch einmal erlebt zu haben. Die meisten Menschen haben das ohnehin in ihren Vorinkarnationen gemacht. Mir fällt kein Mensch ein, der in seinen ganzen Vorinkarnationen noch nie einen Menschen getötet hat. Und ich kenne sie alle!

W.W.: Möchtest du den Menschen zum Schluß noch etwas mitgeben?

Unschuld: Vergeßt nicht: Die Unschuld ist immer da!

W.W.: Danke.

Unschuld: Bitte.

ilflosigkeit

Wolfgang Weirauch: Guten Tag. Hilflosigkeit ist sowohl ein objektiver Tatbestand als auch ein nur subjektives Gefühl. Vertrittst du beide Bereiche?

Hilflosigkeit: Guten Tag. Ich bin bei beiden Zuständen dabei. Die Menschen und die Hilflosigkeit teilen ein sehr schwieriges Geflecht miteinander. Aber ich bin nicht nur für Menschen zuständig; Gott sei Dank!

W.W.: Warum ist es in bezug auf Menschen sehr problematisch?

Hilflosigkeit: Weil Menschen sich sehr oft aus taktischen Gründen hilflos verhalten. Dieses Taktieren, auch das Zuweisen, daß ein Mensch hilflos zu sein habe, macht mich krank. Das entspricht nämlich nicht meiner Wesenheit; ich muß es aber verwalten. Hilflosigkeit gibt es ansonsten an vielen Stellen und unter vielen Aspekten. Und diese Hilflosigkeit gibt es keineswegs nur unter Menschen, sondern auf jeden Fall unter allen seelischen Wesen. Aber daneben gibt es noch eine Hilflosigkeit, die weit über das Seelische hinausgeht.

Hilflose Engel

W.W.: Gibt es auch hilflose geistige Wesen?

Hilflosigkeit: Ja, auch die gibt es. Besser wäre es, z.B. auf ein Steinwesen hinzuschauen; denn diese sind weitgehend ziemlich hilflos.

W.W.: Bei einem Stein bzw. Steinwesen kann ich mir das recht gut vorstellen, bei einem Engel aber eher nicht.

Hilflosigkeit: Da brauchst du dir nur die Masse der Engel, die Schutzengel, vorzustellen. Sie möchten etwas in die Wege leiten, was sie vorgeburtlich mit dem jeweiligen Menschen verabredet haben; aber aus der etwas despektierlichen Freiheit heraus macht der Mensch während seines Lebens auf Erden etwas völlig anderes. Dann ist der Engel ihm gegenüber hilflos. Der Engel müßte etwas tun, aber entweder reichen seine Kräfte nicht aus, oder er darf aufgrund der Freiheit des Menschen nicht eingreifen – und dann ist der Engel hilflos. Natürlich schaut der Engel mit seinem Weitblick, daß in einem solchen Moment sehr viel mehr geschehen müßte, aber es geht nicht, und deswegen fühlt sich auch ein Engel in einer solchen Situation hilflos.

W.W.: Sind demnach geistige Wesen gegenüber Wesen, die in der Freiheit leben, Menschen in einem physischen Leib, weitgehend hilflos?

Hilflosigkeit: So ungefähr könnte man das formulieren.

W.W.: Sind geistige Wesen nicht auch dann hilflos, wenn ein sehr viel mächtigeres Wesen ein anderes geistiges Wesen hemmt, unterdrückt oder in die Schranken weist?

Hilflosigkeit: Das ist der andere Aspekt von Hilflosigkeit bei geistigen Wesen. Große Macht und Freiheit beschränken also auch geistige Wesen, so daß sie in solchen Situationen in eine Hilflosigkeit geraten. Das ist aber eine andere Hilflosigkeit als die, die Menschen erleben.

W.W.: Wann und bei welcher Situation bist du entstanden?

Hilflosigkeit: Eigentlich bin ich entstanden, als sich die unterschiedlichen Hierarchien in langen Prozessen bildeten. Das Erschaffen von Hierarchien schafft auch Hilflosigkeit bei den jeweils unteren hierarchischen Wesenheiten.

W.W.: Bist du ein Zustand, der immer um die Wesen herum ist, oder kommst du zu dem jeweiligen objektiv oder subjektiv hilflosen Wesen?

Hilflosigkeit: Nehmen wir die seelische Hilflosigkeit, die vorwiegend euch Menschen betrifft. Tritt ein solcher Zustand bei einem Menschen ein, dann komme ich heran. Oft komme ich dann ungern. Zumindest komme ich ungern, wenn es eine gespielte, taktische oder politische Hilflosigkeit ist, denn die kann ich nicht leiden. Natürlich gibt es auch andere, wirkliche, seelische Formen von Hilflosigkeit bei den Menschen. Dann komme ich gerne. In einem solchen Moment komme ich heran und ergreife die Seelenbereiche, mit denen das jeweilige Wesen gerade am meisten zu schaffen hat. Das führt dann zum Erleben der Hilflosigkeit.

Geht es um die Bereiche von Hilflosigkeit, die immerwährend da sind, wie die Hilflosigkeit eines Steins, dann bin ich bis zu einem gewissen Grade eigentlich immer da, bzw. es ist klar im Zusammenklang aller Hierarchien, wo und auf welcher Stufe Hilflosigkeit vorliegt.

Ich knüpfe an meine Vorrednerin an, die Unschuld, die ein viel mächtigeres Wesen ist als ich. Die Unschuld sagte, daß sie immer da sei. Ganz so kann ich es von mir nicht behaupten. Aber es geht in diese Richtung.

Im Gebirge abgestürzt

W.W.: Schauen wir auf den Menschen. Jemand ist objektiv hilflos, nachdem er z.B. im Gebirge abgestürzt ist und mit gebrochenen Armen und Beinen irgendwo liegt, oder er ist auf See über Bord gegangen und kann sich kaum noch über Wasser halten. Natürlich kann es eine Hilfe seitens geistiger Wesen geben, aber der Mensch fühlt sich subjektiv völlig hilflos und ist es objektiv auch. Wie ist dieser Zustand aus deiner Sicht, und wie trittst du hier in Erscheinung?

Hilflosigkeit: In einem solchen Moment umschließe ich diesen Menschen fast gänzlich. Wenn der Mensch nicht aktiv seelisch aus seinem Inneren heraus eine Kraft entfaltet, die ihn nicht hilflos sein läßt, durchdringe ich sein Seelisches fast völlig. Dann fühlt sich ein solcher Mensch entsetzlich hilflos. Das ist ein Gefühl, und das ist seelisch. Hinzu kommt, daß ich auch aus technischen Gründen anwesend bin, weil ein solcher Mensch wirklich hilflos ist. Solche Zustände treten auch bei bestimmten Krankheiten auf.

Ein Mensch kommt in solchen Situationen oft aus einem Zwang nicht heraus. Der Zwang ist ein Wesen, welches eine gute Verbindung zu mir hat. Zwänge lösen nämlich Hilflosigkeit aus. In dem Moment, in dem einem Menschen der Zwang von was auch immer bewußt wird, erlebt er eine Hilflosigkeit gegenüber dem Wirkungsort des Zwanges.

Das alles ist eine partielle Hilflosigkeit. Diese Fälle partieller Hilflosigkeit gibt es bei euch Menschen in zahlreicher Form; und sie treten häufig auf. Es gibt sie auch bei Tieren, es gibt sie auch bei Engeln. Und die Parzellen, die ich u.a. in der Seele der Menschen einnehmen kann, sind unterschiedlich groß. Bei dem im Gebirge abgestürzten Menschen, der zerschmetterte Beine und Arme hat und sich nicht bewegen kann, trete ich natürlich massiv auf, fülle ihn fast ganz aus und wirke fast wie eine Art Beton. Es ist unstrukturierter weicher Beton. Es ist so, als würde man in einem Moor versinken.

W.W.: Das hört sich aus menschlicher Sicht ein wenig pervers an. Dort liegt ein Mensch und kann sich in keiner Weise mehr bewegen, er fühlt sich völlig hilflos. Und nun bist du als ein zweites Wesen anwesend, und ich gehe davon aus, daß du kein böses Wesen bist, welches sich an diesem Zustand des Menschen freut. Man könnte jetzt aus menschlicher Sicht erwarten, daß du als zweites Wesen diesem Menschen hilfst, aber du hilfst ihm nicht, denn du bist das Wesen der Hilflosigkeit. Ich vermute fast, daß du keine Hilfe holst.

Hilflosigkeit: Es ist meine Aufgabe, diesen seelischen Zustand des Menschen zu stützen. In einem gewissen Sinne hole ich sogar Hilfe, es ist nur nicht so offensichtlich.

W.W.: Inwiefern?

Hilflosigkeit: In dem Moment, in dem ein Mensch sich hilflos fühlt, aktiviere ich seinen Schutzengel zusätzlich. Dadurch aber hole ich Hilfe. Vieles weiß der Schutzengel natürlich auch von selbst in einer solchen Situation.

W.W.: Stärkst und beruhigst du damit sogar die Seele eines hilflosen Menschen ein wenig?

Hilflosigkeit: Ja. Aber mehr tue ich nicht.

W.W.: Dann wäre es ja gut, wenn der Mensch in einer hilflosen Situation um deine Wesenheit weiß.

Hilflosigkeit: So ist es. Es ist immer gut, von uns zu wissen.

W.W.: Aber wenn ein Mensch nun um deine Wesenheit und Anwesenheit weiß und dich bittet, Hilfe zu holen, so beißt sich ja eigentlich hier die Katze in den Schwanz, denn du bist ja die Hilflosigkeit.

Hilflosigkeit: Ich selber bin nicht hilflos. Ich bin der Techniker der Hilflosigkeit. Und ich triggere auch noch ein weiteres Wesen an ...

W.W.: ... nämlich?

Hilflosigkeit: Die Hoffnung. Es gibt aber Menschen, die lassen die Hoffnung nicht an sich heran. Vielleicht lassen sie nur die Hoffnungslosigkeit an sich heran. Wenn der Mensch die Hoffnung zuläßt, kommt auch der Schutzengel näher, und er nimmt den Menschen in den Arm und bringt auch die Hoffnung mit.

Die eigene Hilflosigkeit ignorieren

W.W.: Bei den Menschen gibt es verschiedene Zustände von Hilflosigkeit. Nehmen wir zuerst einmal die Hilflosigkeit eines geistig verwirrten und völlig orientierungslosen Menschen, der irgendwo durch die Gegend irrt. Was für ein Zustand von Hilflosigkeit liegt hier vor?

Hilflosigkeit: Hier kommt noch ein dritter Aspekt hinzu. Diejenigen Menschen, die seelisch-geistig verwirrt sind, gleich aus welchem Grund, sind hilflos, aber sie wissen es nicht. Diesen Zustand gibt es in jeder Abstufung häufiger, als du denkst. Ich bin dann bei einem Wesen, welches mich selbst nicht wahrnehmen kann. Noch verrückter ist es bei den Menschen, die nicht seelisch-geistig verwirrt sind, die auf Erden in ihrer Freiheit leben und die objektiv hilflos sind, diesen Zustand aber ignorieren. Durch die Ignoranz der eigenen Hilflosigkeit kann man mich sogar mehr oder weniger verjagen, was mitunter sogar dazu führen könnte, daß für diese Menschen Hilfe kommt. Fragt sich nur, was das für eine Hilfe ist. Auf jeden Fall sind das spannende Zusammenhänge.

W.W.: Was passiert bei einem Menschen, der in keiner Weise verwirrt ist, der sich aber im Dunkeln in einer fremden Gegend verläuft, z.B. in einem Moor bei dichtem Nebel, so daß er äußerlich komplett hilflos ist?

Hilflosigkeit: Dann bin ich eigentlich in der gleichen Art bei diesem Menschen wie bei dem, der im Gebirge abgestürzt ist. In solchen

Fällen ist der Kontakt von mir zu einem Menschen eigentlich immer gleich. Aber ein solcher Mensch kann mit der Hoffnung durchhalten.

W.W.: Wenn ein Mensch durch einen anderen Menschen überwältigt wird, indem er z.b. gefesselt wird, oder wenn eine Frau mit K.-o.-Tropfen völlig ausgeliefert ist und vergewaltigt wird – in welcher Weise findet hier die Verbindung von dir zu diesen Menschen statt?

Hilflosigkeit: Technisch gesehen ist es wiederum dasselbe wie bei den Beispielen zuvor. Die moralischen bzw. unmoralischen Hintergründe und Zusammenhänge sind selbstverständlich völlig andere, auch die Bereiche der empfundenen Hilflosigkeit bei den jeweiligen Menschen sind meist andere bzw. sehr unterschiedlich. Bei einer chemischen Überwältigung eines Menschen entsteht fast totale Hilflosigkeit, mein flüssiger Beton blockiert also eigentlich alles. Trotzdem bekommt der Mensch, der mit K.-o.-Tropfen überwältigt und betäubt wird, diesen Zustand nicht mit, denn sein Bewußtsein wird herabgedämpft, so daß er sich subjektiv sogar nicht einmal hilflos fühlt. Er *ist* aber hilflos, und hinterher fühlt er sich subjektiv hilflos.

W.W.: Aber es geht ja nicht nur um das Bewußtsein. Genauso kann der vom Berg Gestürzte auch einige Stunden komplett bewußtlos sein, trotzdem ist er hilflos.

Hilflosigkeit: Das stimmt, aber bei Bewußtlosigkeit ist er nicht mehr unbedingt im Zustand der Hilflosigkeit eines wachbewußten Menschen, denn in einer solchen Situation ist ein Mensch eher im Zustand einer Pflanze oder sogar eines Steins. Sein Wachbewußtsein ist in diesem Moment nicht mehr vorhanden.

Auf der Flucht

W.W.: Kommen wir nun zu den eher subjektiven Hilflosigkeiten. Ein Mensch ist z.B. auf der Flucht, ist also nicht völlig hilflos, fühlt sich aber mit Sicherheit ziemlich hilflos. Wie ist hier eure Verbindung?

Hilflosigkeit: Ein solcher Mensch fühlt sich entwurzelt, er fühlt sich einsam, er fühlt sich wahrscheinlich ganz schrecklich, er leidet, vielleicht hungert und dürstet er. Hier entstehen also multiple Gefühle, und man muß differenzieren. Auf jeden Fall entsteht einerseits ein ziemlich objektives Gefühl der Hilflosigkeit, hinzu kommt ein mehr oder weniger weit gehendes subjektives Gefühl der Hilflosigkeit, zusätzlich zu allen anderen Gefühlen. Wer z.B. als Flüchtling in einem Boot auf dem Mittelmeer sitzt, kann faktisch kaum etwas anderes machen als zu sitzen und abzuwarten. Das ist ein fast schon objektiver Zustand der Hilflosigkeit. Hinzu kommt aber das subjektive Gefühl der Hilflosigkeit. In einem solchen Zustand nehme ich von der Seele des jeweiligen Menschen einen großen Anteil ein.

Wenn ein Mensch über Land flieht und vielleicht nicht die richtigen Wege kennt und orientierungslos ist, so bin ich zumindest immer im Hintergrund bei allen den Gefühlen, die in einer solchen Situation auftreten. Auch bei Angstzuständen bin ich immer im Hintergrund. Das ist wie beim Kaninchen vor einer Schlange. Auch dieses fühlt sich sehr hilflos.

W.W.: Wie ist es, wenn man sich subjektiv völlig hilflos fühlt, sich aber irrt, weil man eigentlich überhaupt nicht hilflos ist?

Hilflosigkeit: In einer solchen Situation muß ich auch dabeisein. Wenn ein Mensch aber nur hilflos tut, wenn es also ein Fake von mir ist, so bin ich leider auch dabei, denn die technische Seite muß ich betreuen. Wenn ein Mensch sich aber hilflos fühlt, obwohl er gar nicht hilflos ist, bin ich nur auf der seelischen Ebene bei ihm anwesend. Von einer objektiven Hilflosigkeit kann man in einem solchen Fall nicht sprechen.

Ich kann auch bei einem Menschen auf der geistigen, der seelischen, der ätherischen und der physischen Ebene anwesend sein und etwas blockieren. Wenn der Mensch aber nicht hilflos ist und sich nur seelisch hilflos fühlt, bin ich nur in seiner Seele.

Shitstorm und Blackout

W.W.: Wie ist die Verbindung zu dir bei einem Menschen, der stark von anderen Menschen gemobbt wird oder über das Internet einen Shitstorm erleidet?

Hilflosigkeit: Die Verbindung zwischen uns ist sehr stark, denn dieser Mensch macht in seiner Seele sehr viel Platz für mich. Es handelt sich in solchen Situationen oft auch um eine unzureichende Seelenschulung, so daß man sich nicht genügend seelisch wappnen kann, wenn man scharfen Attacken von außen objektiv ausgesetzt ist. Oft haben solche Menschen fahrlässig nicht gelernt, mit ihren Gefühlen richtig umgehen zu können bzw. sind oft auch noch zu jung dazu. Sie müßten lernen, mehr seelischen Widerstand zu entwickeln. Das betrifft aber nicht nur die Verbindung zu mir, sondern zu allen Gefühlen. Weil diese Menschen das nicht können, kann ich andere Gefühle, wie z.B. den Mut oder die Fröhlichkeit, verdrängen.

Ich möchte aber noch hinzufügen, daß ein Mensch, der sich hilflos fühlt, keineswegs immer Angst haben muß. So eng bin ich mit der Angst nicht verknüpft.

W.W.: Ein intelligenter Mensch hält einen Vortrag oder befindet sich in einer öffentlichen Diskussion, und plötzlich hat er einen Blackout, oder ihm gehen die Argumente aus, oder ein anderer redet ihn in Grund und Boden, so daß er sich wenigstens kurzfristig hilflos fühlt. Was für ein Zustand ist diese kurzfristige Hilflosigkeit?

Hilflosigkeit: Das ist eine Hilflosigkeit, die im oberen seelischen Bereich, meist im Bewußtseinsseelenbereich, auftritt. Diese Hilflosigkeit strahlt sogar ein wenig in den Geist des Menschen. Diese kurzfristig auftretende Hilflosigkeit wird aber meist durch die Eloquenz, durch die Eigenaktivität des Menschen verdrängt. Der Mensch findet seinen Faden wieder, und schon ist und fühlt er sich nicht mehr hilflos.

Oft ist es aber auch umgekehrt, daß man Argument um Argument vorträgt und einen anderen Menschen überzeugen möchte, oder man trägt ihm auch nur etwas vor, der andere Mensch hört aber nicht zu. Auch dann gerät man in eine Hilflosigkeit. Das entsteht z.B. in solchen Momenten, in denen die Zuhörerinnen und Zuhörer ohnehin von vornherein beschließen, einem Menschen nicht zuhören zu wollen. Das sind die unangenehmen Seiten, in denen ich auch auftreten muß.

Anerzogene Hilflosigkeit

W.W.: Kann man sich die Hilflosigkeit auch einreden, indem man meint, bestimmte Aufgaben nicht verwirklichen zu können, so daß man die Hände in den Schoß legt oder gar faul wird und sich mehr oder weniger bewußt hilflos fühlt, obwohl es überhaupt nicht stimmt?

Hilflosigkeit: Das ist z.B. dann der Fall, wenn die angebliche eigene Hilflosigkeit als Argument für Passivität oder Faulheit genommen wird. In einem solchen Fall ruft mich der betreffende Mensch. Ein Mensch kann mich rufen, indem er beschließt, hilflos sein zu wollen. Dann fühle ich mich genötigt, zu diesem Menschen zu kommen. Aber glaube mir, in einem solchen Fall komme ich nicht gerne. Aber ich komme. Ich habe nicht die Wahl, nicht zu kommen. Solche ähnlichen Zustände gibt es auch in der Erziehung der kleineren Kinder, indem man den Kindern nichts zutraut und alles für das Kind übernimmt. In solchen Fällen redet man dem Kind ein, mehr oder weniger hilflos zu sein, obwohl es nicht stimmt. Das ist anerzogene Hilflosigkeit. Diese ist weit verbreitet und sehr ungesund. Diese anerzogene Hilflosigkeit ist auch für mich sehr unangenehm.

Ihr seid oft sehr viel weniger hilflos, als ihr denkt!

W.W.: Vielleicht kannst du abschließend noch einmal sagen, wie sich ein Mensch, der um deine Wesenheit weiß, der sich aber subjektiv und objektiv hilflos fühlt, an dich oder andere Wesen wendet, damit Hilfe kommt?

Hilflosigkeit: Er sollte vorerst eine Verbindung zur Hoffnung und zu seinem Engel aufgreifen. Was zusätzlich noch sehr wichtig ist, ist, daß man in dem jeweiligen Zustand der Hilflosigkeit versucht, die Situation soweit wie möglich zu objektivieren. Man sollte genauer hinschauen. Geht nicht einfach nur so mit mir um und meint, daß ihr hilflos seid. Ihr seid oft sehr viel weniger hilflos, als ihr denkt! Ihr solltet euch nicht über meine Anwesenheit freuen und euch mir ergeben. Dadurch könnt ihr euch nämlich nicht mehr bewegen. Guckt also genauer hin! Vielleicht gibt es ja doch irgendwo einen Ausweg, den ihr bislang nicht gesehen habt. Versucht euch umzudrehen. Versucht einen anderen Blickwinkel einzunehmen. Versucht Räume zu finden, in denen ich noch nicht anwesend bin.

W.W.: Wenn dann Hilfe kommt, mußt du dann weichen?

Hilflosigkeit: Meistens. Das kommt auf die jeweilige Situation an.

W.W.: Möchtest du zum Schluß noch etwas sagen?

Hilflosigkeit: Lügt nicht so viel! Tut nicht so, als wäret ihr hilflos! Das macht mich krank!

W.W.: Du scheinst mir ein leicht genervtes Wesen zu sein.

Hilflosigkeit: Das stimmt.

Verena Staël von Holstein: Eigentlich ist die Hilflosigkeit ein ziemlich griesgrämiges Wesen. Sie ist zwar ein positives und weitgehend neutrales Wesen, aber sie ist griesgrämig, weil sie immer diese vielen Räume einnehmen muß. Und dieses Wesen muß in diese Räume einziehen, weil es keine Freiheit hat.

W.W.: Danke.

Hilflosigkeit: Bitte.

Hilfsbereitschaft und Hilfe

Wolfgang Weirauch: Moin.

Hilfsbereitschaft: Hallo. Wir kennen uns gut.

W.W.: Warum?

Hilfsbereitschaft: Weil du sehr hilfsbereit bist. Man kann auch *zu* hilfsbereit sein.

W.W.: Hilfsbereitschaft setzt sich aus den Begriffen Hilfe und Bereitschaft zusammen. Jemand ist also bereit bzw. willens, einem anderen zu helfen. Kannst du zu diesem Begriffspaar etwas darstellen?

Es nützt wenig, wenn man bereit ist zu helfen, aber nichts tut

Hilfsbereitschaft: Wichtig ist, daß du zum Ausdruck gebracht hast, daß man willens ist, etwas zu tun bzw. jemandem zu helfen. Der Wille gehört unabdingbar dazu, wenn man einem anderen Menschen oder einem anderen Wesen helfen will. Der andere Begriff – Hilfe – ist ein nicht unproblematischer Begriff, vor allem für die Menschen, die zu einem höheren Bewußtsein streben. Hilfe ist eigentlich etwas sehr Hehres, wird aber vielerseits ungeheuer mißbraucht. In dem Begriffspaar Hilfsbereitschaft ist eigentlich diese ganz hehre Hilfe gemeint sowie der Wille, diese Hilfe hehr zu leisten.

Die nicht abgesprochene Hilfe ist eines der größten Probleme, das mit meinem Wesen zusammenhängt, vor allem wenn es vorauseilende und nicht gewünschte Hilfe ist. Auf der anderen Seite gibt es selbstverständlich die Abgrenzung zur notwendigen Hilfe. Eine weitere Abgrenzung ergibt sich für das Segment, daß eine notwendige Hilfe auch durchgeführt wird. Es nützt wenig, wenn man bereit ist zu helfen, aber nichts tut.

Willens-Durchgangstor zur Hilfe

W.W.: Bitte beschreibe ein wenig dein Wesen!

Hilfsbereitschaft: Das, was ich eben beschrieben habe, *ist* mein Wesen. Ich bin ein Willenswesen. Aber ich bin ein Willenswesen, welches immer etwas Zweites dabeihat, nämlich die Hilfe. Man könnte mich auch so beschreiben, daß ich das Willens-Durchgangstor zur Hilfe bin. Gleichzeitig bin ich für Menschen und auch andere Wesen ein grundlegender Charakterzug. Mich gibt es in Form der spontanen Hilfsbereitschaft wie auch in der ganz grundlegenden Hilfsbereitschaft. Es gibt hilfsbereite Menschen, die diese Eigenschaft als Charakterzug haben, die etwas in ihrem Willen aktiviert haben, daß sie gerne und überall bereit sind zu helfen und dies auch durchführen. Ich bin ein kompliziertes Willenswesen, weil ich nicht alleine stehe, sondern immer mit der Hilfe einhergehen muß.

W.W.: Wie kann man sich dich im Chor der anderen geistigen Wesen vorstellen? Sind hierarchische geistige Wesen Wesen, die immer hilfsbereit sind, oder ist die Hilfsbereitschaft eher eine menschliche Eigenschaft?

Hilfsbereitschaft: Die größte Hilfsbereitschaft gibt es bei verstorbenen Menschen. Die Verstorbenen sind fast gnadenlos hilfsbereit. Geistige Wesen sind nicht grundsätzlich hilfsbereit, können aber hilfsbereit sein. Ahrimanische und luziferische Wesen sind ohnehin allerhöchstens einseitig hilfsbereit. Sie sind nicht einmal untereinander hilfsbereit.

W.W.: Ist Hilfsbereitschaft unter geistigen Wesen immer eine freiwillige Angelegenheit, bzw. kann man eine verordnete und auch durchgeführte Hilfsbereitschaft von geistigen Wesen noch Hilfsbereitschaft nennen?

Hilfsbereitschaft: Ist Wille nur Wille, wenn er frei ist?

W.W.: Nein.

Hilfsbereitschaft: Gut, dann existiert jegliche Hilfsbereitschaft von geistigen Wesen keineswegs immer aus freien Stücken.

W.W.: Wenn man zur Hilfe bereit ist, dann ist man hilfsbereit; wenn man aber etwas tun muß und nicht bereit ist, kann man das ja eher nicht Hilfsbereitschaft nennen.

Hilfsbereitschaft: Dann ist man zwar nicht bereit, aber man kann durchaus Hilfe leisten, wenn man dazu abkommandiert wird. Man kann aber auch abkommandiert werden und dann hilfsbereit sein. Wenn du an Menschen denkst, so ist eine Seelsorgerin oder ein Unfallarzt oder eine Krankenschwester per se hilfsbereit. Sie sind nämlich in einer Bereitschaft. Und Bereitschaft muß nicht gleich Freiwilligkeit gesetzt werden.

W.W.: Was geschieht, wenn ein geistiges Wesen Hilfsbereitschaft verweigert, obwohl es Hilfsbereitschaft anbieten könnte?

Hilfsbereitschaft: Dann bin ich schlicht bei diesem Wesen nicht anwesend bzw. werde weggeschickt. Es kommt vor, daß ich mich einem solchen Wesen bezüglich einer bestimmten Situation nähere, aber von diesem Wesen weggeschickt werde, weil es nicht hilfsbereit ist. Dadurch entsteht das, was du als Lebensthema hast, nämlich Schuld. Unter euch Menschen gibt es sogar den Rechtsbegriff unterlassene Hilfeleistung.

Mitleid ist keine Voraussetzung

W.W.: Schauen wir auf den Menschen: Kannst du den Unterschied zwischen der Seele eines tendenziell eher hilfsbereiten Menschen und der eines tendenziell weniger hilfsbereiten Menschen darstellen?

Hilfsbereitschaft: Bei einem weniger hilfsbereiten Menschen gibt es weniger geführte Willensseiten seiner Seele.

W.W.: Aber er kann doch sehr willensstark und trotzdem nicht hilfsbereit sein!

Hilfsbereitschaft: Ja, das stimmt; aber in dem Bereich der Seele, in dem die Hilfsbereitschaft wohnt, hat er eine Lücke. Nun könntest du auch argumentieren, daß es durchaus zahlreiche Menschen gibt, die eher willensschwach, aber trotzdem hilfsbereit sind. Das stimmt auch. Das sind Menschen, die wenigstens diesen Willen der Hilfsbereitschaft entwickelt haben.

W.W.: Hängt die Hilfsbereitschaft nicht auch sehr stark mit dem Gefühl zusammen, daß man z.B. aus Mitleid etwas tun möchte?

Hilfsbereitschaft: Nein. Mitleid unterstützt und hilft der Hilfsbereitschaft, ist aber keine zwingende Voraussetzung. Wer hilfsbereit ist, muß nicht zugleich ein stark mitleidsfähiger Mensch sein. Das hindert sogar meist. Die Menschen, die die Hilfsbereitschaft zum Beruf gemacht haben, haben eher weniger Mitleid, weil zuviel Mitleid sie behindern würde. Trotzdem kann das Mitleid der Auslöser für mich sein.

Wer gar nicht mitleidig ist, der ist häufig auch egoistisch, so daß dieser Egoismus mich beim Eintritt in seine Seele behindert. Bei den egoistisch tingierten, eher nicht mitleidsvollen Seelen erblickt man eher dunkle Farben, genauso wie bei den nicht hilfsbereiten Menschen. Natürlich gibt es auch sehr hilfsbereite Menschen, die sich mit ihrer Hilfsbereitschaft permanent überfordern, so daß sie daraus folgend oft hilflos werden.

Spontane Hilfsbereitschaft ist eine Ich-Tat

W.W.: Was geschieht bei einem Menschen, der tendenziell eher nicht hilfsbereit ist, aber mit einer Situation konfrontiert wird, in der viele Menschen in Not sind, und der sich spontan entschließt, eine Weile hilfsbereit zu sein und entsprechend mit anzupacken?

Hilfsbereitschaft: Dann entspringt aus seinem Ich eine Tat. Spontane Hilfsbereitschaft ist eine Ich-Tat. Diese Tat erwärmt und motiviert die Seele, und eine solche Tat wird häufig durch Mitleid ausgelöst. Das muß nicht einmal ein individuelles Mitleid sein. Man könnte z.b. an die vielen Jugendlichen denken, die bei dem Elbe-Hochwasser vor einigen Jahren spontan geholfen haben. Das waren zig Tausende Jugendliche, die spontan halfen. Eine solche Hilfsbereitschaft steckt auch an. Willenstaten können nämlich anstecken. Dann bilden sich auch größere Willenswesen, die eine solche Gruppe von Menschen leiten und andere mitreißen. Das ist eine Art Flamme, die häufig aus dem Mitleid geboren wird.

W.W.: Impulsierst du Menschen zur Hilfe, oder muß der Mensch diesen Willen selbst entzünden?

Hilfsbereitschaft: Ich impulsiere auch zur Hilfe. Ich rege die Menschen an, hilfsbereiter zu sein. Das wird allerdings auch sehr oft durch den Engel und andere Wesen angestoßen. Vielfach wird der Wille zur Hilfsbereitschaft auch durch ein jeweiliges Gruppenwesen angestoßen. Das sind oft harmonische Elementarwesen. Wenn eine solche Gruppe vorhanden ist, ruft mich ein solches harmonisches Elementarwesen, und ich springe dann auf alle Anwesenden über. Nicht alle geben mir gleichviel Raum, aber entflammt werden im Regelfall alle. Ein bißchen mit Flamme hat die Hilfsbereitschaft immer zu tun. Daran kann man sehen, daß die Hilfsbereitschaft immer etwas mit dem Ich zu tun hat.

W.W.: Ist die Hilfe auch ein Wesen?

Hilfsbereitschaft: Selbstverständlich ist die Hilfe auch ein Wesen.

Die Hilfe

W.W.: Was für ein Wesen ist die Hilfe?

Hilfe: Du möchtest wissen, was ich für ein Wesen bin?

W.W.: Ja. Bist du auch ein Willenswesen?

Hilfe: Nein. Ich bin eines von den Fürsorgewesen, und zwar von den großen. Die Gnade gehört auch zu diesen Wesen. Ich habe allerdings Willenskomponenten. Der Mut zur Hilfe gehört oft auch dazu. Das

Mitleid ist auch eines von diesen großen Fürsorgewesen. Das Mitleid ist eigentlich das größte Fürsorgewesen.

W.W.: Bist du in dem Moment, in dem ein Mensch Hilfe bekommt, anwesend, und ziehst du, nachdem die Hilfe vollendet ist, wieder weg?

Hilfe: Wenn die Hilfe geleistet ist, werde ich unsichtbarer. Ich stehe meist im Hintergrund. Ich bin in eurem Weltsystem mit eingeschrieben. Das ist so, seitdem es hierarchische Prozesse gibt. Mich gibt es, seitdem mich das Prinzip von Schwäche und Stärke ausgebildet hat. Dabei bin ich entstanden. Du merkst also, daß auch ich eines der ganz alten Wesen bin. Allerdings bin ich nicht so alt wie die Unschuld und die Freude.

W.W.: Wirst du durch Hilfetaten genährt?

Hilfe: Ja. Ich werde durch die Hilfetaten der Menschen und aller anderen Wesen ganz entscheidend genährt. Auch Tiere helfen einander.

W.W.: Wirst du in dem Moment, in dem ein Wesen Hilfsbereitschaft signalisiert, kosmisch größer?

Hilfe: So ist es. Und ich werde kleiner, wenn Hilfe verweigert wird. Hilfsverweigerung grenzt mich ein. Aber die gesamte Hilfsbereitschaft wäre unsinnig, wenn es mich nicht gäbe. Ich werde durch die Hilfsbereitschaft durchgelassen. Ich bin ein Wesen, das es in sich trägt, daß einem anderen Wesen geholfen wird.

W.W.: Was genau ist denn Hilfe?

Hilfe: Einen Mangel auszugleichen. Hilfe ist aber auch, eine Fähigkeit zu fördern. Der Mangel steht immer irgendwo in meiner Nähe, und mit mir wird der Mangel bis zu einem gewissen Grad ausgeglichen, bzw. das andere Wesen wird befähigt, den Mangel selbst auszugleichen.

W.W.: Wir haben ja schon mit der Hilfsbereitschaft darüber gesprochen, daß sie immer mit dir im Doppelpack auftritt bzw. den Weg zu dir öffnet. Wie sieht es aus deiner Warte aus, wenn ein Mensch hilfsbereit ist und den Weg zu dir öffnet?

Hilfe: Die Hilfsbereitschaft ist meine notwendige Vorläuferin. Sie öffnet das Rohr, durch das ich schlüpfen kann; sie ist die Öffnung, durch die ich fließen kann; sie öffnet den Bereich, in dem Not herrscht, in dem Unfähigkeit vorliegt. Es ist aber nicht immer zwingend die Hilfsbereitschaft, die mich an diese Stellen führt, sondern es kann auch die Not sein. Wenn Hilfe zur Not kommt, muß die Hilfsbereitschaft nicht unbedingt anwesend sein, aber eine geistige Hilfe kann ohne weiteres kommen.

W.W.: Vielen Dank.

Hilfe: Bitte.

Gegen den Willen helfen

W.W.: Wenn ein Mensch hilfsbereit ist und diese Hilfe auch leisten will, muß dann sein Gegenüber auch für die Hilfe offen sein?

Hilfsbereitschaft: Nein. Es wäre zwar besser, aber ist keine notwendige Voraussetzung.

W.W.: Das bedeutet also, daß man auch gegen den Willen eines anderen Menschen helfen kann?

Hilfsbereitschaft: Ja, und das geschieht ziemlich oft.

W.W.: Und das muß nicht negativ sein?

Hilfsbereitschaft: Nein, obwohl das auch oft in dieser Weise vorkommt. Es gibt beides. Es gibt unter euch Menschen die weitverbreitete, nicht angeforderte Hilfeleistung, und das kann die aufgezwungene oder übergriffige Hilfe sein. Sie kann völlig verfehlt sein, sie kann aber auch unter bestimmten Umständen absolut richtig sein. Wenn ein Wesen hilfsbedürftig ist und wenn man entsprechend hilfeleistend handelt, so ist das meistens eine positiv zu bewertende Geste bzw. ein positiver Willenseinsatz. Genauso gibt es aber die aufgezwungene Hilfe, die ein Mensch mit einer vollen und gesunden Funktion aller seiner Sinne nicht haben will. Genauso kann man diese Hilfe aufzwingen, weil man mächtiger ist, so wie es Eltern oft mit ihren Kindern machen – und das ist ein Übergang zum Zwang. Zwang ist eine Machtausübung. Auch der Staat maßt sich oft ein Monopol auf Hilfsbereitschaft an.

W.W.: Muß ein Mensch, wenn er hilfsbereit ist, bei der entsprechenden Tat selbstlos agieren oder selbstlos sein?

Hilfsbereitschaft: Nein, er muß nicht selbstlos sein. Der Wille ist ja da und wird ausgeführt. Es ist natürlich edler, wenn man selbstlos ist und keine Gegenleistung einfordert. Trotzdem kann man aus ganz egoistischen Gründen hilfsbereit sein. In der Erziehung findet es alle Tage statt, daß ein Elternpaar fortwährend hilfsbereit gegenüber den Kindern ist und auch eine gewisse Gegenleistung erwartet, die aber nicht eintritt. Dann erleben die Eltern ihre Kinder oft als undankbar. Das ist Alltag unter den Menschen.

Es geht immer nur um die ausgeführte Tat

W.W.: Es gibt aber auch eine andere Form von Egoismus. Jemand scheint hilfsbereit zu sein, er oder sie versucht auch alles, in der Öffentlichkeit zu glänzen, gibt sich auch hilfsbereit, ist es aber eigentlich nicht. Kann man so etwas Hilfsbereitschaft nennen?

Hilfsbereitschaft: Wenn dadurch irgendwo Hilfe hinfließt, kann man es Hilfsbereitschaft nennen. Wenn die Hilfe aber nicht erfolgt, kann man es nicht so nennen. Es geht immer nur um die ausgeführte Tat. Es gibt aber auch eine Art Fake von mir. Wenn durch die Ansage im öffentlichen Raum und durch die angeblich hehren Worte eines solchen angeblich hilfsbereiten Menschen nichts an Taten erfolgt, wenn die Hilfe nicht tätig werden kann, z.B. als Mangelausgleich, dann ist das ein Fake von mir.

Nicht nein sagen können

W.W.: Wie steht es mit einem Menschen, der aus einer gewissen Schwäche heraus nie nein sagen kann und sich fortwährend für andere opfert, aber nicht aus Egoismus heraus, sondern aus einer Mischung aus Schwäche und Opferbereitschaft, und sich dadurch auch ausnutzen läßt?

Hilfsbereitschaft: Das ist Hilfsbereitschaft, denn dieser Mensch aktiviert seinen Willen. Er schädigt sich zwar selbst, aber er ist hilfsbereit. So etwas gibt es auch oft in den Familien, wenn die Hilfsbereitschaft der Eltern von den Kindern gnadenlos ausgenutzt wird. Aber das ist Hilfsbereitschaft. Die Folgen der Hilfsbereitschaft sind dann aber oft verheerend.

W.W.: Wenn ein solcher Mensch sich fast aufopfert, kommt dann auch ein Moment, in dem du gar nicht mehr bei diesem Menschen anwesend bist?

Hilfsbereitschaft: Solange er hilfsbereit ist und diese Hilfe auch durchführt, bin ich bei ihm. Wenn er aber zu schwach wird, Hilfe leisten zu können, entziehe ich mich seiner Wesenheit. Wenn er seelisch oder körperlich so zerrüttet ist, daß er keine Hilfe mehr leisten *kann*, aber in seiner seelischen Stimmung und in seinen Gedanken immer noch Hilfe leisten *will*, bin ich nicht mehr bei ihm. Vielleicht bin ich nicht ganz von ihm weg, aber in meiner Willensform bin ich von ihm weg. Es gibt eine Seite von mir, durch die ich bei den Menschen zu einer Fiktion werde. Daraus kann folgen, daß ein Mensch meint, hilfsbereit zu sein, sich dies aber nur in einem fiktiven Raum abspielt.

Egoisten kommen in Scharen

W.W.: Werden durch hilfsbereite Menschen oft auch egoistische Menschen angelockt?

Hilfsbereitschaft: Auf jeden Fall. Egoistische Menschen kommen in rauhen Scharen und nutzen diese hilfsbereiten Menschen aus.

W.W.: Du hast also um dich immer eine Heerschar von Egoisten?

Hilfsbereitschaft: Unter den Menschen ist das so, ja.

W.W.: Weil du bist, kommen Egoisten. Ist das nicht etwas ungut für dich?

Hilfsbereitschaft: Das stimmt, aber sieh das nicht so dunkel. Das ist nur eine jeweils relativ kurze Periode meines Seins und Wirkens. Das wird in einer nicht mehr allzu fernen Zukunft nicht mehr so extrem ausgenutzt werden.

Ich werde oft durch eine Lüge hervorgeholt

W.W.: Was geschieht z.B. in einem kollegialen Zusammenhang, wenn man z.B. jungen Kollegen Aufgaben überträgt, mit dem Scheinargument, sie oder er könne dadurch etwas lernen, obwohl man in Wirklichkeit nur zu faul ist, diese Aufgaben selbst zu erledigen? Und wenn dann die jungen Kollegen mit falsch verstandener Hilfsbereitschaft diese Aufgaben übernehmen?

Hilfsbereitschaft: Der Fake ist bei den älteren Kollegen. Bei den jungen Kollegen ist die Hilfsbereitschaft echt. Denn sie tun ja etwas, sie sind ja hilfsbereit. Sie aktivieren ihren Willen. Der Fake, das Scheinargument, sitzt aber bei den Älteren. Vor allem sitzt eine Lüge dabei. Ich kann es leider nicht ändern, das ist die Aufgabe anderer Wesen: Leider werde ich oft durch eine Lüge hervorgeholt. Viele Höflichkeitsformeln und Höflichkeitstaten, die angeblich Hilfsbereitschaft seien, fallen in diesen Bereich. Oft sind es aber schlicht Lügen.

W.W.: Was geschieht, wenn ein wirklich hilfsbereiter Mensch für andere einsteht, aber die Gefahr unterschätzt und bei seiner Hilfestellung verletzt wird oder gar stirbt?

Hilfsbereitschaft: Er schafft sehr positives Karma, wenn diese Zusammenhänge aus Hilfsbereitschaft entstehen. Das ist nicht der schlechteste Grund zu sterben. Das gibt auf jeden Fall einen sehr positiven Karmaausgleich. Dann hat man eine sehr gute Bank, auf der man in der nächsten Inkarnation sitzen kann. In diesem Leben ist es natürlich sehr dramatisch.

W.W.: Wie steht es mit den schon angedeuteten Berufsgruppen, die fortwährend hilfsbereit agieren – also mit Notfallsanitätern, Alten- und Krankenpflegerinnen, Hebammen, Ärztinnen und Ärzten usw. –: Erarbeiten sich diese etwas Besonderes wegen ihrer beständigen Hilfsbereitschaft?

Hilfsbereitschaft: Es kann auch sein, daß sie karmisch etwas ganz Besonderes abarbeiten. Das ist nicht selten. Viele starten aber in diesem

Leben mit dem Willen, beruflich die gesamte Zeit hilfsbereit zu sein. Viele legen dadurch eine Bank an; noch sehr viele mehr tragen eine Bank aus dem letzten Leben ab.

Individuellere Hilfsbereitschaft als früher

W.W.: Auch wenn man jeden Menschen individuell betrachten muß: Kann man pauschal sagen, ob die Menschen heutzutage hilfsbereiter sind als vor einigen hundert Jahren?

Hilfsbereitschaft: Nein, aber sie sind bewußt hilfsbereiter, *wenn* sie hilfsbereit sind. Vor einigen hundert Jahren ging die Hilfsbereitschaft weniger von der Individualität aus, dagegen mehr von einer Gruppe, z.B. von der Familie, von einer Dorfgemeinschaft oder einem noch größeren menschlichen Zusammenhang. Die Hilfsbereitschaft heute wird mehr von der Bewußtseinsseele des Menschen getragen. Wenn sich z.B. ein jugendlicher Mensch für ein Jahr seines Lebens aufmacht, um irgendwo an einem Ort in der Welt Menschen, Tieren oder der Erde zu helfen, dann tut er das aus seiner Individualität, aus seiner Bewußtseinsseele heraus, und das ist eine ganz individuelle Tat aus Hilfsbereitschaft heraus. So etwas gab es früher eher nicht.

W.W.: Was geschieht, wenn ein Mensch hilfsbereit ist, diese Hilfsbereitschaft aber nicht umsetzen kann und dabei immer auf die Nase fällt?

Hilfsbereitschaft: Dann wird es sehr kompliziert, denn ich werde gerufen, ich öffne das Tor zur Hilfe, aber die Hilfe kann nicht geleistet werden. Das ist eine verzerrte oder schräge Situation. Ich muß dann unverrichteterdinge wieder abziehen. Das ist schicksalsmäßig sehr kompliziert.

Gefälligkeit, Anteilnahme, Zuvorkommenheit

W.W.: Was ist der Unterschied zwischen dir und der Gefälligkeit?

Hilfsbereitschaft: Die Gefälligkeit hat häufig etwas mit einem Rangunterschied aus Herkunft zu tun. Ein Mensch mit einem sogenannten höheren Rang ist gegenüber seinen Untergebenen gefällig. Das ist dann eine zum Rang gehörige Hilfsbereitschaft, aber keine individuelle Hilfsbereitschaft.

W.W.: Was ist der Unterschied zwischen dir und der Anteilnahme?

Hilfsbereitschaft: Die Anteilnahme geht in die Richtung des Mitleids. Bei der Anteilnahme nimmt man oft nur innerlich teil, schickt gute Gedanken und gute Gefühle, kommt aber nicht in den Willen. Es ist sozusagen Hilfsbereitschaft ohne Willen.

W.W.: Was ist der Unterschied zwischen dir und der Zuvorkommenheit?

Hilfsbereitschaft: Heutzutage wird Zuvorkommenheit eher als ein negativer Charakterzug erlebt und kann auch ein wenig als übergriffig erlebt werden. Vom Wort her ist es so, daß jemand immer mit dem, was getan werden soll, zuvorkommt. Früher war auch dies ein Bestandteil des Rangsystems. Gefälligkeit kam bei einem kleinen Rangabstand vor, Zuvorkommenheit bei einem eher großen Rangabstand.

Entgegenkommen, Uneigennützigkeit, Ritterlichkeit

W.W.: Ist das Entgegenkommen dasselbe wie Hilfsbereitschaft?

Hilfsbereitschaft: Nein. Im Entgegenkommen liegt zwar auch ein Wille, trotzdem muß das Entgegenkommen keineswegs die Tür zur Hilfe öffnen. Es *kann* allerdings so werden. Im Regelfall öffnet das Entgegenkommen aber nicht die Tür zur Hilfe.

W.W.: Wie ist der Unterschied zwischen der Uneigennützigkeit und dir?

Hilfsbereitschaft: Der Altruismus, die Uneigennützigkeit, ist eine Grundhaltung, eine Bereitschaft zu mir. Uneigennützige Menschen sind meistens, aber nicht immer, hilfsbereit. Diese Grundhaltung ermöglicht es mir, mich mit diesen Menschen sehr gründlich zu verbinden.

W.W.: Wie ist der Unterschied zwischen der Ritterlichkeit und dir?

Hilfsbereitschaft: Die Ritterlichkeit ist eine Hilfsbereitschaft, die aus einer äußerlichen Verpflichtung erwachsen ist. Als Ritter mußte man hilfsbereit sein, sonst wurde den Menschen die Ritterschaft entzogen. Zumindest wurde die Ritterlichkeit abgesprochen. Die Ritterlichkeit ist meist nicht spontan, sie ähnelt den Menschen, die Hilfsbereitschaft als Beruf gewählt haben. Die Ritterlichkeit bzw. die Ritterschaft ist der Vorläufer solcher Berufsgruppen. Ritter wie auch Rettungssanitäter sind grundsätzlich hilfsbereit.

W.W.: Man sagt aber auch heute noch z.B. zu einem jungen Mann, der einer älteren Dame über eine Pfütze hilft, daß er ritterlich sei.

Hilfsbereitschaft: Das hängt damit zusammen, daß dies ein schönes Bild ist, wie ein Mann mit starkem Arm einem schwächeren Menschen hilft. Man könnte einen solchen Menschen aber ganz genauso hilfsbereit nennen. Ritterlich nennt man dies nur, weil er in diesem Moment dem Bild eines Ritters entspricht. Wenn ein siebenjähriges

Mädchen einer älteren Dame über die Pfütze hilft, würde man sie nicht ritterlich nennen. Sie entspricht nicht dem Bild eines Ritters.

W.W.: Möchtest du zum Schluß noch etwas sagen?

Hilfsbereitschaft: Bemüht euch um Bewußtheit bei der Benutzung meiner Kräfte.

W.W.: Danke.

Hilfsbereitschaft: Bitte.

# Zwang

Wolfgang Weirauch: Guten Tag. Kannst du bitte dein Wesen ein wenig beschreiben?

Zwang: Guten Tag. Hast du eine Vorstellung von einer Schraubzwinge?

W.W.: Ja.

Zwang: Eine solche Zwinge übt Zwang aus. So gesehen bin ich die Urzwinge.

W.W.: Du drückst also von zwei Seiten?

Zwang: Ja, auch. Aber das tun Amboß und Hammer auch zusammen. Ein wesentliches Element meiner Wesenheit ist, daß ich durchhalte, daß ich festhalte und daß ich aushalte. Beim Zwang ist nicht nur der Druck das Wichtigste, sondern das kontinuierliche Festhalten.

W.W.: Bist du ein ahrimanisches Wesen?

Zwang: Auch, aber nicht ausschließlich. Ich bin auch ein luziferisches und auch ein gutes Wesen. Ich helfe auch, den inneren Zwang aufrechtzuerhalten. Selbst die Hilfsbereitschaft hat hin und wieder etwas Zwanghaftes.

Auch Ahriman steht unter Zwang

W.W.: Wie übst du unter geistigen Wesen Zwang aus?

Zwang: Auch Ahriman steht unter Zwang. Insofern zwinge ich auch Ahriman. Er ist eher ein Zwangswesen als ich ein ahrimanisches Wesen. Ich übe Zwang auf die geistigen Wesen aus, indem ich von allen Seiten, in die sie sich richten wollen, Druck ausübe und sie festhalte. Ich verhindere, was sie gerade verrichten wollen. Dadurch löse ich das aus, was der Zwang beinhaltet. Es gibt also Situationen für geistige Wesen, für Menschen allemal, eine ganz bestimmte Richtung einzunehmen, die man Zwang nennen würde, weil man nicht in der Lage ist, eine andere Richtung einzuschlagen oder etwas zu unterlassen. Wenn so etwas vorliegt, bin ich da. Ich übe diesen Druck und dieses Festhalten aus.

Das bedeutet aber, daß ich ein sehr starkes Willenswesen bin, welches von außen auf alle Wesen einwirkt. Bei den ahrimanischen Wesen gibt es z.B. den Zwang zu zerstören. Bei den luziferischen Wesen gibt es oft den Zwang, etwas aufzulösen, und bei allen dazwischenstehenden Wesen gibt es z.B. auch den Zwang, anderen Wesen zu helfen. Schutzengel stehen – auch wenn der Begriff nicht ganz paßt – unter dem Zwang, ihren Menschen zu helfen.

Zwang kommt meist von außen

W.W.: Ist es so, daß der größte Anteil aller Zwänge von außen kommt und den Willen eines jeweiligen Wesens lähmt?

Zwang: Wenn man auch die Umstände zu den Wesen zählt – Menschen würden formulieren, daß sie von den Umständen gezwungen werden –, dann kommt der Zwang von außen, von bestimmten Wesen bzw. von mir. Auch geistige Wesen lassen sich durchaus von den Umständen zwingen.

W.W.: Dann nehmen wir ein konkretes Beispiel: Ein mächtigeres geistiges Wesen zwingt ein nicht so mächtiges geistiges Wesen. Was geschieht hier z.B. in puncto Willenslähmung?

Zwang: Das mächtigere Wesen zwingt den eigenen Willen dem nicht so mächtigen Wesen auf. Der Wille des nicht so mächtigen Wesens liegt dann brach und wird von dem Willen des mächtigeren Wesens ersetzt bzw. eingenommen. So ist der technische Vorgang beim Zwang. Das Ersetzen des Willens des einen Wesens durch den Willen eines anderen Wesens ist Zwang. Von Zwang spricht man, wenn ein Wille durch einen anderen Willen ersetzt wird.

Ich bin die Zwinge

W.W.: Schauen wir auf den Menschen. Unter den Menschen gibt es eine Fülle von Zwängen, sowohl zwischen zwei Menschen als auch zwischen Menschengruppen, durch Staaten; daneben gibt es Zwänge, die man sich selbst auferlegt bzw. die krankhaft sind. Fangen wir mit dem Binnenverhältnis zwischen zwei Menschen an. Ein Mensch übt auf einen anderen Menschen einen seelisch-geistigen Zwang aus, natürlich mit der entsprechenden Willenskomponente, indem er den anderen Menschen mit überragender Argumentation in die Ecke redet, so daß der andere gegen seinen Willen nachgibt. Was geschieht bei einem solchen Vorgang?

Zwang: Es ist kein körperlicher und im Regelfall auch kein ätherischer Zwang, sondern ein seelischer oder ein geistiger Zwang. Wenn es um den Zwang bei der Argumentation geht, ist es eine Mischung aus höheren seelischen Anteilen und niederen geistigen Anteilen. Wenn der andere Mensch mundtot gemacht wird, durch geschliffene

Argumentation, lähmt der betreffende Mensch den Willen des anderen Menschen zum eigenen Gedanken, andererseits lähmt er dessen Willen, ins Wort zu kommen, drittens lähmt er den Gesamtwillen des anderen Menschen leicht. Der mundtot Geredete fühlt sich in diesem Moment willenlos. Sein Willen wird insgesamt festgehalten und gelähmt.

W.W.: Wenn der Zwang körperlich ist – durch Gewalt oder Bewaffnung –, hat dieser Zwang dann einen anderen Charakter?

Zwang: Auch das ist immer ein Willensakt. Durch körperlichen Zwang von außen wird der Wille des betreffenden Menschen stark beeinflußt, der unbewußte Wille des Menschen wird massiv geschwächt und gehindert. Man kann es auch durch die Banalität des Fesselns beschreiben, denn eine Fessel übt genauso Zwang aus.

W.W.: Wenn ein Mensch einen anderen Menschen fesselt oder in irgendeiner Weise Zwang auf ihn ausübt, wo bist du dann? Bist du bei beiden Menschen?

Zwang: Ich bin immer bei beiden. Ich bin das Wesen, welches den Willen des Zwingenden führt. Ich bin die Zwinge, und ich bin das Wesen, welches den Zwang konstant hält. Durch mich wird der eine Wille, beim gezwungenen Menschen, weggeschoben oder gelähmt, während ich den Willen des anderen Menschen konstant halte und stütze. Oft ist der Zwang auch ein Willensimpuls, und wenn ein Zwang länger andauert, verleihe ich dem jeweiligen Willensimpuls Dauer.

W.W.: Willst du den jeweiligen Zwang ausüben und aufrechterhalten?

Zwang: Ich muß den Zwang wollen, weil der Zwang ein Willensvorgang ist. Das Zwingen macht mich aber weder glücklich noch unglücklich.

W.W.: Nehmen wir zwei Menschen: Der eine Mensch ist eher so geartet, daß er sich zwingen läßt, während der andere so geartet ist, daß er eher zwingen will. Wartest du nun, bis der stärkere Mensch Zwang ausübt, oder gibst du ihm einen kleinen Anstoß, damit er mit seinem Zwang beginnt?

Zwang: Nein, ich veranlasse ihn nicht zum Zwang. Das muß von dem Menschen selbst ausgehen.

Willensbach

W.W.: Was geschieht, wenn eine Gruppe von Menschen Druck bzw. Zwang auf einzelne Menschen ausübt, so daß diese sich nicht wehren können?

Zwang: Genau das gleiche, was zwischen zwei einzelnen Menschen stattfindet, nur mit dem Unterschied, daß hier auch noch das Gruppenwesen einer Gruppe mit hinzukommt und verstärkt zwingend wirkt. Ein Gruppenwesen ist meist stärker als der einzelne Mensch, weil im Gruppenwesen die Willen von vielen Menschen zusammenwirken. Die feinen Willensrinnsale der einzelnen Menschen werden im Gruppenwesen zu einem Willensbach. Und dieser Willensbach ersetzt massiv den Willen des einzelnen Menschen, der von der Gruppe gezwungen wird.

Ich werde so schnell nicht arbeitslos!

W.W.: Was geschieht, wenn zwei Staaten gegenseitig Zwang aufeinander ausüben – bis hin zum Krieg? Was geschieht, wenn ein Staat Zwang auf einen anderen ausübt?

Zwang: Sanktionen z.B. sind Zwänge. Im Prinzip ist das auch das gleiche, nur daß hier noch das Wesen des Staates mit hinzukommt. Dann dringt das eine Staatswesen in den Willen des anderen Staatswesens ein. Das bedeutet aber nicht gezwungenermaßen, daß die zum Staat zugehörigen Menschen sich ebenso zwingen lassen bzw. selbst zwingen. Ein Staatswesen hat sehr viele Wesen, die zu ihm gehören.

Wenn der Zwang zum Krieg wird, ersetzt mich der Krieg, und ich trete beiseite. Der Krieg ist ein sehr hohes und großes Wesen. Natürlich gibt es innerhalb des jeweiligen Kriegsgeschehens ungeheuer viele kleinere Zwänge, bei denen ich natürlich wieder anwesend sein muß. Ich werde so schnell nicht arbeitslos!

Sachzwänge

W.W.: Wie steht es mit Zwängen, die man mehr oder weniger nicht bemerkt? Ich denke dabei z.B. an Zwänge gegenüber dem Kind in der Erziehung, daß es mehr Gemüse und weniger Zucker essen solle oder daß man zu bestimmten Zeiten aufstehen und zur Schule gehen solle. Oder denken wir an Erwachsene im Beruf, die verschiedenste Aufgaben erledigen oder Verabredungen halten müssen, die man getroffen hat. Alles dies sind ja auch in gewisser Weise Zwänge. Wie wirkst du bei diesen?

Zwang: Das nennt ihr oft Sachzwänge, zumindest die letzteren von dir beschriebenen Beispiele. Die ersteren Beispiele sind eher gesellschaftliche Zwänge bzw. Zwänge im Sozialen einer Gruppe. Wenn die Eltern auf das Kind einen solchen – wenn auch vielleicht notwendigen – Zwang ausüben, so ist das auch eine Art hierarchischer Zwang, bei dem die Mächtigeren ihren Willen dem Schwächeren aufdrücken.

Wenn es um Zwänge geht, die man nicht mehr mit dem Bewußtsein bemerkt, ändert das nicht sehr viel. Der Zwang ist trotzdem anwesend. Immer dann, wenn der Eigenwille weggedrückt und durch einen anderen Willen ersetzt wird, liegt Zwang vor. Und der technische Schritt dabei ist immer gleich. Wichtig dabei ist aber, ob der jeweils Schwächere dabei leidet oder nicht. Immer wird Wille ersetzt und gehalten. Vergeßt beim Zwingen nicht das Halten!

Freiheit und Zwang

W.W.: Folgende Situation zwischen Eltern und einem männlichen Jugendlichen: Die Eltern wollen nicht, daß der Jugendliche mehr als wenige Stunden mit seinem Smartphone beschäftigt ist, jede Diskussion und Argumentation verläuft im Sande, und nun führen die Eltern bestimmte Zwangsmaßnahmen ein. Was geschieht in solch einem Moment, in dem Eltern etwas machen müssen oder wollen, was den Jugendlichen einengt und zu etwas zwingt?

Zwang: Ich trete genauso in Aktion. In dem Moment, in dem dem Jugendlichen das Smartphone weggenommen wird oder der Gebrauch zeitlich beschränkt wird, übt man einen Zwang aus, und ich bin dabei. Und hier trete ich sogar sehr dick auf, denn dieser Zwang wirkt auf den Jugendlichen sehr stark. Der Jugendliche erleidet einen sehr massiven Zwang. Bei diesem Zwang herrscht sehr viel Bewußtsein.

W.W.: Das bedeutet aber auch, daß der Zwang nicht unbedingt immer negativ ist bzw. daß du nicht immer negativ wirkst?

Zwang: So kann man das ausdrücken. Auch Selbsterziehung ist eine Zwangsausübung. Wenn man sich schlechte Angewohnheiten oder Süchte abzwingt, so ist das aus eurer Menschensicht etwas Gutes. Genauso kann man natürlich schlechte Eigenschaften annehmen, indem man sich dazu zwingt, einem unguten Gruppenwesen beizutreten. Jede Erziehung aber hat auch etwas mit Zwang zu tun, auch wenn ihr das ungern hört.

W.W.: Wie stehst du zur Freiheit? Ist die Freiheit eine Gegnerin von dir?

Zwang: Nein. Natürlich ist die Freiheit in dem Moment, in dem mein Zwang ausgeübt wird, nicht vorherrschend. Trotzdem bin ich ganz oben bei der Freiheit anwesend, denn die Weltentwicklung zwingt die Menschen und andere Wesen in einer gewissen Zeitphase zur Freiheit. Ihr seid in vielen Inkarnationen gehalten, die Freiheit zu gestalten. Das geht gar nicht mehr anders. Auch das ist ein Zwang, obwohl man das sicherlich nicht so ausdrücken würde. Aber es ist so.

Rasende Gedankengeflechte

W.W.: Wie steht es mit Gedankengeflechten, die immer wieder durch das eigene Gedankenleben rasen und die man nicht verdrängen kann – ist das auch ein Zwang?

Zwang: Ja. Das kann ein sehr deutlicher Zwang sein, er kann auch aus einer psychischen Krankheit resultieren, manchmal aber auch nur aus einer sehr starken oder lebhaften Situation, z.B. wenn der Jugendliche frisch verliebt ist und auf seine Freundin wartet; sie kommt aber nicht, und er weiß nicht, aus welchen Gründen sie nicht kommt. Das zwingt ihn mitunter zu erheblichen Gedankenkonstrukten, zumindest dazu, immer wieder das gleiche zu denken: Warum kommt sie denn nicht? Sorge und Eifersucht sind oft die Antriebsfedern für solche Zwangsgedanken. Wenn du in dein Willensleben schaust, wirst du mich an vielen kleinen Stellen entdecken. Das ist oft im Hintergrund, manchmal auch im Vordergrund.

W.W.: Was sind die sogenannten Ticks bzw. Tics, also alle Zwangshandlungen eines Menschen?

Zwang: Das sind Zwänge, bei denen sich im Menschen etwas verselbständigt hat, vor allem im ätherisch-astralen Bereich. Dann hat sich aus dem Willensleben des Menschen etwas herausgelöst und wird vom unbewußten Willen des Menschen zwanghaft durchgeführt. Vieler solcher Zwänge ist sich der Mensch gar nicht bewußt, z.B. im Bereich einer bestimmten Gestik. Eine Gestik kann sich sogar über mehrere Inkarnationen forttragen; oft ist sie auch automatenhaft. Bestimmte kleine Gestiken sind für geschulte Menschen sogar Wiedererkennungsmerkmale, wer oder was dieser Mensch in einem letzten Leben gewesen ist. Man kann das bei einem Menschen z.B. daran sehen, wie er eine Kaffeetasse hebt oder wie er sie auf die Untertasse setzt oder vielleicht auch daneben. Das sind dann Zwänge, die aus den Vorinkarnationen stammen und den Menschen in diesem Leben dazu zwingen, eine ganz bestimmte Gestik einzunehmen. Das ist ein meist sehr unbewußtes Verhalten des Menschen. Das sind ätherische Zwänge. Alle Gewohnheiten sind ätherische Zwänge, manchmal sogar, wie eben angesprochen, aus anderen Inkarnationen stammend.

Der Übergang zwischen Gewohnheit und Zwang ist fließend

W.W.: Wie steht es mit nichtkrankhaften Zwängen, die man sich selber auferlegt? Ich denke dabei z.B. daran, daß man versucht, immer höflich und immer pünktlich zu sein.

Zwang: Das sind eigentlich keine Zwänge, sondern man würde hier erst dann von einem Zwang sprechen, wenn diese auferlegten Bereiche aus dem Bewußtsein herausrutschen und automatenhaft werden. Wenn ein Mensch immer geschminkt sein möchte und gar nicht mehr anders kann, wenn ein Mensch gar nicht mehr anders kann, als pünktlich zu sein, dann wird es zwanghaft. Der Übergang zwischen Gewohnheit und Zwang ist fließend. Es gibt Menschen, die zwanghaft pünktlich sind, und dann kann man von einem Zwang sprechen. Wenn ein Mensch das freiwillig tut, ist es kein Zwang. Bei einem Zwang ist immer ein Willensbereich ungeführt, nicht bewußt oder durch etwas anderes ersetzt. Der Wille zur Pünktlichkeit ist etwas Positives, aber wenn er wegrutscht, automatenhaft wird, gerät er zum Zwang. Dann erreicht der Mensch damit meine Ebene. Die Ebenen, auf denen ich auftrete, sind sehr vielfältig.

W.W.: Welche Form von Zwang sind staatliche Zwänge, wie z.B. verschiedenste Reglementierungen oder Zwangsräumungen oder sogar Gewalttaten, die staatlich ausgeübt werden, wie z.B. Waterboarding?

Zwang: Das Recht ist ein Wesen. Das Recht spiegelt sich in der Verfassung wider bzw. im Strafgesetzbuch. Von diesem Recht können ganz massive Zwänge ausgeübt werden. Dieses Wesen hat einen sehr starken Willen. Waterboarding ist aber nicht durch die Verfassung getragen, und hier gerät der Zwang zur Gewalt.

Ein Gebet hilft immer

W.W.: Wie kann man sich gegen äußere Zwänge, gegen die man nicht ankommt, innerlich wappnen?

Zwang: Ich habe hierfür den grundlegenden Tip, den auch schon viele meiner Vorrednerinnen und Vorredner dargestellt haben: Man kann ein Gebet sprechen. Ein Gebet hilft immer. Je stärker man von der Kraft des Gebetes überzeugt ist, desto mehr wirkt es. Der Glaube kann Berge versetzen, so sagt ihr ja auch als Menschen. Weiterhin solltet ihr euer Bewußtsein schulen, indem ihr Willensübungen durchführt. Alle Willensübungen wappnen euch gegen einen äußeren Zwang. Zumindest solltet ihr wissen, daß ein Zwang vorliegt, auch wenn man sich äußerlich nicht gegen ihn wehren kann. Man kann sich auch einem Zwang beugen, auch wenn man es eigentlich nicht will, aber trotzdem erkennt, daß es nicht anders geht. Aber dann beugt man sich dem Zwang bewußt und läßt sich nicht ausschließlich von außen beugen.

W.W.: Ist es aus deiner Sicht ratsam, gegen dich anzukämpfen?

Zwang: Nein, ganz im Gegenteil. Ihr könnt gar nicht ohne mich leben. Ratsam aber ist immer möglichst viel Bewußtsein über alle Zusammenhänge.

W.W.: Möchtest du zum Schluß noch etwas sagen?

Zwang: Seht den Zwang nicht nur negativ! Er läßt euch auch überleben! Er läßt euch auch viel Gutes tun!

W.W.: Danke.

Zwang: Bitte.

Widerstand

Wolfgang Weirauch: Guten Tag. Widerstand ist ein Relationsbegriff bzw. eine Fähigkeit, die meistens im Verhältnis zwischen zwei Parteien, zwischen zwei Menschen oder zumindest zwischen einem Menschen und einem anderen Wesen erhoben wird. Bist du ein neutrales Wesen?

Widerstand: Guten Tag. Ja.

W.W.: Du bist also nicht geneigt, jedwedes Wesen zum Widerstand aufzufordern?

Widerstand: Nein.

W.W.: Kommst du nur dann, wenn ein Wesen bzw. ein Mensch Widerstand leistet?

Widerstand: Nein.

W.W.: Wie verhält es sich dann?

Ich komme aus der Zukunft

Widerstand: Ich brauche nicht zu kommen, denn ich bin als neutrales Wesen ein Wesen, welches immer da ist. Ich habe sehr viel mit dem Willen zu tun, genau wie mein Vorredner. Ohne Wille kein Widerstand. Alle die Willenswesen sind Wesen, die aus der Zukunft kommen. Das haben die anderen Wesen nicht dargestellt. Bei ihnen klang es meist so, als wären es Wesen, die aus der Vergangenheit kommen. Aber das ist nicht der Fall.

W.W.: Trotzdem bist du mal mehr, mal weniger anwesend.

Widerstand: Nein. Ich bin immer gleich anwesend. Eine Wand z.B. leistet auch Widerstand. Eine Wand kann man mehr oder weniger wahrnehmen, aber sie ist immer gleich anwesend. Ihr Menschen könnt den Widerstand aber immer nur in Teilbereichen wahrnehmen bzw. leisten.

Ich bin eine Willensfähigkeit

W.W.: Dann nehme ich ein Beispiel von zwei Paaren geistiger Wesen, die miteinander kämpfen. Bei dem ersten Beispiel kämpfen verschiedene Wesen gegeneinander und beide leisten den sie angreifenden geistigen Wesen erheblichen Widerstand, im zweiten Fall greifen geistige

Wesen andere geistige Wesen an, letztere aber lassen sich mehr oder weniger überrumpeln und leisten keinen Widerstand. Bist du nicht bei den Wesen des ersten Falles mehr anwesend als bei den angegriffenen des zweiten Falles?

Widerstand: Nein. Die einen nehmen mich nur mehr wahr als die anderen. Diejenigen, die mehr Widerstand leisten, lassen ihren Willen mit meinem Willen mehr zusammenfließen. Es kann sein, daß diejenigen geistigen Wesen, die sich überrumpeln lassen, gar nicht in der Lage sind, große Bereiche von mir in ihren Willen aufzunehmen. Wenn die einen Wesen so mächtig sind, daß sie die anderen einfach nur überrollen, dann nehmen die schwächeren geistigen Wesen ihren Widerstand kaum bzw. gar nicht mehr wahr. Das bedeutet nicht, daß diese Wesen in einem anderen Zusammenhang nicht Widerstand leisten könnten. Es gibt natürlich auch geistige Wesen, die für den Widerstand zu faul, zu träge sind.

W.W.: Nehmen wir ein anderes Beispiel. Ahrimanische Wesen kämpfen gegen michaelische Wesen. Der Kampf ist in vollem Gange, und immer dann, wenn die einen die anderen angreifen, leisten die jeweils anderen Widerstand. Kämpfst du dann gegen dich selbst, bzw. leistest du dir selbst gegenüber Widerstand?

Widerstand: Nein, ich kämpfe nie gegen mich selbst. Trotzdem bin ich auf beiden Seiten anwesend; das ist überhaupt kein Problem!

W.W.: Es ist schwer, sich das vorzustellen.

Widerstand: Warum?

W.W.: Weil es nicht leicht ist, sich ein Wesen vorzustellen, das auf zwei sich bekämpfenden Seiten anwesend ist.

Widerstand: Ich bin eine Willensfähigkeit. Insofern bin ich eine Grundlage von allen Wesen. Ich bin eine Grundeigenschaft. Widerstand ist so intensiv und grundlegend mit eurer Welt verwoben, daß die gesamte Welt nicht sein könnte, wenn es diese Grundkraft nicht gäbe. Widerstand ist eine sehr ruhige, oft auch sehr kurzfristige Kraftentfaltung. Widerstand kann man ganz kurzfristig leisten, und dann ist der Widerstand wieder vorbei. Das ist der Unterschied zum Zwang. Zwang hat immer eine Dauer. Widerstand kann sowohl kurz als auch lang sein. Zwang ist eher eine aktive Eigenschaft, Widerstand ist eher eine passive bzw. kurzfristig aktive Eigenschaft. Das Kämpfen hat aber auch etwas mit Widerstand zu tun. In dem Sinne ist Widerstand nicht passiv. Denn Widerstand führt beim Kampf zu einer aktiven Tätigkeit. Widerstand kann passiv sein, beginnt passiv, kann aber auch sehr schnell aktiv werden.

Es beginnt mit dem Aufwachen und endet im Tun

W.W.: Schauen wir auf die Menschen. Widerstand kann gewaltlos, genauso gewalthaltig sein. Nehmen wir als Beispiel Jugendliche in der Schule oder Jugendliche im Binnenverhältnis zu den Eltern. Die Jugendlichen werden von den Erwachsenen in verschiedenster Weise gegängelt oder unterdrückt und beschließen nun, Widerstand zu leisten. Dies beginnt zuerst in Gedanken, dann in Gefühlen, letztendlich in einer Willenshandlung. Kannst du beschreiben, wie das in der Seele dieser Jugendlichen aussieht?

Widerstand: Zuallererst muß ein Bewußtsein dafür vorhanden sein, daß ein Druck von außen, durch andere Menschen, besteht. Dieser Druck muß wahrgenommen werden. Das ist immer ein Aufwachmoment. Dieses Aufwachmoment wird durch verschiedene Beispiele, verschiedene Vorfälle, durch verschiedene Gefühle und letztlich durch den Willensakt verstärkt. Es beginnt also mit dem Aufwachen und endet im Tun. Die Schritte dazwischen können sehr verschieden sein. Das Tun, das Handeln, das Widerstandleisten kann sehr kurz, genauso aber auch sehr langwierig sein.

Es gibt bei euch Menschen, die in diktatorischen Regimen leben, sogar das In-den-Widerstand-Gehen. Und das kann ein sehr langer Prozeß sein. Der innere Widerstand bei einer solchen Phase bzw. Handlungsweise eines Menschen in einem diktatorischen Regime kann aber auch immer einmal wieder in sich zusammenfallen, durch Zweifel oder auch durch den alltäglichen Lebensstrom.

Es gibt also den aktiven Widerstand – wenn man durch verschiedene Handlungen aktiv Widerstand leistet –, aber dann kann dieser aktive Widerstand in eine weitgehend passive Situation geraten, und zwar in einen Zustand, in eine Haltung. Ein Mensch geht dann in den Grundzustand des Im-Widerstand-Seins. Das kann man sehr gut bei Jugendlichen sehen, die in eine Oppositionshaltung gehen, weil sie die Zwänge der Erziehung ablehnen. Das kann dann zu einem Widerstand gegen alles und gegen jeden führen.

Auch die Verweigerung ist ein Teil des Widerstands. Auch die Verweigerung kann kurzfristig aktiv sein, in allen anderen Phasen aber als Zustand der Verweigerungshaltung auftreten. Bei jeder Verweigerung, bei jedem Widerstand wird ein Teil des eigenen Willens aktiviert. Gerade heranwachsende Jugendliche werden sich in solchen Situationen ihres Willens bewußt. Zuerst tritt der Wille ungeformt auf, wird aber meistens immer geformter. Der Wille kann sich in dieser Weise auch verselbständigen und zu einem Zustand oder zu einer Haltung werden.

Aufruf zum Widerstand

W.W.: Was geschieht, wenn man Gleichgesinnte zum Widerstand aufruft?

Widerstand: Das könnte auch ein Zwang sein, den man auf andere ausübt; muß aber nicht. Auf jeden Fall möchte man das Erlebnis, welches man selbst durchgemacht hat, nämlich das Wachwerden an irgendwelchen Zwangsmaßnahmen oder Ungerechtigkeiten, anderen Menschen mitteilen und sie ermuntern, mit einem selbst gemeinsam Widerstand zu leisten. Man möchte auch den Widerstand, den man selbst leistet, mit Hilfe anderer beschleunigen bzw. verstärken. Man ruft auch andere auf, indem man ihnen klarmacht, unter welchem Druck man steht. Man verkürzt dabei den eigenen Prozeß des Wachwerdens, des Druck Empfindens und des anfänglichen Widerstands, indem man andere Menschen zum Widerstand auffordert und ihnen alles kurzfristig erklärt.

W.W.: Was wird anders bei politischem Widerstand – wenn man sich z.B. in einem diktatorischen System gegen das Herrschaftssystem auflehnt, wenn man opponiert oder sogar gewaltsam vorgeht?

Widerstand: Der Widerstand kann sichtbar, öffentlich erfolgen, z.B. bei einer Revolution; andererseits kann der Widerstand unsichtbar erfolgen, indem man aus dem Verborgenen auf verschiedene Weise stört. Man kann auf verschiedene Weise Sand in das jeweilige Getriebe eines Staates oder einer Firma bringen und öffentlich oder im Geheimen Widerstand leisten. Der subversive und der öffentliche Widerstand sind die beiden Hauptformen bei politischem Widerstand. Der Auslöser dieser Formen von Widerstand beginnt meist auf der gedanklichen Ebene, indem man das jeweilige politische System grundlegend ablehnt und es nicht als sein eigenes anerkennt. Auch hier ist der Beginn ein Wachwerden bzw. das Erleben, daß man unterdrückt wird und daß das jeweilige herrschende System nicht das eigene ist.

Ich bleibe neutral

W.W.: Du sagtest vorhin, daß du ein neutrales Wesen bist. Ist es dir wirklich gleichgültig, ob sich ein bockiger Jüngling mit Totalverweigerung sinnleer gegen alles auflehnt oder auf der anderen Seite Menschen gegen ein Unrechtssystem Widerstand leisten? Ist das aus deiner Sicht nicht eine andere Art von Widerstand?

Widerstand: Ich versuche, nicht zu werten. Natürlich sehe ich die Unterschiede. Aber ich bin eine Grundkraft. Ich muß sehr viel Widerstand an unsinnigen Stellen durchführen und stützen. Wir Wesen, die

die Techniker einer bestimmten Kraft sind, müssen immer so handeln. So gesehen sind wir alle unter einem gewissen Zwang.

W.W.: Ich verstehe deine neutrale Haltung; trotzdem gab es immer wieder Wesen hier, die sagten, daß sie zwar neutral auftreten müßten, aber zu der einen Tat sagten sie, daß sie dieses gerne, anderes ungern täten.

Widerstand: Das sind die Wesen, die aus der Vergangenheit kommen. Sie kommen aus einem anderen Wertekanon. Wir wirken aus der Zukunft. Wir sehen solche grundlegenden Fähigkeiten und Eigenschaften und Zustände aus einem anderen Wertesystem. Natürlich sehe ich die Unterschiede zwischen den jeweiligen Widerstandshandlungen. Wir aus der Zukunft wirkenden Wesen haben ein Bewußtsein dafür, daß sowohl das Gute wie auch das Schlechte eine Berechtigung hat. Eigentlich ist es so – und ich hoffe, daß man das verstehen kann –, daß sowohl das Gute wie auch das Böse überwunden werden muß, damit etwas Neues, etwas Drittes entstehen kann.

W.W.: Stehst du denn auch neutral zu gewaltlosem und zu gewalthaltigem Widerstand?

Widerstand: Ja, obwohl ich manche Widerstandshandlungen sinnlos finde. Trotzdem werte ich nicht. Ich sehe, daß verschiedene Widerstandshandlungen objektiv sinnlos sind. Ein zwanghafter Widerstand ohne Aufwachmoment ist sinnlos, und ich stelle mir die Frage, ob das überhaupt noch Widerstand ist. Meist ist es bereits Zwang. Andererseits kann ich auch ganz klar sagen, daß bestimmte Widerstandshandlungen nicht ohne Gewalt möglich sind.

W.W.: Mein Problem bei diesem Interview ist, daß ich fast nur wertende Fragen vorbereitet habe, z.B. wie es mit einem Tyrannenmord steht, ob es z.B. aus deiner Sicht richtig ist, daß man einen Tyrannen umbringt, auch wenn es ein Mord ist und sich gegen das jeweilige Gesetz in diesem Land richtet.

Widerstand: Ich sehe die Unterschiede, bleibe aber trotzdem neutral. Ob ein Widerstand gut oder sinnvoll, ungut oder sinnlos ist, entscheiden meistens die Menschen, und die sehen das differenziert. Was gut und was schlecht ist, kann man sehr unterschiedlich betrachten. Für euch Menschen ist es kaum machbar, in einem System zu leben, in dem nicht gewertet wird. Wir zukünftigen Wesen können das aber. Wir müssen das sogar. Ihr müßt aus der Dualität herauskommen, um mich verstehen zu können. Es gibt nicht nur Gut und Böse, sondern auch Grau.

W.W.: Aus Menschensicht ist Widerstand nicht neutral möglich.

Widerstand: So ist es. Als Mensch kann man nur moralisch an den Widerstand herangehen, man muß werten. Aber es wäre fatal, wenn ich moralisch wertend an die verschiedenen Widerstandshandlungen herangehen würde. Trotzdem möchte ich hinzufügen, daß es für uns zukünftige Wesen auch eine Moral gibt; aber die ist ganz anders. Unsere Moral besteht z.B. darin, daß wir eure Werte ignorieren müssen. Sonst könnten wir unsere Kräfte nicht korrekt einsetzen.

W.W.: Wie stehst du zur Notwehr?

Widerstand: Gut, denn Notwehr ist Widerstand.

W.W.: Bist du mit dem Mut verwandt?

Widerstand: Der Mut ist ein Willenswesen, und zum Mut gehört eine gehörige Portion Widerstand; insofern sind wir verwandt. Alle Willenswesen sind miteinander verwandt. Zum Widerstand gehört Mut.

W.W.: Welche Verbindung hast du zum Weltwillen?

Widerstand: Ich bin ein Teil des Weltwillens und eng mit ihm verwoben.

Die Sklavenketten sprengen

W.W.: Ich möchte doch noch einmal die Frage von vorhin stellen: Ein Jugendlicher in der Schule steht unter erheblichem Druck durch Lehrer, durch Zwang, durch Ungerechtigkeiten und leidet über längere Zeit. Zuerst hat er Angst, seine Stimme dagegen zu erheben; aber mit der Zeit und mit weiterem Druck entschließt er sich doch, sich öffentlich mit Worten und Taten zu wehren und Widerstand zu leisten. Was geschieht in diesem Moment in seiner Seele?

Widerstand: Zuerst kommt das Aufwachmoment, und in der nächsten Zeit gärt etwas in der Seele des Jugendlichen. Er nimmt immer mehr von Gängeleien wahr und leidet, er möchte seinen Willen in die Tat umsetzen, kann es aber noch nicht. Aber dann kommt ein zweites Aufwachmoment, bei dem er bemerkt und beschließt, daß er auch etwas tun, also Widerstand in die Tat führen kann. Er wird dann wach zum Mut, wach zur mutvollen Tat. Wenn ein Mensch wach zum Mut wird, hat er auch Mut zum Widerstand. Es kann aber auch dazu führen, daß solche Menschen übermütig werden oder auch ganz besondere Taten vollbringen. Selbst ein Amoklauf hat etwas mit Mut zu tun. Ein solcher Amoklauf ist aber nur sehr grenzwertig Widerstand.

W.W.: Wenn sich der Jugendliche aufrafft, nun Widerstand zu leisten, in die Tat zu gehen, ist das auch eine Befreiung in seiner Seele?

Widerstand: Selbstverständlich ist das ein Befreiungsmoment: Er sprengt die Sklavenketten! Gleichzeitig ist es eine deutliche Willensschulung, indem er sich diesen Widerstandsimpuls setzt bzw. sich zu diesem durchringt. Es kann auch damit beginnen, daß der Jugendliche ein erstes freches Wort fallen läßt bzw. ein Wort, das nur er frech findet. Das ist der erste Anfang einer bewußten Willensschulung. Das ist natürlich etwas sehr Positives für diesen Jugendlichen.

W.W.: Warum sind einige Menschen eher in der Lage, in verschiedensten Situationen Widerstand zu leisten, andere eher nicht?

Widerstand: Warum sind Menschen Individuen? Weil sie unterschiedlich sind! Der eine Mensch hat sich für die eine Inkarnation vorgenommen, sehr mutig aufzutreten und seinen Willen zu schulen; ein anderer Mensch hat sich das nicht vorgenommen oder kann es aufgrund von verschiedenen Situationen und Handlungsweisen des letzten Lebens nicht. Viele Menschen sind auch noch gar nicht bei der Möglichkeit, bei der Fähigkeit zum Widerstand angekommen, weil sie ihren Willen noch nicht genügend geschult haben. Hier sind die Unterschiede so zahlreich wie die Milliarden von Menschen, die es gibt. Es gibt aber auch Menschen, die nicht mehr Widerstand leisten wollen.

Ideale als Auslöser

W.W.: Hängt die Fähigkeit, Widerstand zu leisten, auch damit zusammen, daß man mit Idealen in dieses Leben tritt, weil man diese Ideale nicht lassen kann und für sie kämpfen will?

Widerstand: Das kommt auf den Willenstypus an, den ein Mensch hat. Ideale wohnen in den hohen Teilen der menschlichen Seele. Ihr nennt sie oft geistige Ideale, aber sie leuchten oft als ein höheres Gefühl in die Seele hinein bzw. aus der Seele heraus. Deswegen sind Ideale sehr häufig Auslöser für Widerstandssituationen, für das Empfinden von Ungerechtigkeiten, gegen die man sich wehren will.

Die gesamte materielle Welt ist ein einziger Widerstand

W.W.: Es gibt auch in der materiellen Welt völlig andere Widerstände: In der Charttechnik spricht man von Widerstand, wenn ein steigender oder fallender Kurs immer bei einem bestimmten Wert abprallt; in der Elektronik spricht man von Widerstand bei einem Bauelement, das den Strom begrenzt oder aufteilt; und dann gibt es noch die ganz einfachen physischen Gegenstände, die einem im Weg stehen. Was für Widerstände sind das?

Widerstand: Auch diese Widerstände hängen alle mit mir zusammen. Ich bin überall mit dem Sein verwoben. Die gesamte materielle Welt ist ein einziger Widerstand. Einfach weil sie da ist, weil sie seiend ist, bietet die physische Welt Widerstand. Man kann die Welt aber auch so anschauen, daß man alles Lebendige als einen Widerstand gegen den Tod ansieht. Und das kann man auch umdrehen, daß der Tod ein Widerstand gegen das Leben ist. Allein dadurch, daß es auf der Erde, im materiellen Sein, Grenzen gibt, erlebt jedes Wesen einen Widerstand. Das ist besonders bei physischen Objekten sehr ausgeprägt. Die physische Welt macht sich für euch Menschen überall als Grenze erlebbar, bis hin zum Schmerz, den ihr dann natürlich in eurer Seele erlebt. Naturwesen und geistige Wesen erleben diesen Schmerz an der Grenze der physischen Welt nicht. Aber die materielle Welt leistet euch Menschen überall Widerstand.

W.W.: Die physische Welt macht das Ich bewußter, wenn es jeden Morgen wieder in den physischen Leib einzieht und sich an den Häuten der Organe spiegelt, die ihm Widerstand bieten. Dadurch wird der Mensch seiner selbst weiterhin bewußt.

Widerstand: Das wollte ich gerade sagen. Dadurch wacht der Mensch zunehmend auf. Der Widerstand der physischen Welt ist ganz ausschlaggebend verantwortlich dafür, daß euer Ich sich selbst kennenlernt. Ihr findet euch also in eurem Ich am ehesten im Materiellen wieder, weil ihr euch am Materiellen spiegelt. Dadurch erhaltet ihr zunehmend Wachbewußtsein. Würdet ihr im materiellen Sein versinken, würdet ihr nicht aufwachen. Ein Element des Ichs ist aber auch der Wille, vielleicht sogar die wichtigste Komponente des Ichs.

W.W.: Möchtest du zum Schluß noch etwas sagen?

Widerstand: Es wäre jetzt vielleicht etwas flach, wenn ich sagen würde: Leistet Widerstand! Trotzdem stimmt das. Ich möchte aber noch hinzufügen, daß ihr euch ab und an klarmachen solltet, wieviel Widerstand die materielle Welt benötigt, um überhaupt dazusein. Das ist eine Willenstat höherer geistiger Wesen. Es ist weiterhin eine Willenstat, die physische Welt aufrechtzuerhalten. Sie leistet auch dem Leben Widerstand.

W.W.: Danke.

Widerstand: Bitte.

erzeihen

Wolfgang Weirauch: Guten Morgen. Kannst du bitte dein Wesen beschreiben?

Verzeihen: Guten Morgen, das ist schwierig. Ich bin ein sehr altes Wesen, und ich habe eine weggehende Geste in mir, eine sich zurückziehende. Vielleicht kennst du noch das alte Wort *Zeihen*, was ja im weitesten Sinne *Zeigen* bedeutet. Es bedeutet aber auch, daß man etwas wahrnimmt und auch im Sinne von Anschuldigen auf etwas hindeutet. Man konnte mit dem Zeihen früher aber auch Situationen und Bereiche wie die eigenen Gefühle beschreiben bzw. darauf hindeuten. Heute würde man eher nur noch selten sagen, daß jemand einem anderen Menschen seine Gefühle zeigt, sondern man würde wahrscheinlich ein anderes Verb gebrauchen. Heute zeigt man eher nur auf Gegenstände, auf das Haus in der Ferne, auf den Vogel in der Luft und vieles mehr. Das Zeigen heute hat sich wesentlich mehr ins Äußere verlegt. Durch die Vorsilbe *ver* wird darauf hingedeutet, daß eine Zustandsveränderung vorgenommen wird, daß etwas in einen anderen Zustand hinübergeführt wird oder daß man das, was man zeigt, vielleicht ein Gefühl, aus sich entläßt. Es ist dann innerlich nicht mehr vorhanden. Man nimmt es innerlich nicht mehr wahr. Verzeihen ist also eine weggehende Geste, eine sich zurückziehende Geste.

Etwas wird spurlos

Ich habe eine ähnliche Bedeutung wie die Gesprächspartnerin, die nach mir zum Schluß dieses Buches sprechen wird. Das Zeigen, das Zeihen verblaßt für den Menschen, der verzeiht. Das ist auch ein Verzicht. In dem Moment, in dem ein Mensch irgend etwas verzeiht, ist dasjenige, was man verzeihen will, natürlich noch sehr konturiert, aber danach beginnt der jeweilige Zusammenhang wirklich nach und nach unsichtbar zu werden. Er verschwindet. Dann kann man auf diesen Inhalt nicht mehr zeigen. Etwas wird unwichtig, etwas wird spurlos. Diese Geste, daß etwas nicht mehr zeigbar ist, entspricht meinem Wesen.

W.W.: Kann man sich deine Gestalt als eine Art Nebelgestalt vorstellen?

Verzeihen: Nicht unbedingt, es ist eher das Fade away, das Verblassen, das Zerrinnen, das Abebben. Es ist also nicht der Nebel selber, sondern das In-ihm-Verschwinden. Ich bin das Verzeihen; beim Verzeihen ist man noch aktiv, wenn der Vorgang aber abgeschlossen ist, dann kann man von der Verzeihung sprechen. Das Verzeihen selbst ist immer noch etwas Aktives.

W.W.: Bist du als das Verzeihen auch unter geistigen Wesen notwendig?

Verzeihen: Unbedingt! In vielen Bereichen der geistigen Welt ist das Verzeihen sogar noch erheblich notwendiger als bei euch Menschen. Das hängt damit zusammen, daß bestimmte geistige Wesen sehr viel gewaltiger sind und wirken als ihr Menschen. Viele geistige Wesen sind auch viel mitleidsloser als die Menschen. Auf jeden Fall sind sie häufig viel einseitiger als der Mensch. Ihr Menschen seid in jeder Hinsicht ein Kompromiß. Das aber sind viele geistige Wesen eben nicht.

Angeordnetes Verzeihen

W.W.: Kannst du einmal einen Akt des Verzeihens exemplarisch schildern, wie er unter geistigen Wesen stattfindet?

Verzeihen: Da könnte man z.B. die Zeitengeister nehmen, die mit ihren ihnen zugehörigen Scharen die Zeitepochen verwalten. Nehmen wir also die michaelischen Scharen, von denen Michael der Anführer ist. Wenn die michaelischen Scharen die Arbeit der vor ihnen die Zeitepochen verwaltenden gabrielischen Scharen übernehmen, dann ordnet Michael an, daß die michaelischen Wesen den gabrielischen Wesen verzeihen, daß diese ihre Arbeit anders gemacht haben als sie jetzt von den michaelischen Wesen durchgeführt werden. Dadurch wird der Übergang nahtloser und harmonischer. In den Hierarchien ist es dann üblich, daß das Verzeihen angeordnet wird.

W.W.: Dann ist dieses Verzeihen aber nicht freiwillig!

Verzeihen: Es ist ja ohnehin eine Frage, ob es in der geistigen Welt Freiwilligkeit bzw. Freiheit gibt. Eigentlich gibt es diese nicht. Den freien Willen in der geistigen Welt gibt es nur bei einem einzigen Wesen, nämlich bei Christus, und deswegen kann auch nicht aus Freiheit heraus verziehen werden, trotzdem wird verziehen. Es ist allerdings ganz anders als unter Menschen; man ist nicht nachtragend, man sieht die Notwendigkeit des Verzeihens ohne weiteres ein. Insofern erfolgt dieses Verzeihen auch schon mehr oder weniger von selbst, oft aber wird es auch angeordnet bzw. ist aus der Sache heraus notwendig.

Das erste Verzeihen

W.W.: Kannst du etwas über deine Entstehungsgeschichte erzählen?

Verzeihen: Die habe ich mir auch schon selbst verziehen, und mittlerweile ist sie auch schon ziemlich verblaßt. Wahrscheinlich war es so, daß das erste Verzeihen auftrat, nachdem es das erste zweite Wesen gab, und beide mußten sich gegenseitig ihre Andersartigkeit verzeihen. Sonst hätten sie nicht miteinander arbeiten können. Aber diese damaligen Vorgänge sind aus meiner Sicht sehr blaß geworden.

W.W.: Müßte es insofern zwischen allen Wesen ein gegenseitiges Verzeihen geben, besonders weil die Wesen mittlerweile alle sehr unterschiedlich sind, auch in bezug auf die bösen Wesen?

Verzeihen: Das ist so. Die sogenannten guten geistigen Wesen – und hier nicht unbedingt die obersten – müssen z.b. den Widersacherwesen beständig verzeihen, denn diese agieren zum Ärgernis der sogenannten guten Wesen; aber die Widersacherwesen machen das auch nicht unbedingt freiwillig, und insofern muß ihnen fortwährend verziehen werden. Ohnehin geht es in bezug auf die Erde und die Menschen nicht ohne die Widersacherwesen, denn allein bei allen physischen Zersetzungsprozessen, bei der Rotte im Boden durch die Insekten und Fäulnisprozesse, sind die Widersacherwesen notwendig. Denn ohne diese Wesen würdet ihr im Müll ersticken. Eure Welt funktioniert nur mit diesen Abbauprozessen.

W.W.: Bist du mit einem der drei Trinitätswesen am meisten verbunden?

Verzeihen: Ja, mit Christus. Aber mit den beiden anderen auch sehr intensiv. In der Zukunft werde ich viel mit dem Heilenden Gott zu tun haben, und das habe ich bereits jetzt.

Die Kränkung darf verblassen

W.W.: Schauen wir nun auf das Verzeihen unter Menschen. Hier möchte ich drei verschiedene Konstellationen zwischen zwei Menschen ansprechen. Nehmen wir beim Fall A an, daß ein Mensch einen anderen gekränkt hat. Die Gedanken und Gefühle des gekränkten Menschen kreisen umher oder laufen oft in dieselbe Richtung; er fühlt sich verletzt, er fühlt sich belastet. Nun wird bei diesem Fall A der gekränkte Mensch von der anderen Person aufgesucht, die ihn verletzt hat. Diese Person entschuldigt sich, gleicht die Schuld vielleicht sogar durch ein Äquivalent aus. Der Gekränkte fühlt sich gesehen, ist befriedigt und verzeiht. Was geschieht in diesem Moment?

Verzeihen: Das wäre der Idealfall. Die Kränkung ist für den Menschen, der sie erlitten hat, etwas, was ihn heftig beschäftigt. Der erste

wichtige Schritt bei dem Menschen, der verletzt hat, ist, daß er eingesehen hat, daß er etwas Unrichtiges getan hat. Der kränkende Mensch
hat also einen inneren Schritt vollzogen. Dieser innere Schritt wird
keineswegs von den meisten Menschen vollzogen, denn die meisten
Kränkungen finden so statt, daß diejenigen Menschen, die kränken,
nicht einmal bemerken, daß sie andere Menschen gekränkt haben.
Dann kommt bei diesem Kränkenden allerdings der Wunsch auf, die
Kränkung aus der Welt zu schaffen. Das ist ein heilender Impuls. Dieser
Impuls wird in die Tat umgesetzt, mit einer Entschuldigung, vielleicht
mit einem Äquivalent.

Der gekränkte Mensch freut sich, weil er bemerkt, daß seine Kränkung wahrgenommen worden ist und ausgeglichen wird. In dem
Moment geschieht etwas, denn die Schärfe der Kränkung wird relativ
rasch unwichtig. Man braucht die Kränkung nicht mehr anzuschauen,
sie darf verblassen. Und diese Kränkung verblaßt dann tatsächlich. Der
Akt als solcher, also die Kränkung mit ihren Spuren, bleibt selbstverständlich bestehen, aber seine Relevanz auf das Leben verblaßt. Er glie-
dert sich in seinen Konturen in die andere große Menge aller anderen
Erlebnisse ein. Man kann dann einen Haken an diese Angelegenheit
machen und sie innerlich als erledigt ablegen.

W.W.: Kann man es auch so beschreiben, daß etwas, was in den
Vorstellungen, im Astralleib des gekränkten Menschen fortwährend
rumort, nun ins Vergessen, in den Ätherleib sinken kann, so wie auch
eine Vorstellung in den Ätherleib sinkt, ins Vergessen sinkt, wenn sie
nicht mehr aktuell im Seelenleben lebt und vergessen wird?

Verzeihen: So ist es. Durch den Vorgang des Verzeihens darf etwas
vergessen werden. Und das ist für beide Seiten wichtig. Beide können
etwas loslassen.

W.W.: Hat das – unabhängig vom persönlichen Verzeihen und
Entschuldigen – für den Weltzusammenhang auch eine Folge?

Verzeihen: Ja. Das Verzeihen, mit dem etwas erledigt ist, wird genauso
in der Akasha-Chronik eingetragen. Der Vorgang ist nicht weg, aber
er kommt in den Bereich dessen, was erledigt ist. Es bedarf also keiner
Wiedervorlage bei beiden Menschen im nächsten Leben. Christus, der
Schutzengel und der Körperelementargeist brauchen sich dann nicht
mehr mit dieser Angelegenheit zu beschäftigen. Man nimmt diesen Wesen dann auch Arbeit ab, denn sie müssen diesen Vorgang des karmischen
Ausgleichs nicht mehr z.B. in den Ätherleib des Menschen, der sich zu
einer nächsten Inkarnation vorbereitet, einweben.

Unerledigte Zusammenhänge

W.W.: Nehmen wir den zweiten Fall, den Fall B. Es ist etwas Gleiches geschehen, aber der oder die Verletzte will nicht verzeihen, obwohl der Täter oder die Täterin sich wirklich abzappelt mit verschiedensten Entschuldigungen. Aber der verletzte Mensch will den anderen Menschen bestrafen. Was geschieht in diesem Fall?

Verzeihen: Dann bin ich aus dem Geschehnis ganz heraus.

W.W.: Hast du denn nicht mit dem Menschen, der verletzt hat, zu tun, denn dieser Mensch *möchte* ja, daß ihm verziehen wird?

Verzeihen: Wenn dieser Mensch den Impuls hat zu heilen, nimmt er mich natürlich mit. Er hofft dann, daß der gekränkte Mensch mich braucht. Ich lebe dann als eine Art Wunsch des Verzeihens bei diesem Menschen. Ich komme also als mögliches Verzeihen mit. Trotzdem komme ich nicht zur Wirkung. Dann steht diese Tat zwischen beiden Menschen weiterhin auf der Liste der unerledigten Zusammenhänge. Beide Menschen müssen sich wegen dieses unerledigten Zusammenhangs im nächsten Leben wieder begegnen, und alle damit zusammenhängenden unsichtbaren Wesen müssen sich mit dieser zu regelnden Konstellation beschäftigen. Und ich darf meine Tätigkeit nicht ausführen.

W.W.: Wird derjenige Mensch, der nicht verzeihen will, damit auch zu einem neuen Schuldigen?

Verzeihen: Selbstverständlich. Das kommt allerdings ein wenig auf den jeweiligen Kulturkreis der Menschen an. Es gibt auch unterschiedliche Kulturen des Verzeihens. Es gibt in verschiedenen Kulturen auch immer wieder Unverzeihbares. Dann wird mir der Zutritt völlig verweigert. Es gibt auch die Situationen, daß ein gekränkter Mensch verzeihen möchte, daß sich aber in seinem Umkreis andere Menschen aufhalten, die stark auf ihn einreden, daß er nicht verzeihen dürfe. Dann schickt mich nicht der gekränkte Mensch weg, sondern die Umstehenden. So etwas findet häufiger statt, als du vielleicht denkst, vor allem in Familien. Das kann mitunter sogar richtig sein.

Verzeihen nur bei Schuldeinsicht?

W.W.: Dann nehmen wir noch das dritte Beispiel, den Fall C. Der verletzte Mensch würde gerne verzeihen, aber nur, wenn der Täter oder die Täterin die Schuld einsieht. Dies erfolgt aber nicht, so daß in der Folge der verletzte Mensch nicht verzeiht. Was passiert in dieser Konstellation?

Verzeihen: Dabei passiert eigentlich nicht sehr viel anderes als bei dem Fall zuvor, obwohl die karmische Bewertung eine völlig andere ist. Allerdings ist es in diesem Fall so, daß der verletzte Mensch mich mitnimmt. Aber er macht eine Einschränkung: Er will, daß ich nur zur Wirksamkeit komme, wenn der andere Mensch seine Schuld einsieht. Technisch gesehen ist der Vorgang aber ähnlich, denn es kommt nicht zum Verzeihen. Ich darf also nicht beginnen, die Konturen dieses Zusammenhangs mit meinem großen Schwamm nach und nach zu verwischen, so daß sie verblassen können.

Das Verzeihen ist ja ein allmählicher Prozeß. Wenn man gerade verziehen hat, stehen die Zusammenhänge noch sehr klar vor Augen. Wenn man aber zuläßt, daß ich mit meiner Arbeit beginne, verwische ich die Konturen, und sie geraten in den Hintergrund, manchmal sehr schnell, manchmal allmählich. Dann denkt der gekränkte Mensch meistens nach einer gewissen Zeit gar nicht mehr an den ursprünglich kränkenden Zusammenhang. Man sieht die Welt und auch den anderen Menschen mit einem neuen und unvoreingenommenen Blick. Ich bin das Wesen, welches in einem solchen Moment des Verzeihens kommt und die Konturen verwischt, die Konturen verblassen läßt. Wenn du eine Fotokopie hast, so verblaßt diese allmählich durch das Licht; insofern bin ich das Licht, welches etwas Schwarzgedrucktes allmählich verblassen läßt.

W.W.: Wie ist es für dich, wenn dieser Fall C eintritt, wenn also der gekränkte Mensch verzeihen möchte, aber diese eine Bedingung hat? Willst du grundsätzlich, daß die Menschen einander verzeihen?

Verzeihen: Ja, es ist mir nicht gleichgültig, denn das Verzeihen ist eigentlich die Grundgeste unserer gesamten Welt. Alles das, was wesenhaft ist, funktioniert nur mit dem Verzeihen. Manchmal nennt man es unter euch Menschen nur das Akzeptieren, aber in jedem Akzeptieren ist auch ein kleines Verzeihen enthalten. Ich möchte im Regelfall schon, daß die Menschen einander verzeihen, und ich bin nicht beglückt, wenn mich jemand mitnimmt, ich dann aber unverrichteterdinge wieder abziehen muß. Das ist dann eine sinnlose Reise.

W.W.: Was geschieht, wenn bei dem zuletzt besprochenen Fall derjenige Mensch, der verzeihen möchte, aber wegen Uneinsicht des anderen Menschen nicht verzeihen will, sich zurückzieht und im stillen verzeiht, ohne dies dem Täter oder der Täterin zu sagen? Was passiert also, wenn man das Verzeihen nicht öffentlich macht und nur mit sich ausmacht?

Verzeihen: Dann bin ich auf der Seite des verzeihenden Menschen tätig. Ich setze voraus, daß beide Menschen um die Zusammenhänge wissen, daß der Täter oder die Täterin auch weiß, daß der andere

Mensch eventuell verzeihen möchte, dies aber nur tun würde, wenn sein Gegenüber seine Tat selbst einsehen würde. Dann bin ich nach wie vor nur auf der Seite des verzeihenden Menschen tätig.

Das hat aber eine etwas kuriose Folge. Denn es macht die Tat des verzeihenden Menschen in seinem Lebenspanorama, später in der Akasha-Chronik bzw. in seinem Lebensbuch, wesentlich unkonturierter, denn diese Tat verblaßt. Bei dem Täter oder der Täterin bleibt die Tat aber in allen Umrissen bestehen. Das ist für uns geistige Wesen schwierig zu regeln, aber es geht.

W.W.: Wäre es sinnvoll, wenn der verletzte Mensch, der irgendwann im stillen verzeiht, dieses Verzeihen dem anderen Menschen irgendwann noch mitteilt?

Verzeihen: Das kommt auf den Kulturkreis und den jeweiligen individuellen Fall an. Es kann sein, daß bei dem Menschen, der verziehen hat und dies auch noch irgendwann mitteilt, eine gewisse Überheblichkeitsgeste mitschwingt. So etwas sollte unbedingt vermieden werden. Natürlich muß das nicht so ausfallen. Aber an dieser Stelle muß man aufpassen, daß man nicht in die Hybris hineingerät. Natürlich kann diese Mitteilung den Täter oder die Täterin auch motivieren, noch einmal über die Tat nachzudenken.

Durch Verzeihen ähnlichen Taten Vorschub leisten?

W.W.: Wenn man etwas vorschnell eine Tat verzeiht, bei der der Täter oder die Täterin die entstandene Schuld nicht einsehen will, leistet man dann nicht eventuell der Gefahr Vorschub, daß der schuldige Mensch eine ähnliche Tat noch einmal begeht – scheinbar legitimiert durch das verzeihende Opfer?

Verzeihen: Das ist ein Blick durch die westliche Brille. Natürlich kann es geschehen, daß dem schuldig gewordenen Menschen das Verzeihen geschenkt wird, ohne daß er eine innere Bewegung vollzogen hat, ohne daß er seine Tat bearbeitet hat. Das darf man aber nicht generalisieren. Es hängt auch immer mit den kulturellen Prägungen zusammen, mit der Form des jeweiligen individuellen Egoismus. Genauso kann es sein, daß man den Täter oder die Täterin keineswegs dazu anregt, eine ähnliche Tat noch einmal zu begehen. Es kann nämlich auch Scham bei diesem Menschen auftreten.

W.W.: Nehmen wir die Nazis. So gut wie niemand der Nazi-Täter hat seine Taten hinterher eingesehen. Wenn nun alle überlebenden Opfer der Nazis den Nazi-Tätern verziehen hätten, dann wären diese Nazis in ihrer Rolle bestärkt und legitimiert worden und würden – so vermute ich – in einer ähnlichen Situation wahrscheinlich ähnlich handeln. Wo ist da der Sinn des Verzeihens? Leistet man nicht der Gefahr Vorschub, daß Täter ihre Taten erneut begehen?

Verzeihen: Rein weltlich und menschlich gesprochen hast du vermutlich in vielen Fällen recht. Aber es gibt einen weiteren Aspekt. Wenn ein Mensch in einer solchen Situation verzeiht, entlastet er Heerscharen von unsichtbaren Wesen, also z.B. die Schutzengel der Täter oder Täterinnen. Menschlich gesehen mag es ungerecht sein. Ferner gibt es sehr viele ungute Wesen, die bei den Tätern herumschwirren, also z.B. Rachewesen und ähnliches; und die entlastet man auch, indem man verzeiht. Jedes Verzeihen bedeutet für diese Wesen eine große Entlastung.

W.W.: Das verstehe ich, und das ist auch ein sinnvoller Aspekt. Trotzdem sind wir Menschen und müssen auch unter uns Menschen miteinander zurechtkommen. Und das ist doch der vordergründigste Aspekt und Zusammenhang, den man betrachten muß. Man braucht hier nur den ganz simplen Fall zu nehmen, daß ein Mann eine Frau vergewaltigt und die Frau diesem Vergewaltiger vorschnell verzeiht. Ich glaube kaum, daß das beim Vergewaltiger dazu führt, daß er sich schämt, sondern es wird vermutlich – muß natürlich nicht – eher dazu führen, daß er eine ähnliche Tat noch einmal begeht. Wenn der Vergewaltiger dann deswegen nochmals vergewaltigt, hat dann die verzeihende Vergewaltigte nicht daran auch ein wenig Mitschuld?

Verzeihen: Nein.

W.W.: Warum nicht?

Verzeihen: Weil durch sie durch ihr Verzeihen der Bezug zum Täter aufgehoben worden ist. Wenn der Täter es noch einmal macht, geht das nicht auf ihr Konto. Ich verstehe aber schon, was du meinst, aber du verstehst das Verzeihen noch nicht so ganz richtig. Ich sorge nur dafür, daß die Tat durch das Verzeihen der vergewaltigten Frau bei *ihr* ausgetragen wird, daß sie bei *ihr* verblassen kann – nicht beim Täter!-, so daß sie wieder mit sich selbst ins Reine kommen kann. Und etwas Ausgetragenes kann nicht der Grund für eine Schuld auf einem anderen Gebiet sein.

W.W.: Das Verzeihen ist aber nicht etwas Singuläres bei einer Person, sondern es ist ein Akt zwischen zwei Menschen, und die Schuld und eine eventuelle neue Tat sind damit doch unabdingbar verflochten. Die vergewaltigte Frau hätte den Täter auch anzeigen können oder in irgendeiner Weise darauf hinwirken können, daß er so etwas nicht noch einmal tut.

Verzeihen: Das ist natürlich richtig, das ist auch der Sinn der Strafe und eures Rechtssystems. Aber das Verzeihen liegt auf einer anderen Ebene. Beides ist parallel möglich. Ein Vergewaltiger kann ohne weiteres trotzdem seiner Strafe zugeführt werden, unabhängig davon, ob die Frau ihm verzeiht. Verzeihen wirkt in eurem Rechtssystem nicht strafmildernd.

Die Kraft des Verzeihens wirkt

W.W.: Dann gehe ich einmal von einer anderen Seite heran: Ist es möglich, daß man verzeiht und daß diese Kraft des Verzeihens so wirkt, daß der andere Mensch nur dadurch seine Schuld einsehen kann?

Verzeihen: Das ist sogar ein ganz grundlegender und wichtiger Zusammenhang; diese Kraft wirkt unbedingt. Das ist auch die Veranlassung dazu, daß beim Täter Scham entstehen könnte. Die Scham bewirkt sehr viel. Auf jeden Fall kommt ein Prozeß in Gang. Das kann man auch auf den anderen Fall übertragen: Wenn ein Mensch nicht verzeiht, könnte der Täter oder die Täterin wegen der ausbleibenden positiven Wirkung des Verzeihens durchaus *auch* auf den Gedanken kommen, eine ähnliche Tat noch einmal zu begehen.

Ich möchte aber noch einmal hinzufügen, daß ich das Verzeihen bin, daß ich nicht ein Wesen bin, welches die Karmaschuld bemißt. Aber die von dir angesprochenen Kräfte entstehen bzw. bleiben aus, und was diese bei dem Täter bewirken, muß in jedem einzelnen Fall individuell betrachtet werden. Dann will ich noch hinzufügen, daß das Verzeihen bzw. Nichtverzeihen in jeder Kultur anders ist; inwieweit aber der kulturelle Anteil, der mit dem Verzeihen zusammenhängt, mit meiner technischen Ausgestaltung des Verzeihens zusammenhängt, möchte ich offenlassen. Ich bin der Techniker und Verwalter des Verzeihens. Auf jeden Fall wehre ich mich hier ein wenig dagegen, daß alle kulturellen Prägungen, wie auch immer sie aussehen, wirklich mit mir zusammenhängen. Deswegen argumentieren wir hier auch ein wenig gegeneinander. Vieles gehört zu deinem Kulturwesen, aber nicht zu mir als dem Verzeihen.

Die Grundidee des Verzeihens sollte immer wirken

W.W.: Trotzdem möchte ich noch einmal einen ganz klaren und einfachen Fall vorlegen. Ein Mensch ruiniert absichtlich einen anderen finanziell, macht diese Tat weder gut, noch entschuldigt er sich, noch scheint er einzusehen, was er gemacht hat. Ist es in solch einem

Fall wirklich sinnvoll, daß der finanziell ruinierte Mensch dem Täter verzeiht?

Verzeihen: Auch wenn das nur ein winziges Segment meiner Wesenheit betrifft, das du hier gerade ansprichst, so kannst du nicht den Sinn meiner Wesenheit anzweifeln. Ich sehe jedes Verzeihen, auf jedem Gebiet, immer als sinnvoll an. Sonst müßte ich mich in Frage stellen. Wenn ich mich aber selbst in Frage stelle, verblasse ich selbst.

W.W.: Du könntest ja nach den Segmenten unterschiedlich vorgehen und in dem einen Segment das Verzeihen als sinnvoll, im anderen zumindest als eher unwirksam bezeichnen.

Verzeihen: Manche Wesen haben so geredet, daß bei einer gewissen extremen Situation eigentlich schon ein anderes Wesen für das Wesen auftritt, mit dem du gerade gesprochen hast; bei mir ist das aber nicht so, denn ich bin sehr eng mit jeder Tat verknüpft, bei der die Grundidee des Verzeihens immer wirken sollte. Ich kann mich auch an keiner einzigen Stelle herausnehmen.

W.W.: Noch eine Frage hierzu: Wenn zwischen zwei Menschen etwas Ungutes geschehen ist, wenn der eine Mensch den anderen verletzt hat und der verletzte Mensch verzeiht, ist es dann so, daß – erstens – dieser verletzte Mensch durch das Verzeihen erst einmal nur etwas bei sich selber bewirkt? Zweitens: Er könnte beim anderen auch etwas bewirken; was aber nicht sein muß. Könnte man dann das Verzeihen in diese zwei Bereiche einteilen?

Verzeihen: Wenn der andere Mensch, der Täter oder die Täterin, die eigene Schuld nicht einsehen will, dann verzeiht man in diesem Fall zumindest nicht diesem Menschen, sondern man verzeiht um seiner selbst willen.

Egoismus vertreibt mich

W.W.: Könnte dadurch nicht das Verzeihen aus Sicht des Opfers auch zu einer Art egoistischen Akt werden, wenn man nur noch verzeiht, damit es einem selber besser geht?

Verzeihen: Das kann natürlich so kommen, aber das wäre eine Verzerrung des Verzeihens. Du suchst immer die Verbindung zwischen Täter und Opfer und meinst, daß das Verzeihen nur dann sinnvoll ist, wenn beide alles objektiv einsehen und positiv miteinander aushandeln, so daß das Opfer dem Täter oder der Täterin verzeihen kann, weil sie oder er die Tat einsieht. Natürlich gibt es diese Verbindung. Aber wenn der verletzte Mensch nur aus egoistischen Gründen verzeiht, dann ist das gar kein Verzeihen mehr, dann ist dieses Verzeihen nicht mehr real. Dann bin ich gar nicht anwesend. Egoismus vertreibt mich. Dann kann ich eine Verletzung nicht abhaken, dann kann ich die Konturen nicht verblassen lassen.

Die Verzeihung ist eingetreten

W.W.: Was geschieht nach dem Akt des Verzeihens, wenn also die Verzeihung real geworden ist?

Verzeihen: Dann ist das Verzeihen abgeschlossen, die Verzeihung ist eingetreten. Wenn ein Mensch verziehen hat, wenn er mit mir einen Weg gegangen ist, dann ist die Verzeihung eingetreten. Dann kommt auch noch ein anderes Erlebnis, denn dann kann sich das Opfer mit der Tat beschäftigen, ohne dabei innerlich und seelisch verletzt zu sein. Eine Verzeihung ist immer etwas Vergangenes, Abgeschlossenes. Die Sache steht im Raum, ohne daß man noch Wunden hat.

Dann kommt eine weitere Aktivität des Menschen, der verziehen hat: daß er nämlich das Verblassen der Tat, der Konturen akzeptiert. Die Verzeihung ist eingetreten, und er denkt jetzt neutral darüber, ob dies richtig war. Auf jeden Fall kann der Mensch auf die Tat schauen, ohne selbst noch einmal verletzt zu sein. Die Verzeihung ist eingetreten. Begonnen hat das mit dem Seelenentschluß des verletzten Menschen. Mit diesem letzten Akt habe ich als Verzeihen sogar relativ wenig zu tun, auch wenn ich im Umkreis anwesend bin. Wenn man nach dem Verzeihen sagen kann, daß etwas wirklich vollbracht ist, so ist das nicht meine Kraft, sondern das ist eine Tat des verletzten Menschen, der verziehen hat. An dieser Stelle spielt die Moral des jeweiligen Menschen eine große Rolle.

W.W.: Während des ganzen Gesprächs schwebte in mir der Gedanke, daß die Schuld, die durch eine Tat entstanden ist, auch karmisch dadurch ausgeglichen werden könnte, wenn das Opfer verzeiht und wenn der Täter seine Schuld komplett einsieht und seine Tat bereut.

Verzeihen: Das ist aber nicht mehr Verzeihen, sondern das ist mindestens schon Verzeihung und die karmische Folge. Das ist der Abschluß meiner Wesenheit bzw. der Übergang zum Ausgleich des Karmas. Hier wirke ich nicht mehr allein.

Man kann natürlich auch in Teilen verzeihen, in anderen nicht. Das wird sich in Zukunft noch sehr differenzieren, je bewußter und individueller die Menschen werden. Durch eine Teilverzeihung kann auch ein karmaauflösender Prozeß initiiert werden.

Vermeintlich moralisch höher stehen

W.W.: Was ich oft erlebt habe, gerade auch in anthroposophischen Kreisen, ist die Forderung durch Dritte nach Verzeihen. Dritte haben bei mir insistiert, anderen zu verzeihen, wohl wissend, daß die Täter sich überhaupt nicht um Einsicht und Entschuldigung bemüht haben. Als ich dann immer entgegnete, daß die Täter erst ihre Schuld einzusehen hätten, wurde ich verunglimpft. Wie beurteilst du diesen Zusammenhang?

Verzeihen: Das ist eine übliche Reaktion, gerade auch in Gruppen, die meinen, die Moral für sich gepachtet zu haben. Solche Vorgänge begleite ich seit Jahrhunderten in unzähliger Menge. Oft wird dadurch das Opfer zum Täter gemacht. Das ist nichts Neues, so etwas wird sich in Zukunft auch noch halten, weil es immer wieder Menschen gibt, die von sich meinen, gegenüber anderen moralisch höher zu stehen. Sie argumentieren und handeln aus einer Hybris heraus. Oft will auch die Gruppe nicht von Spannungen im Sozialen belastet werden und redet dann auf diese von dir eben vorgetragene egoistische und einseitige Weise. Und dann will man das Opfer zum Verzeihen zwingen, damit Ruhe in die Gruppe hineinkommt. Das aber hat mit dem Verzeihen eigentlich überhaupt nichts mehr zu tun. Dann fordert man eine Art Fake von mir. Das ist in Gruppen, die meinen, moralisch sehr hochstehend zu sein, ziemlich üblich. Und wenn sich dann das Opfer zwingen läßt und scheinbar verzeiht, bin ich gar nicht bei ihm.

W.W.: Möchtest du zum Schluß noch etwas sagen?

Verzeihen: Kommt das Verzeihen zur Verzeihung, ist die Sache abgeschlossen. Das ist mir ganz wichtig!

W.W.: Danke.

Verzeihen: Bitte.

Verzicht

Wolfgang Weirauch: Guten Tag.

Verzicht: Guten Tag. Sollen wir nicht besser auf dieses Gespräch verzichten?

W.W.: Nein, warum?

Verzicht: Ich kann auf alles verzichten, selbst auf mich.

Der erste Verzicht

W.W.: Was war der erste Verzicht im Kosmos? Welches Wesen hat wann auf was zum ersten Mal verzichtet?

Verzicht: Denkst du dabei nur an die technische Seite des Verzichts oder an einen Verzicht mit Bewußtsein?

W.W.: An einen bewußten Verzicht.

Verzicht: Es ist wichtig, daß ein Verzicht mit Bewußtsein vor sich geht, denn sonst ist es kein wirklicher Verzicht. Es gibt allerdings auch den Verzicht durch Zwang, genauso wie es den Verzicht ohne Zwang gibt. Wir müssen den Verzicht mit Zwang mit hinzunehmen, denn sonst kommen wir nicht miteinander ins Gespräch.

Der erste Verzicht entstand dadurch, daß positive Wesen entschieden haben, daß negative Wesen entstehen müssen. Und es mußten positive Wesen auf ihre Daseins- und Wirkungsstufe verzichten, um zu Widersacherwesen zu werden. Sie mußten auf das sogenannte Positiv-Sein verzichten. Dadurch konnten sie in die Einseitigkeit gehen. Der erste Verzicht kam also mit der Entstehung des Bösen auf. Das ist alles schon sehr lange her, aber wiederum nicht so lange wie die Zustände, die andere Wesen hier schon dargestellt haben. Das Verzeihen z.B. ist ein älteres Wesen als ich. Und die Unschuld ist sowieso fast das älteste Wesen.

W.W.: Kannst du etwas zu deinem Entstehungsprozeß sagen?

Verzicht: Ich mußte darauf verzichten, daß es den Verzicht nicht zu geben braucht. Ich hätte auch zu einem anderen Wesen werden können. Es ist nicht unbedingt schön, der Verzicht zu sein.

W.W.: Bei den meisten Wesen, mit denen wir hier gesprochen haben, war es so, daß ab einem bestimmten Moment ein bestimmtes Gefühl oder eine bestimmte Eigenschaft entstand und daraus folgend ein Wesen zugeteilt wurde oder entstehen mußte, welches dieses Gefühl oder diese Eigenschaft seitdem verwalten muß. Soweit ich mich erinnere, habe ich aber nie gefragt, ob die Wesen, die dann diese Gefühle und Eigenschaften repräsentieren müssen, vorher schon wesenhaft anwesend waren. Auch habe ich mich gefragt, ob sie etwas anderes hätten machen können. Wie steht es in dieser Hinsicht mit dir? Warst du vorher schon als eine andere Wesenhaftigkeit wesend, und – wenn ja – hättest du auch etwas völlig anderes machen können? Oder wurdest du abkommandiert, der Verzicht zu sein, bzw. entstandst du neu?

Verzicht: Das weiß ich nicht mehr so genau. Ich versuche gerade, das zu ergründen. Auf jeden Fall ist es sehr lange her. Ich glaube – ich weiß es nicht genau –, daß es mich nicht gegeben hätte, wenn es den Verzicht nicht gegeben hätte. Das bedeutet, um auf deine Frage zu antworten, daß ich nicht abkommandiert worden bin, der Verzicht zu sein. Ich wurde also aus einer Notwendigkeit heraus geboren. Das ist irgendwie positiv.

Aus Liebe verzichten

W.W.: Gibt es heute, in der geistigen Welt unter geistigen Wesen, noch einen typischen Verzicht, den du hier einmal darstellen könntest?

Verzicht: Selbstverständlich; das geschieht dauernd. Geistige Wesen – und das ist typisch für geistige Wesen – verzichten, meist aus Liebe, darauf, mehr zu werden, als sie gerade sind. Sie verzichten dadurch auf Kräfte, die sie gewinnen könnten. Es ist ein typischer Vorgang unter geistigen Wesen, daß Engel oder höhere Engel auf den Aufstieg in eine höhere Hierarchie verzichten, um dadurch mehr Kräfte zu haben, die sie für eine bestimmte Aufgabe einsetzen können. Ein Engel verzichtet also z.B. darauf, ein Erzengel zu werden, weil er dadurch höhere Kräfte bekommt, die er anders einsetzen kann, als wenn er ein Erzengel wäre.

Ich-Entschluß und Willenstat

W.W.: Schauen wir auf den Menschen. Ein Mensch verzichtet auf etwas ihm sehr Wertvolles oder Wichtiges, z.B. aus Liebe zu einem anderen Menschen. Was geschieht in diesem Moment in seiner Seele?

Verzicht: In diesem Moment oder in diesen Phasen durchicht er seine Seele sehr stark. In der deutschen Sprache ist das Ich auch in meinem Namen bzw. in meinem Begriff. Ein Verzicht, wenn er nicht erzwungen ist, hat immer einen Ichentschluß zu Beginn. Und er muß deswegen aus dem Bewußtsein heraus durchgeführt werden.

Es gibt auch den aufgezwungenen Verzicht; aber hier muß man immer oder oft die Frage stellen, ob das wirklich ein Verzicht ist. Durch Verzicht entsteht in der Seele Kraft. Jeder Verzicht gibt dem Menschen einen Kraftschub. Durch den Verzicht werden in den Seelenteilen, die noch ungeformt sind, geformte Kräfte freigesetzt. Und eine ungeformte Seele bindet Kraft. Um es in einem Bild oder mit einem anderen Medium darzustellen: Stelle dir eine wäßrige Masse vor, aus der du das Wasser ausdrückst. Wenn das Wasser weg ist, bleibt eine eher geformte Masse übrig, mit der man anderes machen kann. Das ist bis zu einem gewissen Grad sogar schön, weil das wäßrig Ungeformte oft nichts Schönes ist. Und dieses ungeformte Seelische hat oft auch eine zu starke Verbindung mit dem Ätherischen.

W.W.: Der Verzicht ist also gleichzeitig eine Willenstat?

Verzicht: Was ist denn eine Ich-Tat anderes als eine Willenstat! Jeder Verzicht ist zugleich auch eine Willensstärkung.

W.W.: Wenn man nicht freiwillig verzichtet, sondern wenn man auf etwas verzichten muß, weil es nicht anders geht, verlaufen dann in der Seele andere Prozesse?

Verzicht: Im Prinzip nicht. Wenn man auf etwas verzichten muß, auch wenn es zu Beginn nicht ein freiwilliger Entschluß war, und wenn man dann verzichtet, so wird der Wille trotzdem gestärkt. Allerdings kann ein Verzicht auch zu einer Sucht werden. Das ist ein Problem.

W.W.: Inwiefern?

Verzicht: Stelle dir die Asketen vor; sie verzichten an vielen Stellen auf das meiste. Sie bekommen zwar viele Kräfte, aber es kann irgendwann umschlagen, so daß der Gesamtverzicht zu einer Sucht wird. Und dann ist es irgendwann keine Ichtat mehr; das Ich geht aus dem Verzichtsprozeß heraus, und es bleibt nur noch der Genuß des Verzichtens übrig. So etwas Ähnliches, im Kleineren, gibt es auch heute bei sehr vielen Menschen. Sie verzichten auf etwas, und der dadurch entstehende Kraftzuwachs in der Seele löst einen Suchtprozeß aus.

Mehr Kraftgewinn für das alltägliche Leben

W.W.: Nehmen wir eine kleine Übung, über die auch Rudolf Steiner spricht. Man verzichtet täglich auf etwas Kleines, eine Zigarette oder ein Stück Schokolade oder etwas Ähnliches, aber nicht auf alles aus einem gewissen Segment. Man solle hier nicht übertreiben, sondern nur ein bißchen verzichten; so Rudolf Steiner. Inwiefern stärkt dieser regelmäßig durchgeführte kleine Verzicht das Willensleben des Menschen?

Verzicht: Hättest du auf diese Frage nicht verzichten können?

W.W.: Nein.

Verzicht: Vielleicht hättest du dadurch einen kleinen Kraftschub gewonnen.

Wenn man diese Übung täglich macht, dann formt man seine Seele in einem kleinen Bereich deutlicher durch. Gleichzeitig formt man den ungeformten ätherischen Bereich des Menschen durch. Man durchformt auch die Übergangsbereiche zwischen Ätherleib und Seelischem und drückt das sogenannte „Ätherwasser" aus dem Seelischen heraus. Und insofern hat man mehr „Ätherwasser", Ätherkräfte, zur Verfügung für das Willensleben. Der Ätherleib und die Willenskräfte haben sehr viel mehr miteinander zu tun, als euch Menschen oft klar ist. Dann kann der Wille, impulsiert durch das Ich, besser eingreifen, bis hinein in das Physische.

Einfach ausgedrückt: Dadurch erhält der Mensch mehr Kraftgewinn für sein alltägliches Leben. Um es im Bild auszudrücken: Der Wille nimmt die überschüssige oder ungeformte Ätherkraft in sich auf und kräftigt sich durch diese Ätherkraft, die man durch den Verzicht aus der Seele herausgesetzt hat. Wenn man einen solchen Verzicht regelmäßig durchführt, erfolgt diese Kräftigung regelmäßig. Das ist wie das Üben eines Musikers, der regelmäßig täglich an seinem Instrument übt. Er hat durch das tägliche Üben sehr viel mehr an Kraftzuwachs, als wenn er einen Tag fünf Stunden übt und das dann viele Tage in Folge nicht mehr durchführt.

Wehmut

W.W.: Oft ist mit einem Verzicht auch eine gewisse Wehmut verbunden. Woraus resultiert das?

Verzicht: Die Seele hat die Tendenz, faul zu sein. Wenn man verzichtet, muß sie fleißig werden. Die Seele gewöhnt sich an die Verbindung des ungeformten, wäßrigen Äther-Seelen-Gemisches, und wenn man hier Form hineinbringt, verschwindet etwas, es entsteht eine gewisse Entbehrung. Und das löst Wehmut oder Ähnliches aus.

Verzicht in einem Gruppenwesen

W.W.: Früher haben die Menschen, oft auch in christlichen oder anderen Religionszusammenhängen, auf verschiedenes verzichtet, in der Hoffnung, dadurch im Jenseits Vorteile zu erlangen. Ist das Verzicht?

Verzicht: Früher war das meist richtig. Man hat die Kraft des Verzichts in einen religiösen oder kulturellen Zusammenhang hineingestellt, was zur Folge hatte, daß die Seele des Menschen geformt wurde; zwar mehr von außen als von innen, aber sie wurde geformt. Zusätzliche Kraft kam dadurch, daß es viele Menschen gleichzeitig machten. Man verzichtete z.B. in einer gewissen Zeit darauf, Fleisch zu essen, oder man fastete; und dadurch wurde der Seelenbereich des Menschen bzw. einer Gruppe von Menschen geformt, und sie bekamen mehr Willenskräfte. Heute hat sich hier einiges verschoben, denn die Menschen werden zunehmend individueller. Heute kann es eine individuelle Ichtat sein, oft ist aber auch der Verzicht nur noch Egoismus, bzw. es bleibt nur eine gewisse leere Form für diesen Verzicht übrig. Gerade gestern hatten wir einen Tag, der für eine bestimmte Religionsgruppe wichtig ist, und nun beginnt eine längere Phase, in der diese Menschen, die Muslime, tagsüber auf Nahrung und Flüssigkeit verzichten.

W.W.: Findest du das sinnvoll?

Verzicht: Das geht mich nichts an. Ich verzichte auf eine Antwort. Trotzdem ist das ein Verzicht.

W.W.: Aber die Muslime stärken dadurch ja auch ihren Willen.

Verzicht: Ja; aber nur eine gewisse Art ihres Willens. Sie stärken vor allem den Willen ihres Religionswesens.

W.W.: Wäre es demnach wichtig, die freiwillige Komponente des Verzichts noch mit hinzuzunehmen, wenn man verzichtet?

Verzicht: Ja. Das ist immer wichtig. Je mehr Ich in einem Verzicht ist, desto mehr kommt es dem ichgeführten Willen der Individualität zugute. Wenn man nur wegen einer Konfession oder aus Tradition verzichtet, wenn man zusätzlich sogar die innere Haltung hat, daß man es eigentlich nicht durchführen möchte, es aber trotzdem tut, dann hat das eigene Ich relativ wenig Kraftzuwachs; aber trotzdem fließt die durch den Verzicht freiwerdende Kraft dem Religionswesen oder einem anderen Gruppenwesen zu.

Scheinbarer Verzicht

W.W.: Wenn man z.B. im zwischenmenschlichen Bereich scheinbar auf etwas verzichtet, um dadurch einen Vorteil gegenüber einem anderen Menschen zu erlangen, oder wenn man etwas anderes und Höheres haben will, ist es also kein Verzicht mehr?

Verzicht: Das ist ein Schein-Verzicht, weil der Verzicht nicht echt ist. In Wirklichkeit verzichtet dieser Mensch nicht auf etwas. Er erlebt dadurch auch keinen Verlust. Dieser scheinbare Verzicht kann auch ein

Akt der Schlauheit sein, um dadurch etwas Besseres zu erlangen. An dieser Stelle bin ich gar nicht tätig bzw. anwesend. Allerhöchstens bin ich nur ganz kurz dabei, auch wenn zu Beginn ein kleiner Verzicht steht. Der kleine Verzicht zu Beginn wird dadurch gebremst, daß ein solcher Mensch nur darauf wartet, etwas Besseres oder Höheres zu erlangen. Man kann sich den eigenen Verzicht durch Taktieren zerstören.

Verzicht hat immer mit Bewußtsein zu tun

W.W.: Inwieweit ist Abstinenz Verzicht?

Verzicht: Zu Beginn der Abstinenz ist es oft Verzicht. Wenn die Abstinenz dann in die Gewohnheit übergeht, ist es kein Verzicht mehr.

W.W.: Inwiefern ist Armut, in der man leben muß, Verzicht?

Verzicht: Es ist immer dann ein Verzicht, wenn die Armut zu Bewußtsein kommt. Das ist ganz wichtig. Verzicht hat immer mit Bewußtsein, mit dem Ich zu tun. Wenn etwas zur Gewohnheit wird, bin ich als Verzicht nicht mehr dabei. Wenn man arm ist und dauernd daran denkt, daß man sich aufgrund seiner Armut dies und jenes nicht leisten kann, und wenn man darunter leidet, dann verzichtet man, wenn auch nicht freiwillig; aber dann bin ich anwesend. Es ist aber etwas anderes als ein durch das Ich herbeigeführter Verzicht.

Wenn aber ein armer Mensch z.B. in eine mehr oder weniger fatalistische Haltung kommt und sich in seiner Armut einrichtet, bin ich nicht mehr anwesend. Wer sich mit den Umständen einrichtet, muß auf mich verzichten. Es gibt den freiwilligen und den erzwungenen Verzicht; am wichtigsten dabei ist aber immer das Bewußtsein für den jeweiligen Verzicht. Verzicht ist Verzicht, unabhängig davon, ob er freiwillig oder erzwungen ist. Wenn der Verzicht unbewußt wird, wenn er nicht mehr wahrgenommen wird, ist es kein Verzicht mehr. Dann fehlt der Willenseinsatz, der neue Kräfte entfaltet.

W.W.: Was lernt man dadurch, wenn man auf verschiedene Bedürfnisse verzichtet?

Verzicht: Dadurch kann man sehr viel lernen. Einer der wichtigsten Lernschritte, wenn man auf etwas verzichtet, besteht z.B. darin, daß man begreift, daß man das, worauf man verzichtet hat, gar nicht gebraucht hat. Damit befreit sich der Mensch. Damit befreit er sich aus einer gewissen eigenen Fesselung.

Man opfert nicht ins Leere

W.W.: Bist du dasselbe wie das Opfer?

Verzicht: Nein.

W.W.: Warum nicht?

Verzicht: Das Opfer ist etwas Religiöses; ich stehe in keinem religiösen Zusammenhang. Oft ist zwar die Religion der Hintergrund dafür, daß Menschen auf verschiedenes verzichten, asketisch werden, den Ramadan leben oder etwas Ähnliches, aber das ist kein Opfer.

W.W.: Ist der Verzicht denn kein kleines Opfer?

Verzicht: Eigentlich nicht. Wenn man opfert, stellt man dieses Opfer einer übergeordneten Wesenheit zur Verfügung. Es wäre völlig unkorrekt zu sagen, daß man ins Leere opfert. Bei dem religiösen Verzicht ist es allerdings eine gewisse Mischung. Wenn man etwas opfern will, ist das Minimum eines solchen Opfers der Verzicht auf eine mögliche zukünftige Gestalt von einem selbst. Man opfert also, um es für euch weltlich auszudrücken, daß man auf einen gewissen Genuß verzichtet bzw. diesen Genuß opfert, um dadurch zu einem späteren Zeitpunkt etwas Höheres oder Besseres leisten zu können. Aber das sind Mischformen zwischen Verzicht und Opferung. Man opfert sozusagen in die Zukunft der eigenen Zukunft hinein. Das wäre die unterste Ebene eines Opfers.

W.W.: Ist das nicht eher Enthaltung?

Verzicht: Je nachdem. Das muß man im einzelnen Fall anschauen. Wenn es etwas sehr Wichtiges ist, wenn man etwas für einen Moment opfert, um dadurch später etwas Besseres leisten zu können, ist es eine Art Opfer. Dann opfert man für die eigene Zukunft.

Entsagung hat etwas Endgültiges

W.W.: Was ist der Unterschied zwischen dir und der Entsagung?

Verzicht: Die Entsagung ist oft etwas sehr Dramatisches. Die Entsagung ist im Regelfall eine langfristige Planung, während ein Verzicht sehr klein und spontan ausfallen kann. Die Entsagung kann nicht aufgezwungen werden. Der Verzicht kann erzwungen sein. Durch die – wenn auch vielleicht freiwillige – Berufswahl wird man oft dazu gezwungen, auf vieles zu verzichten; bei der Entsagung ist es etwas Freiwilliges. Und in bezug auf eine Entsagung ist es völlig sinnlos, wenn man sagt: Ich entsage heute Nachmittag dem Kuchen. Man kann sagen, daß man heute Nachmittag auf etwas verzichtet, aber man kann nicht so kurzfristig einer Sache entsagen. Entsagung hat immer etwas Langwieriges, oft auch etwas Endgültiges. Aber für längere Perioden sind Verzicht und Entsagung auch wieder durch fließende Übergänge verbunden. Man kann z.B. für den Rest des Lebens den Freuden des Lebens entsagen, aber nicht für einen kurzen Moment.

Kraft wird frei

W.W.: Ich habe dieses Gespräch als letztes des letzten FLENSBURGER HEFTES gewählt. Was geschieht, wenn man eine lebenslange Aufgabe durchführt und dann darauf verzichtet bzw. ihr entsagt; mehr oder weniger freiwillig?

Verzicht: Es wird Kraft frei. Wenn es ein Verzicht ist, der eine gewisse Größe hat, dann wird auch sehr viel Kraft frei. Solche Verzichtsleistungen begleite ich immer, weil ich der Techniker bzw. Verwalter eines jeden Verzichts bin; auch verwalte ich, inwieweit der jeweilige Mensch diese Kraft nutzt. Diese Kraft kann auch verpuffen. Wenn ein Mensch auf seinen Beruf verzichtet oder verzichten muß und z.B. in Rente geht, beendet er eine grundlegende, vielleicht auch freudevolle Arbeit und verzichtet auf viele verschiedene Tätigkeiten. Dann wird Kraft frei. Und es ist sehr wichtig, daß ihr Menschen für diese freiwerdenden Kräfte ein Bewußtsein bekommt, denn diese Kräfte müssen irgendwo hinfließen oder hingeführt werden. Es ist wichtig, daß man diese dann zur Verfügung stehende Kraft nicht verpuffen läßt. Denn diese Kraft entspringt aus einer Ichtat. Diese Kraft steht nur dem jeweiligen Menschen zur Verfügung. Wenn sie verpufft, verpufft sie wirklich. Und es ist meist ziemlich sinnlos, wenn man diese dann gewonnene Kraft verpuffen läßt. Nutzt sie! Viele Menschen nehmen sich für ihren Ruhestand dies und jenes vor; das ist ein richtiger Ansatz. Was der Mensch dann macht, ist relativ gleichgültig; Hauptsache ist, daß er es selber entscheidet und durchführt.

W.W.: Vielen Dank!

Verzicht: Bitte!

W.W.: Ich spreche jetzt alle Wesen an, mit denen ich hier in der Mühle in den letzten sechzehn Jahren gesprochen habe. Wir verzichten nun auf weitere Gespräche, mehr oder weniger freiwillig. Kann jemand beantworten, was durch diesen Verzicht bewirkt wird?

Der Große: Eure Arbeit, auf die ihr jetzt verzichtet – die Gründe sind bekannt –, hat auch Kräfte in der geistigen Welt gebunden. Dieser Prozeßbogen ist nun abgeschlossen. Diese Kräfte können sich, wenn es gutgeht, anderen Aufgaben zuwenden. Das ist für uns nicht unwichtig. Die Zeit ist derzeit so, daß Wesen meiner Kraft am Rande ihrer Leistungsfähigkeit stehen, weil die Zeit gerade so ist, wie sie ist. Denn es kommen gerade sehr viele andere Kräfte und versuchen, in unguter Weise Kräfte von uns zu binden. Viele dieser Wesen, die hier mit euch gesprochen haben, brauchten auch einen geschützten Raum; dieser Schutz bleibt zwar noch etwas bestehen, er ist aber nicht mehr in dem bisherigen Maß notwendig. Diese Kraft steht mir, Etschewit und allen anderen Wesen nun zusätzlich zur Verfügung. Euer Verzicht, der euch mit Wehmut erfüllt und der auch uns mit einer gewissen Wehmut erfüllt, ist trotzdem ein Kraftzuwachs für uns geistige Wesen und Naturwesen, um uns noch intensiver den ahrimanischen und anderen Widersacherkräften zu widmen. Insofern gibt es aus unserer Sicht auch einen Dank an euch dafür, daß ihr verzichtet. Dadurch gewinnen wir etwas mehr Kraft.

W.W.: Ist das dann auch aus eurer Sicht ein Verzicht?

Der Große: Ja. Ein deutlicher, denn auch wir wollten diese Gespräche. Auch wir haben durch diese Gespräche sehr viel gelernt. Auch gerade in der letzten Zeit haben besonders die großen Pflanzenwesen sehr viel gelernt, weil ihr mit ihnen gesprochen habt. Das war ein sehr starker Lernprozeß für diese Pflanzenwesen, mit Menschen zu reden. Wichtig war auch der Prozeß, von der einzelnen Pflanze, mit der ihr zu Beginn geredet habt, zum Ich der Pflanzen zu kommen. Und in den letzten Gesprächsrunden habt ihr immer mit dem Ich der jeweiligen Pflanze gesprochen. Das war auch eine Bewußtseinsschulung für die Ich-Wesen der Pflanzen und auch ein besseres Wahrnehmen eurer Welt und der Menschen. Sie danken euch dafür.

Die Quintessenz

W.W.: Kann man noch etwas Abschließendes sagen, was durch diesen Kanon der Gespräche in den sechzehn Jahren entstanden ist bzw. was dadurch bewirkt wurde?

Der Große: In den sechzehn Jahren spiegelt sich auch zweimal die Acht, zweimal die Oktave. Es ist zugleich auch viermal vier, also viermal die Erde. Die Acht ist auch eine nicht ganz unproblematische Zahl; denke dabei an die achte Sphäre und die unguten Kräfte, die in dieser achten Sphäre wirksam sind. Alle Gespräche waren auch eine permanente Auseinandersetzung, um auch diese Kräfte besser kennenzulernen.

Alle Gespräche waren uns sehr wichtig und haben uns auch gezeigt, wieviel bzw. wiewenig ihr Menschen von allen diesen Kräften schon erkennen könnt. Wir geistigen Wesen und wir Naturwesen können nicht in euer Ich hineingelangen; das kann nur Christus. Insofern war an diesen Gesprächen für uns sehr aufschlußreich, wieviel und wiewenig ein menschliches Ich erkennen kann – jetzt, in diesem Zeitraum; jetzt, in der Zeit, in der Ahriman seine größte Wirksamkeit entfaltet. Dadurch haben wir gelernt, wie der Mensch denkt, fühlt und handelt, was er weiß und was er nicht weiß; zumindest in bezug auf den mitteleuropäischen Menschen. Wir haben auch gelernt, inwieweit sich das Wesen Anthroposophie mit der Erde und den Menschen verbunden hat, was hier angekommen und was nicht angekommen ist, was bleiben wird und was verdämmern wird.

Durch eure Bücher gelernt, daß es Welten von Wesen gibt!

W.W.: Ich hoffe nur, daß diese Gespräche auch bewahrt werden, für längere Zeit, in welcher Form auch immer!

Der Große: Ja, es gibt sehr viele Menschen, die mit diesen Gesprächen leben, für die sich durch diese Gespräche das Leben gravierend geändert hat; das gilt auch für alle anderen FLENSBURGER HEFTE, die nicht im Naturgeisterzusammenhang entstanden sind. Insofern sind die FLENSBURGER HEFTE für sehr viele Menschen auch ein sehr wichtiges Nachschlagewerk geworden, um ein höheres Bewußtsein für alle die Wesen zu bekommen, die hinter und über den Menschen, hinter und über den Pflanzen und Tieren stehen. Sie haben dadurch gelernt, für diese Zusammenhänge überhaupt ein Bewußtsein zu bekommen. Es sind unendlich viele Menschen angeregt worden, hinter die Dinge zu schauen und hinter sie zu denken. Viele Menschen haben gesagt und gedacht, was sie alles verpaßt hätten, wenn sie diese Bücher nicht gelesen hätten. Nun können sie ganz anders auf ein Haus, auf einen Baum, auf eine Pflanze, sogar auf jede Maschine schauen und zugehen, auf jeden Fluß, auf jede Landschaft, auf jeden Menschen, auf jedes Naturwesen, auf jedes geistige Wesen.

Und noch etwas ist ganz wichtig: Sie *erleben* Wesen! Sie haben durch eure Bücher gelernt, daß es Welten von Wesen gibt, über die sie bisher kaum oder gar nicht nachgedacht haben, und sie haben gelernt, daß Wesen nicht automatisch nur die Menschen sind. Sie haben gelernt, daß alle anderen Wesen auch leiden und lachen können, daß diese Wesen eine Vergangenheit haben, daß diese Wesen eine Zukunft haben, natürlich auch eine Gegenwart. Das war das Wichtigste eurer Tat.

W.W.: Dann danke ich auch aus meiner Sicht euch allen. Gibt es zum Abschluß noch irgend etwas von irgendwem zum Verzicht zu sagen?

Müller: Hier ist der kleine Müller. Du warst mir ein sehr angenehmer Gast in diesem Haus. Ich weigere mich, darauf zu verzichten, dich hier wieder als Gast in diesem Haus begrüßen zu können – Punkt!

W.W.: Danke.

Beteiligte Menschen

 **Verena Staël von Holstein,** geb. 1959 in Rendsburg, Studium des Vermessungswesens in Berlin und Hamburg, Studium der Hydrographie in Hamburg, leitende Funktion in der hoheitlichen Seevermessung in Lübeck, 2 Kinder, seit 1995 in der Mühle, dort seitdem kontinuierliche Arbeit mit den Geistwesen.

 **Wolfgang Weirauch,** geb. 1953 in Flensburg, Studium der Politik und Germanistik. Studium der Theologie an der Freien Hochschule der Christengemeinschaft. Herausgeber der Flensburger Hefte, Politiklehrer, Vortragsredner, Mitarbeiter beim Fernstudium WaldorfPädagogik Jena.

 **Veronika Emendörfer / VER☺,** geb. 1957 in Stuttgart, Studium der Aquarellmalerei in Regensburg. Seit 2000 freischaffende Künstlerin in Darmstadt mit eigenem Atelier. Mitglied im Berufsverband Bildender Künstler (BBK, Frankfurt/Main). Seit 1982 regelmässig Ausstellungen in privaten und städtischen Galerien. Gestaltung von Buchtiteln, Kunstkarten und Kalendern. Aquarellkurse bei der VHS Darmstadt. www.veronika-emendoerfer.de

Gefühle 1: FH 110, N 16, Von Angst bis Zärtlichkeit

208 S. € 16.– ISBN 978-3-935679-60-2

Gespräche mit dem Geiz, der Verschwendungssucht, Freigiebigkeit, dem Interesse, der Langeweile, Neugier, Gier und der Zärtlichkeit, der Trägheit des Herzens, der Hartherzigkeit, dem Zorn, der Sanftmut, dem Herrn der Temperamente, der Verlogenheit, Begeisterung, dem Fanatismus, der Toleranz, dem Mitleid und der Angst.

Gefühle 2: FH 113, N 20, Von Besonnenheit bis Zweifel

208 S., € 16.– ISBN 978-3-935679-68-8

Gespräche mit dem Mut und der Feigheit, der Besonnenheit und der Unbesonnenheit, der Eifersucht, der Gerechtigkeit, dem Zweifel, der Wahrhaftigkeit, der Heuchelei, Besserwisserei, Nörgelei, Spießigkeit, dem Humor, dem Neid, der Grausamkeit und der Hoffnung.

Gefühle 3: SO 33, N24, Vom Selbstmitleid bis zur Heiterkeit

224 S., € 17.– ISBN 978-3-935679-80-0

Gespräche mit der Schande, Einsamkeit, Heiterkeit, Verbitterung, Sehnsucht und der Verzweiflung, der Wortkargheit, Redegewandtheit und dem Schweigen, dem Ekel, der Verantwortungslosigkeit, dem Selbstmitleid, der Ehrlichkeit und dem Staunen, der Provokation, Ehrfurcht und der Verachtung.

Gefühle 4: SO 35, N28, Von Ahnungslosigkeit bis Würde

208 S., € 17.– ISBN 978-3-935679-93-0

Gespräche mit der Ehrfurcht, der Verachtung, der Treue, der Trauer, der Dankbarkeit, dem Hochmut, der Ohnmacht, der Bescheidenheit, der Peinlichkeit, der Würde, über die Gefühllosigkeit, der Gedankenlosigkeit, der Ahnung und der Ahnungslosigkeit, der Unentschlossenheit und der Empörung.

Gefühle 5: SO 38, N33, Von Betrübnis bis Ungeduld

208 S. € 17.– ISBN 978-3-945916-04-9

Gespräche mit der Freude, der Feindseligkeit, der Geduld, dem Durchhaltevermögen und der Ungeduld, mit der Ratlosigkeit, der Herzlichkeit, der Grenzenlosigkeit und der Maßlosigkeit, der Erschütterung, der Enttäuschung, der Betrübnis und dem Kummer sowie mit der Sorge, der Geborgenheit, der Keckheit und der Frechheit.

Gefühle 6: SO 41, N36, Vom Glück bis zur Erschöpfung

208 S. € 17.– ISBN 978-3-945916-13-1

Gespräche mit dem Glück, der Lieblosigkeit, der Selbstsicherheit, der Gleichgültigkeit und der Pflicht; außerdem Gespräche mit der Leichtgläubigkeit, dem Verrat, der Dumpfheit, der Verschwendung, der Faulheit und dem Fleiß sowie der Erwartung und der Erschöpfung.

Gefühle 7: Liebe und Haß
FH 136, N38, Von der Kränkung bis zum Vertrauen

224 S. € 17.– ISBN 978-3-945916-15-5

Gespräche über die Liebe und den Haß, Dialoge mit der Kränkung, dem Vertrauen und dem Mißtrauen, der Schüchternheit, dem Gewissen, der Rache, dem Vergessen, der Gewohnheit sowie mit der Lockerheit.